D1666607

Nirgendwo. Überall.

Die Geschichte einer europäischen Familie

von

Nathalie Sassine-Hauptmann

Für alle Omas, Nonnas und Mammas.

«Man ist, einmal gegangen, immer ein Gehender.»

Iris Wolff, *Lichtungen*

Umschlaggestaltung: © Copyright by Patrick Sassine
Lektorat/Korrektorat: Miriam Seifert-Waibel
Druck: epubli – ein Service der neopubli GmbH, Berlin

Figuren

Kramer (Schieweck) / Deutschland (Ostpreussen und Bielefeld)

Bertha & Joseph Schieweck

    Johanna Schieweck

    Lieschen Schieweck

    Martha Kramer, ehemals Schieweck

    Hans Kramer

Leone (Torre) / Italien (Sizilien und Turin)

Lina Leone

    Salvatore Leone

    Lucia Leone, ehemals Torre

    Gelsomina Leone

    Calogero Torre

Kramer (Leone) / Paris, Schweiz

    Sofia Kramer-Leone

    Helmut Kramer

    Mathilde Kramer

Kapitel 1

Martha, Januar 1945

Martha wollte nicht gehen. Sie stand vor ihrem halb gepackten Koffer, der offen auf ihrem ungemachten Bett lag. Es war das erste Mal, dass sie ihr Geschenk zum 18. Geburtstag im letzten Mai nutzte. Wo hätte sie auch hinreisen sollen, mitten im Krieg? Bis jetzt hatte sie zwei Wollkleider und die Strickjacke eingepackt. Letztere nahm sie wieder raus, schliesslich war es Winter und wenn sie die Jacke unter dem alten Mantel ihrer Grossmutter tragen würde, müsste sie weniger schleppen.

Martha schwitzte trotz der Kälte im Haus. Sie hatte schon lange nicht mehr gebadet, das Wasser im Brunnen war gefroren. Ihre dunklen Locken hingen ihr in die Stirn und ihr sommersprossiges Gesicht war gerötet. Sie kaute auf der Innenseite ihrer Wange, während sie versuchte, die aufsteigende Panik – und die damit einhergehenden Tränen – zu unterdrücken. Zwei dumme Angewohnheiten, weswegen ihre Mutter sie regelmässig rügte. Martha konnte vor Wut heulen, sie weinte, wenn sie traurig war, bekam feuchte Augen vor Glück und seit Neustem tränten ihre Augen, wenn sie in Panik geriet. Der leichte Schmerz der Bisse lenkte sie ab. Manchmal blutete es auch. Sie atmete tief durch und versuchte, sich wieder auf das Packen zu konzentrieren.

Martha war nicht zierlich und schon gar nicht zimperlich. Sie gehörte zu den Frauen, die man in Ostpreussen «robust» und «tüchtig» nannte. Was nur bedeutete, dass die meiste Arbeit an ihr hängen blieb. Ausserdem konnte Martha «gut reden – wie ihr Vater», was auch immer das heissen sollte. Martha setzte sich erschöpft neben ihren Koffer. Wie immer war ihr Bett nicht gemacht, das Zimmer unaufgeräumt. Sie empfand diese Aufgaben als Zeitverschwendung. Ihre Mutter Bertha brachte diese Unordnung regelmässig zur Weissglut.

Marthas jüngste Schwester, Lieschen, war die Ordentliche der drei Schieweck-Mädchen. Ein hübsches, blondes Kind, aber nicht besonders praktisch veranlagt. Johanna hingegen – die Mittlere – konnte durchaus mitanpacken, aber nicht so, wie sie das gewollt hätte. Sie war als Kind an Polio erkrankt und hinkte seither, da das rechte Bein kürzer war. Dass sie die Krankheit überlebt hatte, grenzte an ein Wunder und entsprechend wurde sie von der Familie auch behandelt. Einen Mann würde sie wohl nie finden mit ihrer Behinderung, davon war Vater überzeugt. Martha vermutete, dass er insgeheim froh war, seine Johanna nicht hergeben zu müssen.

Martha ärgerte, dass ihre kluge Schwester mit denselben strahlenden blauen Augen und dicken dunklen Locken wie sie selbst als «Krüppel» abgetan wurde. Johanna war witzig, scharfzüngig und herzensgut. Martha konnte sich nicht vorstellen, dass es keinen Mann geben sollte, der sich eine solche Frau an seiner Seite wünschte. Aber Johanna war ja auch erst 16, da würde noch viel passieren. Gleichzeitig war sich Martha bewusst, dass von ihr selbst erwartet wurde, eine «gute Partie» zu machen.

Auch wenn sie keineswegs arm waren. Der Hof der Schiewecks in Prositten war kein Palast, aber er lief gut. Zumindest bis der Krieg nach Ostpreussen gekommen war. Marthas Vater, Joseph Schieweck, ein grosser, schlaksiger Mann, war im Dorf angesehen. Die Front war ihm diesmal erspart geblieben. Das unübersehbare Nachziehen seines linken Beines – eine Verletzung, die er sich im letzten Krieg zugezogen hatte – hatte ihn davor bewahrt, eingezogen zu werden. Bei der letzten Dorfversammlung hatte er allen Frauen, Kindern, Alten und Krüppeln dringend geraten, unverzüglich das Dorf zu verlassen und in Richtung Westen aufzubrechen. «Nur vorübergehend», hatte er den entsetzten Dorfbewohnern versichert. Die Guts- und Hofbesitzer, alles alte oder untaugliche Männer, sollten hierbleiben und den Russen abwehren. Der Gedanke liess sie erschauern. Der Russe, wie man die rote Armee hier nannte, stand schon so lange für den Feind, dass Martha diese Männer gar nicht mehr als einzelne Soldaten sah. Der Russe war eine Masse, undefinierbar gross, ein riesiger Klumpen, der sich bedrohlich auf sie zubewegte. Was wohl an den Gerüchten dran war, dass sie mordeten und verwüsteten?

Der Russe hatte die Grenze vor ein paar Wochen überschritten und was gestern noch als defätistisch gegolten hatte, klang jetzt wie ein Marschbefehl von Hitler persönlich: «Packt eure Sachen und haut schleunigst ab!» Alle Bewohner Ostpreussens waren angehalten, ihre Häuser und Höfe zu verlassen und in den Westen zu fliehen. Der Führer selbst war schon längst wieder in Berlin, nachdem er einige Monate in seiner Wolfsschanze bei Rastenburg verbracht und den Endsieg prophezeit hatte. Der regionale Gauleiter war ebenfalls verschwunden – wohin, das wusste niemand.

Martha zweifelte ernsthaft daran, dass die paar Männer, die im Dorf bleiben wollten, den Hauch einer Chance hatten, es zu verteidigen. Ihr Vater hatte seine Familie nach der Versammlung beruhigt: «Wir werden sie vielleicht gar nicht bekämpfen müssen. Die sind doch auch kriegsmüde. Und vielleicht sind es gar nicht so viele, wir liegen hier nicht auf ihrer Hauptachse. Macht euch keine Sorgen.» – «Aber wieso müssen wir dann weg? Wir sollten hier bei dir bleiben!

Wieso solltest du ohne uns besser dran sein? Wer wird für dich sorgen, was wirst du essen?», hatte Martha gefragt. Sein Blick verfinsterte sich: «Die Russen sollen unsere Frauen gar nicht erst zu Gesicht bekommen.» Mehr sagte er dazu nicht. Martha wusste, was er meinte. Doch sie würde sich zu wehren wissen! Oder?

Ihre Mutter Bertha vermochte sie nicht darauf anzusprechen, die war so in sich gekehrt seit der angeordneten Flucht, dass man nichts mit ihr anfangen konnte. Ein Licht schien in ihr erloschen zu sein, als ahnte sie etwas, das den anderen verborgen blieb. Martha hatte sie früher zu ihrem Vater sagen hören: «Drei Mädchen. Womit haben wir das verdient?» Es gab keinen männlichen Erben auf dieser Seite der Familie. Die Schiewecks hatten «nur» drei Töchter in die Welt gesetzt, was Joseph öfter den einen oder anderen Witz in der Dorfkneipe beschert hatte. Heute fand das niemand mehr lustig, am allerwenigsten Bertha. Ihre einst resolute Art war einem in sich gekehrten Verhalten gewichen. Sie schien sich dauernd Sorgen zu machen, war in Gedanken versunken. Vor dem Krieg war es die Sorge um die Mitgift gewesen, die früher oder später fällig sein würde. Und jetzt die russischen Soldaten. «Das musste ja so kommen», murmelte sie manchmal vor sich hin.

Seit Hitler an der Macht war, kritisierte sie Martha fortwährend wegen ihres Führereifers: «Ich verstehe einfach nicht, wie man einem einzigen Mann so vollkommen bedingungslos folgen will!» – «Aber er tut doch so viel Gutes für uns, er baut Strassen, schafft Arbeitsplätze. Wir können wieder stolz auf unser Land sein. Stolz darauf, Deutsche zu sein!», argumentierte Martha hitzig. Mutter schüttelte nur resigniert den Kopf. «Hier, im Osten des Landes, hat der Führer nichts für die Leute getan, was wir nicht selbst zustande gebracht hätten.» Da hatte sie recht. Das musste Martha eingestehen. Die Menschen in Ostpreussen brauchten niemanden, sie waren stolze Arbeiter, die keine Mühen scheuten und ihr Leben meisterten.

«Auch wenn viele hier im Dorf was anderes behaupteten: Krieg bedeutet nie etwas Gutes.» Eines der seltenen Male, in denen Mutter aus ihrem Leben erzählte, erklärte sie Martha, dass der letzte Krieg schon zu viele Opfer gefordert hatte. Sie sassen in der Küche, Martha schälte Kartoffeln und Bertha machte Vorräte ein für den Winter. Rüben, Randen und Gurken. «Damals habe ich meinen Vater verloren. Nicht in einer Schlacht, sondern an den Wahnsinn, der ihn danach befiel.» Sie füllte die Gläser mit Gemüse, das Geräusch des schliessenden Deckels ploppte in der Stille. «Nach Kriegsende kehrte er zu uns zurück, war aber nie wieder der Alte. Er zitterte den ganzen Tag wie Espenlaub und nachts schrie er im Schlaf.» Mutter war den Tränen nahe gewesen, was Martha bei ihr noch nie erlebt hatte. Lauter fuhr sie fort: «Und jetzt? In diesem Krieg müssen sogar die Frauen ihre Heimat verlassen!» Daraufhin stapfte sie schnaubend aus der Küche in den Hof. Martha war betroffen sitzen geblieben, noch nie hatte sie ihre Mutter so aufgebracht gesehen.

Seit der Versammlung stritt Mutter immer wieder mit Vater, in der Hoffnung, dass er es sich anders überlegen und sie trotz allem nicht wegschicken würde. Joseph liess nicht mit sich reden, er war überzeugt, das Richtige zu tun – für sie, für die Mädchen, für seine Familie, für sein Land. Er wollte bleiben und sie sollten sich in Sicherheit bringen. «Punkt und Schluss!»

Martha schloss ihren Koffer, der jetzt prall gefüllt war, und stellte ihn hinter die Tür. Schwerfällig stieg sie die schmale Holztreppe hoch, in das kleine Zimmer, das sich Lieschen und Johanna teilten. Johanna sass auf ihrem Bett, rieb sich die Hüfte und verzog das Gesicht. «Schlimm?», fragte Martha. «Heute ja. Die Kälte, die Feuchtigkeit…» Johanna war mit ihrem Gebrechen gross geworden und beklagte sich nur selten. Das kürzere Bein verursachte ihr Schmerzen in der Hüfte, warme Kompressen und leichte Massagen halfen ihr über das Gröbste hinweg. Martha wollte sofort los eilen und ein Kirschkernkissen holen. «Lass mal, das geht schon. Hilf Lieschen lieber beim Packen.» Johanna schmunzelte und nickte in die andere Zimmerecke. Erst da sah Martha Lieschens offenen Koffer auf dem Bett – vollkommen leer bis auf ihr Tagebuch, dass die Eltern ihr vor einem Monat zu Weihnachten geschenkt hatten. «Lieschen, was machst du denn? Du hast ja noch gar nichts gepackt!» Martha schnaubte verärgert. Lieschen stand den Tränen nahe vor dem offenen Schrank.

Die Mädchen hatten in den letzten zwei Jahren kaum Neues zum Anziehen bekommen. Das 13-jährige Lieschen war diesen Winter in die Höhe geschossen und alle ihre Kleider waren ihr zu kurz. Mutter hatte sie schon einige Male ausgelassen, aber mehr ging nicht. Auch die Kleider ihrer grossen Schwestern sahen an Lieschen aus, als wären sie beim Waschen eingegangen. «Ich habe nichts zum Anziehen!», jammerte sie. «Himmelherrgott Lieschen, wenn das dein einziges Problem ist, dann geht es dir ja verdammt gut!», fauchte Martha. Lieschens Weinerlichkeit sorgte bei den Schiewecks immer wieder für Streit. Martha verstand nicht, warum Lieschen so verwöhnt und anspruchsvoll war. Zumal sie mehr Kleider hatten als die meisten im Dorf, da Mutter alles selbst nähte. Gleichzeitig tat ihr die Kleine leid. Sie war das Nesthäkchen und mit der Situation vollkommen überfordert.

Martha rollte die Augen und stürmte aus dem Zimmer, damit der Streit nicht ausartete. Sie polterte die Treppe runter, um kurz darauf wieder schnaufend raufzukommen. Sie hatte zwei Kleider über dem Arm: ein braunes, das andere dunkelgrün. Das eine war aus Wolle, das andere praktisch geschnitten und für wärmere Tage. In diesem Winter hatte Martha Zweifel, ob es solche je wieder geben würde. Der Januar hatte bisher nur Stürme, Schnee und Temperaturen weit unter dem Gefrierpunkt gebracht. Das machte Martha am meisten Sorgen, wenn sie an die bevorstehenden Wochen dachte. Wie sollten sie so lange und weit marschieren bei dieser Eiseskälte? Niemand konnte ihr aus eigener Erfahrung berichten, wie es war, zu fliehen. Kilometer um Kilometer hinter sich zu lassen, ohne das genaue Ziel zu kennen. Wo sollten sie schlafen? Was essen, wenn ihre Vorräte aufgebraucht wären? Und die Pferde? Martha wischte diese Gedanken weg, sie musste nach vorne schauen, sie war verantwortlich für ihre Schwestern, ihre Mutter. Und nicht zuletzt wollte sie ihren Vater stolz machen und in ein paar Monaten hoch erhobenen Hauptes zurückkommen. Nach Hause.

Lieschen sah sich die Kleider an und traute sich nicht noch einmal, die Nase zu rümpfen. «Danke dir ... Martha? Wo gehen wir hin?» Jetzt schossen Lieschen die Tränen aus den Augen. Martha schluckte schwer, sie konnte Lieschen nicht in die Augen schauen. Johanna war aufgestanden, um Lieschen zu trösten, wie sie das immer tat. Auch sie blickte Martha fragend an. Wo würden sie hingehen?

Der Plan war, dem Flüchtlingsstrom zu folgen, der seit ein paar Wochen vor ihrer Haustür auf der Hauptstrasse entlangschlurfte. Ostpreussen war seit Anfang Januar 1945 von der russischen Armee umzingelt. Man konnte nicht mehr mit dem Zug in den Westen fahren wie noch im Herbst. Es blieb nur der Weg Richtung Norden an die Ostsee und die Hoffnung, auf ein Schiff in Richtung Lübeck zu kommen.

Der Menschenstrom machte Martha Angst. Sie hatte noch nie so viele Menschen gesehen, zu Fuss, auf Fuhrwerken. Jeden Tag passierten alte Männer, zahlreiche Kinder und Dutzende Frauen, teils mit frisch Geborenen im Arm, ihren Hof. Manchmal kamen kleine Gruppen zu ihnen und baten um Unterkunft und etwas zu essen. Die Schiewecks teilten mit ihnen, was sie hatten. Viel war es nicht. Joseph überliess den Vertriebenen die Scheune für die Nacht, während Bertha Suppe kochte. Sie schien jeweils wenig begeistert davon, Fremde auf dem Hof zu haben, aber ihre katholische Erziehung liess es nicht zu, diesen Menschen nicht zu helfen. Die Flüchtenden blieben jeweils für eine Nacht und marschierten am nächsten Tag weiter in Richtung Küste. Martha war noch nie am Meer gewesen, sie konnte sich kaum vorstellen, wie es da war. Für sie war das alles sehr weit weg, der Westen des Deutschen Reichs schien ihr unerreichbar.

Martha hatte schon immer reisen wollen. Ihr Vater erzählte nicht viel vom letzten Krieg, aber wenn, dann ging es immer um fremde Länder: Frankreich, Belgien, Italien … Das klang alles so exotisch und spannend. Wie wohl Feigen schmeckten? Das Brot in Frankreich nannten sie «Baguette» und in Belgien sprach man drei Sprachen! Martha ahnte, dass es so viel mehr auf dieser Welt gab als ihren Bauernhof, das Dorf und das Leben auf dem Land. Aber sie hätte nie gedacht, dass sie ihre erste Reise unter solchen Umständen antreten würde – mit den Schwestern und der Mutter im Schlepptau. Auf der Flucht vor bösen Männern. Bertha war schlicht zu alt, um auf dieser Reise ins Ungewisse die Führung zu übernehmen. Die Eltern hatten spät geheiratet, Bertha war erst mit knapp 30 zum ersten Mal Mutter geworden. Als Älteste musste Martha also die Verantwortung übernehmen, sie war eben die «Tüchtige», die «Fähige». Sie musste sich eingestehen, dass sie manchmal gerne getauscht hätte, gerne weniger fähig gewesen wäre. So mussten sich Männer fühlen. Von ihnen wurde erwartet, stark zu sein. Aber vielleicht wollten auch sie manchmal beschützt werden?

Martha verliess das Zimmer der Schwestern, ohne ihnen befriedigende Antworten auf ihre drängenden Fragen geben zu können. Sie wusste auch nicht mehr als die Mädchen. Morgen sollte es losgehen. Sie wollten bei Sonnenaufgang starten, um bereits am ersten Tag möglichst weit zu kommen. Martha hatte mit ihrem Vater die Karte studiert. Sie würden nordwestlich, Richtung Küste steuern, bis sie ans Frische Haff kämen. Von da aus müssten sie dann weiter schauen. Niemand wusste, wie die Lage da oben war. Bis Frauenburg waren es knapp 80 Kilometer. Martha war gut zu Fuss und hätte das sicherlich in vier Tagen geschafft. Mit Mutter und Johanna musste sie jedoch mindestens doppelt so viel Zeit einrechnen. Martha hoffte, unterwegs Bauernhöfe oder wenigstens Scheunen für die Übernachtung zu finden. Sonst müssten sie im Fuhrwagen schlafen. Marthas Kopfhaut zog sich zusammen bei dem Gedanken. Die Innenseite ihrer Wange blutete. Martha spürte, wie die zerbissene Stelle anschwoll. Im Kopf ging sie nochmals durch, was alles auf den Fuhrwagen gehörte – und schauderte. Wie war es so weit gekommen, dass sie sich überlegen musste, ob sie lieber Stroh oder Geschirr mitnehmen sollten? Ihre Wange pochte.

Sie hatte an dem Führer geglaubt! Als 14-Jährige war sie in den Bund Deutscher Mädel eingetreten, mit glänzenden Augen und erhobenen Hauptes. Wie stolz sie damals auf ihren Ausweis und ihre Uniform gewesen war! Ihre Zöpfe trug sie auf dem Ausweisfoto mit Stolz, Rock und Jacke sassen perfekt, der Stempel mit dem Hakenkreuz bewies, dass sie dazugehörte. Mutter war damals alles andere als begeistert gewesen. Martha war froh gewesen, dass der Bund

Deutscher Mädel obligatorisch war, somit hatte Mutter sich damit abfinden müssen.

Martha liebte die sportlichen Aktivitäten, die Zeltlager im Freien und die Musikabende mit ihren Freundinnen. Sie war begeistert von den Liedern, bei denen ihr die Tränen kamen und sie das Gefühl hatte, etwas Grösserem, Erhabenen anzugehören. Sie würden endlich etwas verändern können! Einzig die Tatsache, dass es bei den Mädchen vor allem darum ging, später eine gute Mutter und Hausfrau zu sein, ärgerte sie. Sie wollte einen Beruf erlernen! Nur Kinder kriegen und dem Mann zu dienen, wie ihre Mutter und Grossmutter, konnte sie sich nicht vorstellen. Hatten die Frauen doch in den letzten Jahren bewiesen, dass sie genauso fähig waren, Berufe auszuüben, die sonst den Männern vorbehalten waren. Während die Männer an der Front waren, hatten die Frauen übernommen. Im Dorf fuhren die Bäuerinnen den Traktor und die Hausmägde kümmerten sich um die Pferde. Martha fragte sich manchmal, wie es gewesen wäre, hätte man auch ihren Vater eingezogen. Hätte Mutter übernommen? Oder wäre schon viel früher alles an Martha hängen geblieben? Ihre Mutter war hart, aber nicht zäh. Sie war tüchtig, aber nicht stark. Martha vermutete, dass Bertha sich verkrochen und über die Situation gejammert hätte. Und schämte sich sofort. Es war müssig, darüber nachzudenken. Der Krieg war verloren. Laut durfte man das natürlich nicht sagen, aber Gedanken dazu machte sich Martha täglich. Einerseits war sie darüber untröstlich, wofür hatten sie all die Jahre Entbehrungen erduldet? Andererseits wünschte sie sich nur noch, dass es endlich vorbei wäre.

Spätestens nach der Bombardierung von Königsberg und der Einberufung junger Burschen und vieler alter Männer für den «Volkssturm» war sie überzeugt gewesen, es müsse bald vorbei sein. Und das, obwohl die Schlacht von Tannenberg 1914 den Nationalsozialisten als Vorbild für den Endsieg galt. Damals hatte man den Russen erfolgreich abgewehrt und so sollte es auch diesmal geschehen. Ein Trugschluss, wie die letzten Monate zeigten. Wie man sich an Siegen festhalten konnte, die über 20 Jahre zurücklagen, war Martha ein Rätsel.

1933, als Hitler gewählt worden war, war Martha gerade mal sieben gewesen. Sie konnte sich kaum erinnern. Aber sie wusste aus der Schule, dass damals alles sehr vielversprechend geklungen hatte. Der neue Reichskanzler wollte den Deutschen wieder Arbeit geben. Wohlstand. Keiner sollte ihnen je wieder Wäsche von der Wäscheleine, Rüben aus dem Boden stehlen. Ob das nun die Juden waren oder nicht, war Martha vollkommen egal. Soviel sie wusste, kannte sie keine Juden, geschweige denn verstand sie, was mit diesen Leuten nicht in Ordnung sein sollte, ausser, dass sie nicht katholisch waren. Hitler behauptete, sie seien «Untermenschen», und er musste es ja wissen. Sie waren wohl dafür verantwortlich, dass es dem Land finanziell dreckig ging, aber davon verstand Martha nichts. Dennoch hatte auch sie Angst davor gehabt, dass die Armut bis zu ihnen nach Ostpreussen kommen könnte. Wenn der Führer das abzuwenden wusste, war das eine gute Sache!

Der Pfarrer sprach sonntags nicht darüber und sie wagte es nicht, ihn danach zu fragen. Aber irgendwas mussten diese Juden ja verbrochen haben, wenn sie von allen so sehr gehasst wurden. In der Schule war viel über sie gelästert worden, aber Martha mochte nicht mitreden. Nun gab es seit ein paar Monaten Gerüchte im Dorf, dass sie in Lagern gefangen gehalten wurden. Eines der Lager war wohl gerade eben von den Alliierten entdeckt worden. Aber Arbeitslager waren in einem Krieg ja normal, oder etwa nicht? Martha hatte gehört, dass auch die Russen deutsche Soldaten in Arbeitslager steckten. Nach dem Krieg würden alle bestimmt schnell nach Hause geschickt werden.

Martha ging über den Hof in den Stall, um nach den Pferden zu sehen. Ihre Nasenhaare froren sofort ein, sie wickelte sich ihren Wollschal um die Ohren, der Wind liess ihren Atem stocken. Es war bereits dunkel und sie musste aufpassen, wo sie hintrat, um nicht auszurutschen. Im Stall angekommen, zündete sie die Kerze in der Laterne an. Petrol für die Lampe gab es schon lange keines mehr. An den kleinen Fenstern entdeckte sie Eisblumen, die Pferde stiessen weisse Wolken aus. Sie waren ziemlich klapprig geworden in den letzten Monaten, so wie Martha und ihre Familie auch. Ihr Schützling Pinto schaute ihr müde entgegen. «Du kriegst nicht genug zu fressen», seufzte Martha und strich ihm über die samtweiche Haut um die Nüstern. Sie konnte nichts dagegen tun. Sie hatte eine Steckrübe für ihn aus der Küche gestohlen, wie immer, wenn sie ihn besuchte. «Schnell, bevor Mutter die *Wruke*[1] für ihre Suppe vermisst!» Martha gab ihm die Rübe, die er gierig zermalmte. «Bist du bereit für das grosse Abenteuer?» Sie versuchte, fröhlich zu klingen, wohl wissend, wie sensibel diese Tiere waren. Als ob er sie verstehen würde, nickte Pinto und seine Mähne wippte auf und ab. Martha musste lachen. Er stupste sie fordernd an die Schulter. «Tut mir leid, alter Junge, mehr habe ich heute nicht!» Sie klopfte ihm auf den Hals, sein Fell war matt und stoppelig, Martha griff zur Bürste und begann, es zu bearbeiten. Eine Tätigkeit, die sie immer zu beruhigen vermochte. Nebst Pinto waren ihnen noch zwei alte Trakehner[2] geblieben. Alle anderen Pferde waren eingezogen worden.

---

[1] Steckrübe
[2] Preussische Pferderasse

Rudolf, der alte Knecht, der jahrelang für die Schiewecks gearbeitet hatte, war vor ein paar Wochen in den «Volkssturm» eingezogen worden. Die drei Rösser waren seither praktisch auf sich allein gestellt. Und morgen würden sie mit zwei von ihnen den Hof verlassen. Die Stute würde nicht mitkommen können, sie war schlicht zu alt. Was wohl mit ihr passieren würde? Würde der Russe sie mitnehmen? Martha zwang sich, an etwas anderes zu denken, und sah sich im Stall um. Wie heruntergekommen er wirkte! Es gab keine zusätzlichen Decken mehr, die brauchten sie selbst. Die Sättel waren schon lange nicht mehr eingefettet worden. Wozu auch? Es war kalt und feucht. Rudolf hatte ein paar seiner Arbeitshosen an einen Haken gehängt. Martha nahm sie runter und drehte sie neugierig hin und her. Es musste schon viel bequemer sein, mit Hosen zu arbeiten. Ihre Kleider und Röcke fand Martha so unpraktisch, immer verfingen sie sich irgendwo und waren im Weg. Sie sah sich um, sie war allein. Fröstelnd zog sie sich die Stiefel aus, klemmte sich den Rocksaum unters Kinn und schlüpfte in Rudolfs Hose. Sie war ein wenig zu lang und natürlich zu weit, aber das war ihr egal. Sie brauchte einen Gürtel, den würde sie von Vater ausleihen müssen. Schnell zog sie ihre Stiefel wieder an und liess den Rock über die Hose gleiten. Sie tätschelte Pintos Hals zum Abschied und schlich zum Haus rüber. Martha war jetzt froh um die frühe Dunkelheit, so lief sie kaum Gefahr, von ihrer Mutter gesehen zu werden. Ihre Tochter mit Hose, das hätte Bertha gerade noch gefehlt!

«Ich habe dich überall gesucht!» Martha schrak zusammen, als sie in der Diele Johannas Stimme hörte. Sie versuchte, die hervorlugenden Hosen unter ihrem Rock zu verstecken. Zu spät. «Was hast du denn an?», rief Johanna aus, als sie Martha im schwach beleuchteten Windfang besser sehen konnte. «Psst, nicht so laut!» Martha hielt ihrer Schwester die Fingerspitzen auf den Mund. «Das ist Rudolfs Hose. Die werde ich morgen anziehen, das ist viel praktischer als die ollen Kleider!» Johanna sah Martha zweifelnd an. «Den Eltern wird das nicht gefallen.» – «Vater schickt uns alle weg. Was ich anhabe, sollte seine letzte Sorge sein», wandte Martha verärgert ein. Johanna zuckte mit den Schultern und humpelte Richtung Küche. «Komm jetzt, wir essen.» – «Gib mir eine Minute, ich bringe die Hose nach oben.» Kurz darauf kam Martha schnaufend wieder runter und blieb vor dem Esstisch stehen. «Wo warst du denn?» Joseph schaute von seinem Teller hoch. «Im Stall, ich wollte nach den Pferden sehen.» Joseph nickte und löffelte weiter seine Suppe. Eine dünne, wässerige Brühe aus *Toffle*[3] und Wruken, wie fast jeden Abend seit Weihnachten. Ausnahmsweise waren sie heute allein, die Flüchtenden waren bei den Nachbarn untergekommen.

---

[3] Ostpreussisch für Kartoffel

«Wir brechen dann morgen auf, sobald es hell wird», unterbrach Martha das schweigende Schlürfen. Es ärgerte sie, dass Vater ihre Abreise mit keinem Wort erwähnte. Alle ausser ihm würden morgen in die Fremde ziehen. Sie wussten nicht, wann und ob sie sich wiedersehen würden, und er tat so, als wäre es ein normaler Abend wie jeder andere. Er nickte. Bertha wuselte in der Küche herum, betätigte sich am Holzofen und wischte sich die Hände immer wieder an der dreckigen Schürze ab. Sie sass immer seltener mit ihnen am Tisch. Martha war sich sicher, dass sie deshalb nie richtig ass, sofern man in diesen Zeiten überhaupt von «richtig» reden konnte.

Lieschen löffelte ihre Suppe, die sich durch ihre tropfenden Tränen noch mehr verdünnte. Sie stand Vater nicht besonders nahe, keine von ihnen tat das. Er war das Familienoberhaupt und in dieser Position ziemlich unnahbar. Aber Lieschen schien die Vorstellung, dass er hierbleiben würde, mehr zu beunruhigen, als jene, allein loszuziehen. Natürlich teilte Martha ihre Furcht. Ihre Schwestern hatten sie schon oft danach gefragt. «Was wird aus Vater?» Sie sah zu ihm, der über seinem Teller hing und gedankenverloren aufgehört hatte, zu essen. Er sah niemanden von ihnen an, stierte geradeaus ins Nichts. Seine blauen Augen leuchteten nicht wie üblich, der Schalk war aus seinem Blick gewichen. Martha glaubte, einen Anflug von Angst darin zu erkennen.

Johanna war heute Abend auch sehr still. Die trotz ihrer Behinderung immer fröhliche, schwatzhafte und lustige Schwester fand keine Worte mehr, um ihre Familie aufzumuntern. Ob sie Angst hatte, konnte Martha nicht sagen, Johanna wirkte immer aufgestellt und im Zuge ihres Gebrechens hatte sie schon vor langer Zeit allen bewiesen, wie tapfer und belastbar sie war.

Die bedrückte Stimmung dauerte das gesamte Abendessen hindurch an, Bertha liess sich kaum blicken, das Geplapper, das die Schieweck'schen Abendessen normalerweise begleitete, blieb heute aus. «Morgen wird ein langer Tag», waren Vaters Gute-Nacht-Worte an die Mädchen. Schwerfällig stand er auf und stapfte ins elterliche Schlafzimmer. Später hörte Martha, wie Mutter weinte und ihren Mann nochmal anflehte, mit ihnen zu kommen. Seine Stimme hörte sie nicht, wahrscheinlich hielt er sie im Arm und versuchte, unbeholfen und schweigend, sie zu trösten. Was hätte es auch noch zu sagen gegeben? Seine Entscheidung stand fest. Er würde seinen Hof nicht einfach so dem Russen überlassen.

Nachdem Joseph im grossen Krieg verwundet worden war, Monate im Lazarett verbracht hatte und endlich wieder in seiner Heimat angekommen war, hatte er etwas Sinnvolles tun wollen. Er war kein gebildeter Mann, aber er konnte auch hart arbeiten. Was er die nächsten Jahre auch tat, anfangs allein. Dann heirateten er und Bertha und kümmerten sich fortan gemeinsam um Haus und Land. 1939 wurde Joseph beauftragt, zusammen mit anderen Bauern den Nährstand des Dorfes zu erhalten, weshalb sie die Pferde hatten behalten dürfen. Die drei Töchter waren im Abstand von jeweils drei Jahren zur Welt gekommen. Dazwischen hatte es ein paar Fehlgeburten gegeben und eine weitere Tochter war im Kindsbett gestorben. Bertha und Joseph nahmen das mit Gleichmut. Das Leben war nun mal hart, das hatte man den beiden schon als Kinder beigebracht. Zeit zu trauern hatten sie nicht gehabt. Und jetzt sollte er alles aufgeben? Dem Russen sein Lebenswerk auf dem Tablett servieren? Das kam für Joseph nicht infrage, er würde bleiben und mit etwas Glück würden die feindlichen Truppen an seinem Hof vorbeiziehen. Wenn nicht, war er ein guter Schütze.

Nach dem Abendessen verzogen sich alle schweigend ins Bett. Martha betrat ihr kleines, eiskaltes Zimmer. Wann würde sie all das wiedersehen? Das Kreuz über ihrem Holzbett, die alte Truhe, die später ihre Mitgift hätte enthalten sollen? Martha zog ihr Nachthemd an und darüber die Wolljacke. Sie zog ihre Wollmütze tief in die Stirn, schloss die Augen und versuchte, tief durchzuatmen. Zum ersten Mal seit der Entscheidung vor ein paar Tagen gestand sie sich ein, dass sie eine Heidenangst hatte. Nicht vor den Russen, nicht vor der Kälte, nicht einmal vor den Bomben, die seit Kurzem auf Ostpreussen regneten. Martha fürchtete sich vor der Ungewissheit. Sie konnte sich nicht vorstellen, wie es da aussah – am Meer. Würden sie ein Schiff nehmen müssen? Wohin? Was würden sie vorfinden? Sie waren weiss Gott nicht die einzigen Vertriebenen. Es gab Tausende wie sie. Gab es im Westen überhaupt Platz für all diese Menschen? Gab es da zu essen? Eine Unterkunft?

Wie jeden Abend kniete Martha sich hin, um zu beten. Ihr Gebete klangen immer noch wie jene, die sie als Kind gelernt hatte. «Lieber Gott, bitte steh' uns morgen bei und hilf uns, den richtigen Weg zu finden. Ich weiss, dass du ein guter Gott bist und nur jene bestrafst, die wirklich böse sind. Ich werde alles tun, damit wir einen sicheren Ort finden, wo wir warten können, bis dieser Krieg endlich vorbei ist.»

Ihre beste Freundin Käthe war mit ihrer Mutter, Tante und zwei Cousinen schon vor Weihnachten geflohen. Sie hatte es Martha erst am Abend vor ihrer Abreise erzählt und sie schwören lassen, es für sich zu behalten. Käthes Familie hatte sich wochenlang heimlich auf die Flucht vorbereitet. Zu jenem Zeitpunkt hatte ihnen deswegen noch die Todesstrafe gedroht. Martha hatte die Leichen gesehen, die an den Bäumen hingen. «Volksverräter» hatten die Parteimitglieder geschimpft. Die anderen Dorfbewohner hatten geschwiegen. Genauso wie Mutter und Vater.

Käthe hatte Martha erzählt, dass sie fürchterliche Angst hatte. Mehr vor den deutschen Soldaten als vor den Russen, vor denen sie flüchteten. Sie habe ihre Mutter angefleht, hierzubleiben, sie wollte nicht am Baum hängen! Martha wollte jedoch nicht glauben, dass die Gehängten «nur» Flüchtlinge waren. Die hatten bestimmt noch anderes verbrochen, waren desertiert oder hatten gegen das Vaterland gehetzt. Es konnte doch nicht sein, dass sie umgebracht wurden, weil sie sich in Sicherheit bringen wollten! Auch Käthes Familie waren rechtschaffene Menschen, die dem Führer immer treu gewesen waren. Käthe war mit Martha vor fünf Jahren in den BDM eingetreten, wenngleich die Freundin nicht ganz so begeistert wie Martha gewesen war, die es später zur Gruppenführerin gebracht hatte. «Bei dem Mundwerk!», hatte Joseph gelacht und ihr auf die Schulter geklopft. Ihren Vater so stolz zu sehen, hatte sie beflügelt!

Martha verstand nicht, wieso der Führer sie nicht schon früher hatte gehen lassen. Der Russe stand praktisch vor der Tür! Und jetzt, da sie offiziell gehen durften, ja mussten, benahmen sich viele Erwachsene, als sei es schon zu spät. Gutsherren, die ihre Höfe nicht verlassen wollten. Bauern, die sich an die Hoffnung klammerten, nicht interessant genug für den Russen zu sein. «Was soll ich denn im Westen?» war eine Frage, die in allen Familien gestellt wurde. Die Arbeit eines oder – in vielen Fällen – mehrerer Leben aufzugeben, war für viele unvorstellbar. Nach allen Entbehrungen, die der Krieg bereits gefordert hatte, wollten die übrig gebliebenen Männer die Stellung halten. Koste es, was es wolle.

«Was soll ich denn im Westen?», das hatte auch Vater ausgerufen, als endlich klar gewesen war, dass es kaum einen anderen Ausweg gab. «Überleben?», hatte Mutter ihn verzweifelt angeschrien. «Du willst uns vier Frauen wirklich allein losziehen lassen? Nach allem, was man über die Russen hört? Wo sollen wir denn hin ohne dich? Ist dir dieser Hof wichtiger als dein eigenes Fleisch und Blut?» Bertha neigte dazu, dramatisch zu werden, aber dieser Vorwurf traf Vater tief, das sah Martha ihm an. Sie war selten einer Meinung mit ihrer Mutter, aber dieses Mal verstand sie sie. Und sagte das auch. «Vater, wir kommen bestimmt zurück. Der Hof geht ja nicht weg, aber wenn das stimmt, was man vom Russen hört, ist es einfach zu gefährlich, hierzubleiben!» Vater blieb stur. Und auch heute Abend würde ihre Mutter ihn nicht überreden können, da war sich Martha sicher.

Marthas Eltern hatten nie viel gestritten und schon gar nicht laut. Vater war eher der brummige Bär, der einem Streit lieber aus dem Weg ging. Das lag vor allem daran, dass Mutter sehr nachtragend war und er nicht in Teufels Küche kommen wollte. Sie konnte noch Jahre später ein Gespräch oder einen Streit detailliert wiedergeben – wer was in welchem Ton gesagt hatte. Vor allem, wenn sie damit zeigen wollte, dass sie recht gehabt hatte. So ging man bei den Schiewecks Konflikten lieber aus dem Weg, zumindest denen mit Bertha. Anders als bei diesem Krieg waren Martha bei ihren Eltern die Fronten klar: Mutter war die Böse, Vater der Gute.

Bertha war immer mürrisch, beschäftigt und müde. Auch jetzt hörte Martha ihre Mutter wieder in der Küche hantieren, das Holz für morgen früh aufschichten, den eingeweichten Kochtopf abwaschen und die Schuhe in der Diele in Reih und Glied stellen. Während Vater schon schlief und dröhnend schnarchte, übte Mutter die allabendlichen Handgriffe aus, das erkannte Martha an den gewohnten Geräuschen. So war es schon immer gewesen. Vater trug zwar nach aussen hin die Verantwortung, er arbeitete den ganzen Tag auf dem Feld und da kamen auch ihre Einnahmen her. Abends aber kam er nach getaner Arbeit nach Hause, setzte sich an den gemachten Tisch und verschlang das Abendessen, das Bertha für sie alle gekocht hatte.

Wenn Vater zur Ruhe kam, fing für Mutter die zweite Hälfte ihres Arbeitstages erst an. Sie machte alles, was neben der Feldarbeit übrigblieb. Und das war viel, sehr viel. Sie stand vor allen anderen auf, um das Frühstück vorzubereiten, Mittag- und Abendessen standen ebenfalls immer pünktlich auf dem Tisch. Sie putzte – mittlerweile mit der Hilfe ihrer Töchter –, sie nähte und flickte Kleider, eine Fingerfertigkeit, die sie vor allem Martha beigebracht hatte, die sich gar nicht so ungeschickt dabei anstellte. Mutter verwaltete die Einnahmen, beglich Schulden, bezahlte die polnischen Arbeiter, von denen einige viele Jahre bei ihnen lebten. Sogar der Stall war ihr Aufgabengebiet. Die Erziehung von Martha und ihren Schwestern sowieso. Vater mischte sich nur ein, wenn Mutter nicht weiterwusste und er den Stock holen musste. Oder wenn es um den Hof ging.

Um nicht wie Mutter zu enden, wollte Martha einen Beruf erlernen. Schneiderin wäre eine Möglichkeit. Sie mochte die Stoffe, die sich so unterschiedlich anfühlten. Manche waren seidig (wobei sie schon lange keine solchen mehr in der Hand gehabt hatte), andere waren robust und unverwüstlich. Die fussbetriebene Nähmaschine konnte aus einem Stück Tuch eine praktische Hose oder ein Ballkleid erschaffen. Das gefiel ihr. Aber sie hatte auch von jungen Frauen gehört, die in Berlin und anderen Grossstädten bei Zeitungen oder als Sekretärinnen arbeiteten. In Ostpreussen auf dem Land gab es solche Berufe nicht. Schon gar nicht für Frauen. Hier lebten alle noch wie ihre Grossmütter! Zwei Jahre vor ihrer Geburt hatte das Deutsche Reich immerhin das Stimmrecht auch für Frauen eingeführt. Aber das Sagen hatte immer noch der Mann. Frauen waren in Ostpreussen bessere Haushälterinnen. Sie gehörten zu Kind und Hof, so wollte es der liebe Gott. Und der Führer.

Natürlich wünschte sich Martha Kinder, irgendwann. Aber zuerst wollte sie etwas für sich tun. Arbeiten, Geld verdienen, etwas beitragen. Und dann einen Mann finden, der das auch wollte. Für sie. Und für sich selbst. Und solch einen Mann würde sie bestimmt nicht hier finden, bei diesen Bauern. Spätestens bei Fritz' letztem Heimaturlaub hatte sie gemerkt, dass auch die jungen *Bowkes*[4] nicht anders dachten als ihre Väter und Grossväter. Fritz wollte Martha heiraten. Das heisst, es wurde erwartet, dass er sie heiratet. Von ihren Eltern. Von seinen auch. Nach dem Krieg. Martha kannte den schüchternen Bauernsohn mit Wuschelkopf, schwieligen Händen und hochgezogenen Schultern von klein auf. Sie waren zusammen aufgewachsen, besuchten die gleiche katholische Kirche. Die beiden Familien waren sich seit Jahren einig. Nach dem Krieg sollte es endlich so weit sein. Fritz würde als ältester Sohn den Hof seiner Eltern übernehmen, diese würden bei ihm und Martha wohnen, Martha würde eine Schar Kinder gebären und sie würden immer so weitermachen wie Generationen vor ihnen. So war es vorgesehen. Für Martha klang das nicht nach dem romantischen Glück, das sie in ihren Tagträumereien anstrebte.

«Wir könnten doch nach dem Krieg nach Berlin!», hatte Martha Fritz vorgeschlagen, ihre Augen hatten vor Aufregung geglänzt. «Vielleicht könnte ich eine Arbeit bei einer Zeitung bekommen, schliesslich sagt meine Lehrerin immer, ich könne gut schreiben!» Sie sah sich schon im adretten Kleid in ein grosses Büro spazieren und sich an ihren Platz setzen. Sie war so aufgeregt, ihre Stimme überschlug sich fast. «Was meinst du, Fritz? Das könnten wir doch tun!» Fritz sah sich verstohlen um. Das Gespräch hatte in der Dorfkneipe stattgefunden, auf der Hochzeit seiner Schwester. Martha hatte gespürt, wie peinlich ihm das war, wie er hoffte, dass seine Kumpels nichts von alldem gehört hatten. Welcher Mann wollte schon eine Frau, die bereits vor der Heirat solche neumodischen Vorstellungen hatte?

Martha seufzte und drehte sich zur Seite. Das Bett quietschte. Heute wünschte sie sich vor allem, Fritz überhaupt je wiederzusehen. Würde sie ihn vermissen? Sie würde ihre Heimat und den Hof vermissen, sicherlich. Den Geruch des Pferdestalls, die wilden Lupinen im Sommer, die saftigen Äpfel, deren

---

[4] Ostpreussisch für Burschen

Bäume hinter dem Haus im Frühling kleine weisse Blüten trugen, die bei jedem Windstoss wie Schnee an ihrem Fenster vorbeischwebten. Ihre Freundin Käthe vermisste sie jetzt schon und die Mädchen aus dem Bund. Würden sie sich je wiedersehen?

Kapitel 2

Lucia, Mai 1945

Lucia rieb sich die Hände am Geschirrtuch trocken, als es an der Wohnungstür klopfte. Sie zupfte an ihren Haaren und fuhr sich mit dem Handrücken über die feuchte Stirn. Abwasch mit kaltem Wasser! Die Anstrengung des Schrubbens machte wenigstens warm, wenn schon keine Kohlen da waren, um zu heizen. Frühmmorgens war es trotz der Jahreszeit immer noch kühl in der Wohnung. Sie legte hastig ihre Küchenschürze auf die Stuhllehne und schaute sich nochmal kurz im Spiegel an. Sie sah schrecklich aus! Sie wusste nicht, wann sie das letzte Mal eine richtige *messa in piega*[5] gehabt hatte. Ihr dunkles Haar war zerzaust, es hätte längst wieder einen ordentlichen Schnitt vertragen. Doch daran war nicht mal zu denken in diesen Zeiten.

Das Klopfen wurde ungeduldiger. Wer konnte das sein, morgens um acht? Lucia war Frühaufsteherin und nicht gewohnt, um diese Uhrzeit bereits gestört zu werden. Sie hastete zur Tür, schaute durch den Spion und liess die Schultern hängen: ihre Schwiegermutter, Lina Leone, *la strega*[6], wie Lucia sie insgeheim nannte. Ihr Blick blieb am Boden haften, als sie die Alte reinliess. Diese schaute sich wie immer pikiert um, als sei sie stets auf der Suche nach einem verirrten Staubkorn, das da nicht hingehörte. «Bist du allein?», fragte Lina, als sie in die Küche trat. «Ja, warum?» –«Ich muss mit dir reden, Lucia.» Lina stapfte zielsicher in die Küche und setzte sich. Das verhiess nichts Gutes.

«*Caffè?*», fragte Lucia ihrer Schwiegermutter höflich und hoffte auf eine ablehnende Antwort, da Lina sowieso immer etwas an ihrem Kaffee auszusetzen hatte. Zu dünn, zu schwach, zu viel Milch, zu wenig Zucker. Lina wollte keinen, Glück gehabt. Die Alte schien es eilig zu haben. «Ich bin hier, um die Möbel, die ich euch geschenkt habe, wieder mitzunehmen.» Lucia liess das Küchentuch sinken. «Wieso das denn?» – «Das weisst du genau. Salvatore wird nicht zurückkommen. Er ist jetzt seit zwei Jahren verschollen und nur Gott weiss, wo er in diesem verdammten Afrika geblieben ist!» Lina kamen Krokodilstränen, wie immer, wenn sie von Salvatore, ihrem verschollenen Sohn und Lucias Ehemann, sprach. «Aber es wurden schon viele Verschollene wiedergefunden! Vielleicht haben ihn die Deutschen festgenommen und nach Deutschland oder in den

---

[5] Haare (mit Lockenwicklern) gelegt bekommen
[6] Hexe

Norden Italiens gebracht! Vielleicht hat man einfach seine Personalien verloren!» Lucia konnte nicht fassen, dass Lina ihren Sohn aufgegeben hatte. Und ärgerte sich gleichzeitig über ihre verzweifelte Stimme. Sie war sich sicher, dass Salvatore wieder nach Hause kommen würde. Wieso, wusste sie selbst nicht, sie spürte es einfach. Sie hatten gerade erst geheiratet, ihre Ehe war kurz vor seinem Verschwinden geschlossen worden. Es durfte nicht sein, dass er nicht mehr zurückkam. «Ich bin seine Mutter und spüre, dass er nicht mehr heimkehrt.» Schliesslich kenne ich meinen Sohn besser als du – das war der unausgesprochene Untertitel ihres dramatischen Auftritts in Lucias Küche. Lucia setzte sich auf einen der Stühle mit abgewetztem Bezug, eines der wenigen Möbelstücke, das sie selbst mit in die Ehe hatte bringen können. Nun wollte die *strega* «ihre» Möbel zurück, die hässliche *cristalliera*[7], den Küchentisch und natürlich das Ehebett. Offenbar war ein Hochzeitsgeschenk nur so lange gültig, wie der Ehemann nicht als verschollen galt.

Wieso tat eine Mutter das? Warum konnte diese Frau nicht akzeptieren, dass Lucia ein Teil von Salvatores Leben war? Ob er nun zurückkam oder nicht, Lucia war seine Frau. Was war daran nicht zu verstehen? Konnte es sein, dass Lina wirklich so böse war, wie Lucias Bruder Calogero sie gewarnt hatte? Den Spitznamen *la strega* hatte ja nicht sie erfunden, so nannten sie viele Bewohner im Dorf hinter ihrem Rücken. Das lag nicht zuletzt an ihrer haarigen Warze am Kinn und den langen, mit grauen Strähnen durchzogenen Haaren, die sie zu einem straffen Knoten band. Aber vor allem lag es an ihrem Charakter. Immer gereizt, oft empört, rechthaberisch. Lucia konnte sich nicht erinnern, jemals ein Lächeln auf ihrem Gesicht gesehen zu haben. Die kleine, runde Frau war immer schlecht gelaunt und schuld daran waren immer die anderen.

Es klopfte schon wieder an der Tür. Lucia war erleichtert, als ihr Bruder Calogero in die Küche trat. Seine Narbe an der Schläfe wurde röter. Er hatte sich die Verletzung in den Alpen zugezogen und war deshalb gerade auf Fronturlaub. Überrascht schaute er von der einen Frau zur anderen. «Lina ist hier, um die Möbel mitzunehmen, die sie uns geschenkt hat», sprudelte es aus Lucia. Calogero wandte sich an Lina. «Wie bitte?», fragte er wütend. «Sie ist überzeugt, Salvatore werde nicht zurückkommen.» Lucia war jetzt nur noch traurig. «Ach ja?», blaffte Calogero Lina an. «Und wie willst du das machen – die ganzen Möbel mitnehmen? Auf dem Buckel?» Calogero schüttelte schnaubend den Kopf und

---

[7] Vitrine

setzte sich. So weit hatte Lucia gar nicht gedacht. Wie stellte sie sich das vor? Oder ging es Lina nur darum, ihr Leid zuzufügen?

Ein Gefühl der Trostlosigkeit stieg in ihr hoch. Lucia wollte wieder einmal nur weg: von dieser Familie, aus diesem Kaff, in dem jeder jeden kannte, schon seit Ewigkeiten. Sie war hier aufgewachsen und nur für kurze Zeit nach Catania umgezogen. Aber seit der Hochzeit mit Salvatore wohnte sie wieder im Dorf am Hügel und Lucia zählte die Tage, bis sie ihre Koffer packen konnte. Mit Salvatore hatten sie bereits darüber geredet. Nach dem Krieg wollten sie wegziehen, wahrscheinlich in den Norden. Dort erhofften sie sich eine Arbeit, die Fabriken mussten wieder aufgebaut werden. Sie würden sich ein neues Leben aufbauen, ganz ohne familiären Anhang, der seine Nase überall reinsteckte. Und mit Anhang meinte sie vor allem seine Familie. Ihre eigene Familie machte ihnen keine Probleme, im Gegenteil. Gerade heute war Lucia sehr froh um ihren kleinen Bruder Calogero. Er mochte die *strega* genauso wenig wie sie und das liess er sie auch ungeniert spüren.

Die Abneigung beruhte auf Gegenseitigkeit, zumal Calogero im Verdacht stand, mit Salvatores Schwester Gelsomina angebändelt zu haben. Und das zum Verdruss der alten Hexe, die die Familie Torre offenbar nicht loswurde. Die Torres und Leones schienen aneinanderzukleben wie die Fliegen am Hundehaufen. Ob das Gerücht über Calogero und Gelsomina stimmte, wusste nicht einmal Lucia genau, über sein Liebesleben sprach Calogero nicht mit ihr, genauso wenig wie umgekehrt.

Lina erhob sich schnaubend, drohte, das letzte Wort sei noch nicht gesprochen, und stampfte sichtlich aufgebracht aus der Tür. Lucia und Calogero konnten sich bei diesem Anblick ein Kichern kaum verkneifen und versuchten wohlweislich, sich dabei nicht anzuschauen, um nicht loszuprusten. Die Tür fiel knallend ins Schloss und Lucia merkte erst jetzt, dass sie die ganze Zeit die Schultern hochgezogen hatte. Wie eigentlich immer, wenn sie mit Lina reden musste. Sie stiess den angehaltenen Atem aus und setzte sich ermattet hin. Der Schweiss rann ihr die Wirbelsäule hinunter und sie wischte sich mit dem Geschirrtuch über den Nacken. Ihr dunkelgrünes Wollkleid war ihr plötzlich viel zu warm für drinnen, aber sie hatte ja auch aus dem Haus gehen wollen, bevor die Alte auftauchte. Und draussen war es noch lange nicht Sommer, auch wenn heute die Sonne schien.

«Bekomme ich einen *caffè*?», fragte Calogero. Lucia stand müde wieder auf und nahm in gewohnten Griffen die *Mokka*[8] zur Hand, füllte sie mit *Orzo*, einem

---

[8] Italienische Kaffeekanne

Kaffee-Ersatz aus Gerste, den es seit dem Krieg gab, und setzte ihn auf den Herd, der im Winter den ganzen Tag mit Holz gefüttert wurde. Die Küche war der einzige warme Raum im Haus. Im Schlafzimmer sorgten die undichten Fenster für ein stetiges Lüftchen, was im Sommer ganz angenehm war. Im Winter jedoch stopfte Lucia Stoffreste in die Ritzen, um sich die ärgste Kälte vom Leib zu halten. Weitere Zimmer gab es nicht, das Bad war im Flur und musste mit den Nachbarn geteilt werden. Lucia und Salvatore hatten diese Wohnung von einem Onkel gegen eine kleine Miete bekommen, bis der Krieg vorbei war und sie sich etwas Besseres würden leisten können.

«Werden wir je etwas eigenes besitzen?», fragte sich Lucia immer wieder. Sie hatte die obligatorische Schule abgeschlossen und vor dem Krieg hatte sie gelernt zu nähen. Doch auf Sizilien gab es keine Textilfabriken, die Uniformen herstellten, wie auf dem Festland. Also mogelte sie sich durch mit kleinen Ausbesserungsarbeiten für Familie und Nachbarn. Salvatore hatte seine Ausbildung als Schlosser nie beendet. Er war vor fast zehn Jahren zur Luftwaffe eingezogen worden, um in Spanien an der Seite der Faschisten zu kämpfen, weshalb er noch nie Geld mit tatsächlicher Arbeit verdient hatte. Er kannte nur den Soldatensold und der gab weiss Gott nicht viel her. Sizilien war schon vor dem Krieg arm gewesen und die Alliierten hatten auch nicht viel gebracht ausser ein paar Kaugummis und saufende Soldaten. Die Deutschen, die vor ihnen die Insel besetzt hatten, waren wenigstens diszipliniert gewesen.

Die Amerikaner und Engländer waren wie Helden gefeiert worden, als sie vor zwei Jahren gelandet waren. Die Insel und das gesamte Land schienen zu denken, der Krieg sei endlich vorbei und sie erlöst. Doch wovon genau? Lucia hatte gehört, dass amerikanische Soldaten sich genauso an Mädchen und Frauen vergriffen, wie das auch die Deutschen getan hatten. Die Besatzer nahmen sich, was sie wollten – Lebensmittel, Häuser, Ländereien, Frauen. Krieg war Krieg. Soldat war Soldat, ob *tedesco*[9] oder *americano*. Frauen waren im Krieg eine Beute, die man sich nahm. Eine Kriegswaffe, die eingesetzt wurde, um den Feind in die Knie zu zwingen. Auch italienische Soldaten waren im Ausland nicht vollkommen schuldfrei, davon war Lucia überzeugt. Als Frau hatte man immer verloren, egal, auf welcher Seite man stand. Das hatte sie früh lernen müssen.

Als ihr Vater unerwartet starb – der Zimmermann stürzte vom Dach und brach sich das Genick –, war es von einem Tag auf den anderen vorbei mit dem bequemen Leben der Torres. Es gab keine Lebensversicherung, die Witwenrente reichte hinten und vorne nicht und die gesamte Familie musste plötzlich schauen,

---

[9] Deutscher

dass es genug zu essen gab. Das war vor fast 20 Jahren gewesen, Lucia war damals noch klein und konnte sich nur bruchstückhaft an ihr früheres Leben erinnern. Doch sie war überzeugt, ihr wäre es besser ergangen, hätte ihr Vater länger gelebt. Die schönsten Erinnerungen, die sie an ihn hatte, waren die Ausflüge ans Meer. Papa hatte Seeigel gefischt und sie gleich auf dem Boot geknackt, damit Lucia den samtig weichen Inhalt probieren konnte. Der glibberige Anblick hatte sie etwas zurückschrecken lassen, aber der Geschmack war himmlisch gewesen! Ihr Vater hatte gelacht und sich so gefreut über seine kleine Feinschmeckerin! Als er starb, war es in Lucias Welt dunkel geworden.

Nun war seit fünf Jahren Krieg in Italien, die Frauen waren praktisch auf sich allein gestellt, bis auf ein paar alte Männer und Krüppel, die nicht eingezogen werden konnten. Auch ihr Bruder würde sicherlich bald wieder an die Front müssen, wenn er sich von seiner Verletzung erholt hatte.

Was also war jetzt besser als vor der Ankunft der Alliierten? Nun wurden ihre Männer zwar nicht mehr für Mussolini, sondern gegen die Faschisten eingezogen. Gegen jene Deutschen, mit denen sie noch vor zwei Jahren Seite an Seite gekämpft hatten. Was änderte das? Sie würden trotzdem als Kanonenfutter an der Front enden, egal wo diese jetzt war.

Salvatore war in Afrika gewesen, als sie das letzte Mal von ihm gehört hatte. Er hatte sogar Fotos geschickt, auf denen er, braun gebrannt, in der Wüste stand und verführerisch lächelte. Sie hatten bei seinem letzten Fronturlaub geheiratet, obwohl Lucia sich alles andere als sicher war, ob sie ihn liebte. Doch das war zweitrangig. Er gab ihr Sicherheit. Und Hoffnung. Hoffnung darauf, diese elende Insel nach dem Krieg zu verlassen und woanders von Neuem anzufangen. Dass seine eigene Mutter dachte, er würde nicht mehr zurückkommen, versuchte sie die meiste Zeit zu ignorieren, wenn diese nicht gerade nach den geschenkten Möbeln verlangte. Frechheit! Wenn Salvatore wüsste, wie Lina seine Frau behandelte!

Lucia verabschiedete ihren Bruder und machte sich auf den Weg, um etwas Essbares zu ergattern. Die Schlange vor der *tripperia*[10] reichte wieder mal um die halbe Häuserzeile. Die Hoffnung, noch ein paar Gramm Innereien zu ergattern, schwand bei diesem Anblick und Lucia ging weiter. Es hatte keinen Sinn, sie war viel zu spät dran. Lina hatte sie zu lange aufgehalten und ihre *tessera*[11] würde auch heute kein Fleisch auf den Tisch bringen. Die Rationskarten wurden immer wieder angepasst, mittlerweile brauchte man fast eine gesamte Karte für eine

---

[10] Kuttel-Metzgerei
[11] Lebensmittelmarken

Mahlzeit. Der Hunger war allgegenwärtig. Lucia hätte sich nie träumen lassen, jemals etwas Illegales zu tun, aber der Schwarzmarkt war ein Teil ihres Lebens geworden, ohne den sie schon längst verhungert wäre. Das bisschen Gemüse, den Teller Pasta oder die Handvoll Reis bezahlte sie jeweils mit Stoffresten, die sie mit den diversen Gelegenheitsarbeiten bei den wohlhabenden *signore*[12] ergatterte. Aber diese Woche hatte sie nirgends Arbeit gefunden und sie befürchtete, bis Sonntag von den Resten leben zu müssen, die sie noch zuhause hatte. Brot gab es auch erst wieder Montag, so wollte es das Rationierungsgesetz.

Sie eilte an der Kathedrale vorbei, die von den Amerikanern zerstört worden war. Lucia und Salvatore hatten im Gemeindehaus heiraten müssen, der Pfarrer war untröstlich gewesen. Lucia war das egal, für sie war Gott nicht in einer Kirche oder Kathedrale zu finden. Sie war sich nicht mal mehr sicher, ob sie an einen Gott glauben wollte, der so viel Leid zuliess. Der einen Krieg zuliess. Wofür stellte er sie auf die Probe? Hatte sie nicht schon genug unter dem Tod ihres Vaters gelitten? Sie vermisste diesen Mann, an den sie sich kaum erinnern konnte. Und wenn sie ehrlich war, vermisste sie nicht nur den Mann, sondern das Leben, das sie gehabt hatten, als er noch unter ihnen weilte.

Der Gemüsehändler hatte heute auch kaum etwas anzubieten, ein paar Rüben und Fenchel, damit würde sie wohl Minestrone kochen. Wieder mal. Für sich. Lucia war gerne allein, sie fühlte sich kaum je einsam, denn sie mochte die meisten Menschen nicht. Und der Tratsch, der auf der Strasse die Runden machte, ging ihr gegen den Strich. Nicht, weil sie ein besserer Mensch war, sondern weil sie das Leben der anderen schlicht nicht interessierte. Ihre Familie hatte genug eigene Dramen, die es zu bewältigen gab.

Da war ihre Mutter, die in Sünde lebte mit dem Schuster. Sie war wenige Jahre nach dem Tod von Lucias Vater eine Beziehung mit diesem Mann eingegangen, die der gesamten Familie widerstrebte. Der Schuster – der nie bei seinem eigentlichen Namen, Luigi Russo, genannt wurde – war kein schlechter Mann. Er hatte sich der noch jungen, hübschen Mutter von vier Kindern grosszügig angenommen. Da er selbst nie verheiratet gewesen war, freute er sich über den Lärm, den die Kinder ins Haus brachten und war eigentlich immer nett zu ihnen gewesen. Aber die Schande, die Lucias Mutter über sie alle gebracht hatte, war schwer auszuhalten. *La bagascia*[13] war noch die netteste Bezeichnung, die man ihr zugestand. Sie und der Schuster lebten in Catania zusammen, ohne verheiratet zu sein. Angeblich wegen der Witwenrente, damit diese nicht wegfiele mit der

---

[12] Damen
[13] Hure (umgangssprachlich)

zweiten Ehe. Die Kinder hatten sich allesamt geweigert, den Schuster «*papà*» zu nennen, vor allem Lucias Bruder Calogero verbarg seine Gefühle nie und liess Luigi jeden Tag spüren, dass er ein Eindringling sei. Lucia war dem Mann dennoch dankbar, sie aufgenommen zu haben. Wer weiss, wo sie heute wären ohne den *calzolaio*[14].

Ihr, Lucia, hätte man nie erlaubt, unverheiratet mit Salvatore zu leben. Wo kämen wir da hin? Lucia und Salvatore mussten heiraten. Lucia war aber froh gewesen, aus dem Haus mit ihrer Mutter und dem *calzolaio* rausgekommen zu sein, auch wenn das bedeutete, von Catania weg, zurück nach Piazza Armerina zu ziehen. Dennoch empfand sie ihre kleine Wohnung wie eine Festung, in die sie sich zurückziehen konnte, wenn ihr alles zu viel wurde.

Und da waren auch noch Calogero und Gelsomina, die angeblich ein Verhältnis miteinander hatten. So der Tratsch im Dorf. Hätte sich Calogero nicht eine andere suchen können als ausgerechnet die Schwester ihres Mannes? Der war darüber nämlich auch nicht begeistert, wie er sogar in seinem letzten Brief erwähnt hatte. Calogero war zwar sein Freund, aber auch berüchtigt bei den Frauen im Dorf. Er war gutaussehend, witzig und nicht auf den Mund gefallen. Sein Charme wickelte alle um den Finger, auch Lucia verzieh ihm alles: ein Schlitzohr, wie er im Buch stand. Dass Gelsomina sich in ihn verliebt hatte, überraschte sie nicht, aber dass es lange halten würde, bezweifelte Lucia. Und dann hätten sie den Salat. Die Schwägerin mit dem gebrochenen Herzen würde kein gutes Licht auf die Familie Torre werfen.

Lucias Familie schien verflucht. Das zumindest hatte Lina unlängst behauptet, als sie dachte, Lucia höre sie nicht. An Weihnachten – welches die zwei Familien gezwungenermassen zusammen verbracht hatten – hatte Lucia mitbekommen, wie Lina zu ihrer Tochter sagte: «Lass die Finger von den Torres. Schlimm genug, dass wir schon eine von denen in der Familie haben. Die sind verflucht, sage ich dir. Das hat mir auch die *chiromante*[15] bestätigt.»

Die Wahrsagerin war eine uralte Frau, die schon ewig im Dorf zu leben schien. Sie war für die Bewohner fast wichtiger als der Pfarrer, wobei das natürlich niemand zugeben würde. Aberglauben wurde von der Kirche zwar vehement verboten, doch die Wahrsagerin half da, wo weder Kirche noch Arzt etwas ausrichten konnten. Sie erzählte Geschichten, die haarsträubend unglaubwürdig schienen, aber dennoch vom ganzen Dorf fasziniert aufgenommen wurden: von Geistern in den Häusern der Adligen bis hin zu Krankheiten, die entstanden

---

[14] Schuster
[15] Wahrsagerin

waren, weil die Person am *malocchio*[16] litt. Lucia glaubte nicht an Geister und böse Blicke, aber die Zweifel hatten sich auch bei ihr eingenistet. Waren sie vielleicht wirklich verflucht? Wieso mussten all diese Sachen immer in ihrer Familie passieren? Wieso konnten sie nicht alle einfach normal leben und nicht auffallen?

Lucia hasste es, aufzufallen. Auch wenn sie durchs Dorf stöckelte – seit sie ein junges Mädchen war, hatte sie es immer eilig gehabt – senkte sie den Blick, wenn nicht gar den ganzen Kopf und schaute zu Boden. So bemerkte sie keine mitleidigen oder missbilligenden Blicke und musste schon gar nicht darauf reagieren. Ihre Strategie ging auf, Lucia wurde selten auf der Strasse angesprochen. Viele hielten sie für arrogant, dabei war sie vor allem verängstigt. So fragte auch selten jemand, ob sie Neuigkeiten von Salvatore habe. Das war ihr gerade recht, denn sie machte sich viel mehr Sorgen, als sie sich anmerken liess. Was, wenn Salvatore wirklich nie zurückkehren würde? Wenn sie, kaum ein paar Monate verheiratet, Witwe wäre? Was einem da blühte, hatte sie ja schon bei ihrer Mutter gesehen. Könnte sie auch allein in den Norden ziehen? Doch wie sollte das gehen? Ohne Mann war eine Frau nur eine halbe Person und jedem ausgeliefert, der einem Böses wollte. Da nützte auch das zurzeit viel diskutierte Gesetz für politische Frauenrechte nicht viel. In den Köpfen waren Frauen für Kinder und Küche zuständig, mehr nicht. Lucia war keine Kämpferin, sie hatte sich nie für Frauenrechte eingesetzt. Sie wollte eigentlich nur ihre Ruhe haben. Und Salvatore hatte ihr diese Ruhe verschafft.

Ausserdem war Lucia für sizilianische Verhältnisse eine alte Braut gewesen. Mit 27 noch nicht verheiratet? Mit der konnte doch etwas nicht stimmen! Na ja, der Krieg war dazwischengekommen. Zu Kriegsbeginn war Lucia 22 gewesen, Salvatore hatte sie da schon gekannt. Aber sie kannte schliesslich praktisch jeden im Dorf, in dem sie aufgewachsen war. Doch der Gedanke, zu heiraten, war ihr damals nicht eilig erschienen. Wieso auch? Eine Ehe schien einengend, Männer sagten einem, was man zu tun hatte, wie man sich anziehen und wann man wie viele Kinder kriegen sollte. Gleichzeitig konnte man als Frau ohne Mann fast nichts entscheiden. Wann immer sie ausgehen wollte, musste sie ihren Bruder Calogero mitnehmen, der doch zwei Jahre jünger war als sie! Sie empfand dies als ungerecht, abgesehen davon, dass auch Calogero keine Lust hatte, seine grosse Schwester und ihre Freundinnen zu begleiten und sich ihr belangloses Geplauder anzuhören. Bis sich das Gespann der vier Geschwister gebildet hatte – die Torres und die Leones, Brüder und Schwestern über Kreuz. Natürlich hatte das gesamte

---

[16] Böser Blick

Dorf diese Situation kommentiert, aber Salvatore und Calogero war es egal. Das war für sie auch einfacher, Jungs konnten sich immer viel mehr erlauben als Mädchen. Gelsomina und sie mussten hingegen höllisch aufpassen, nicht als *mignotte*[17] zu gelten. Als leichte Mädchen, die jeder haben konnte.

Die vier waren anfangs nur gute Freunde gewesen, einzig Salvatore schien wirklich ein romantisches Interesse an Lucia zu haben. Lucia lächelte beim Gedanken, wie Salvatore sich ihr langsam angenähert hatte. Nicht schüchtern, aber vorsichtig. Und das, obwohl er sie als junges Mädchen kaum beachtet hatte. Lucia war verschlossener als die meisten Mädchen, sie war nicht schwatzhaft, sie machte niemandem schöne Augen, auch Salvatore nicht. Der schöne Salvatore, vier Jahre älter als sie, hatte schon als Junge viel Erfolg bei den Mädchen gehabt. Seine Mutter hatte sich immer gerühmt: «Ich lasse meinen Gockel laufen, passt ihr auf eure Hühner auf.» Doch Salvatore war anständig geblieben. Zumindest hatte er sich nie erwischen lassen.

Ob er auch in Afrika anständig blieb? Lucia fürchtete sich nicht davor, betrogen zu werden. Sie war realistisch, Männer konnten nicht anders. Aber die Schande, sollte man erfahren, dass er andere Frauen gehabt hatte, hätte sie nicht ertragen. Vor allem, weil ihre Schwiegermutter diesen Moment sehnlichst herbeiwünschte. Als Salvatore ihr eröffnet hatte, dass er Lucia heiraten wollte, hatte sie hysterisch gejammert und ihren Sohn heulend gebeten, es sich anders zu überlegen. Dieses Mädchen sei nichts für ihn, ausserdem sei sie ja nicht mal hübsch und die Familie eine Schande. Salvatore hatte sich nicht davon abbringen lassen und Lucia vor zwei Jahren geheiratet. Salvatore tat immer, was er wollte, so viel hatte Lucia begriffen.

Sie trat in die Kathedrale ein. Die Westfassade war vollkommen zerbombt worden, weshalb es in der Kirche ungewöhnlich hell war. An der gegenüberliegenden Wand, die heil geblieben war, stand ein Tisch mit vielen kleinen Kerzen, einige von ihnen offensichtlich zusammengepappt aus alten Stummeln. Es roch nach verloschenen Dochten, Wachs und Weihrauch. Lucia warf einen Knopf ins Glas – Münzen hatte sie schon lange keine mehr – und zündete eine der Kerzen an. «Lieber Gott, mach, dass Salvatore unverletzt ist und bald zu mir zurückkommt.» Sie hätte das nie vor jemandem zugegeben, aber es machte ihr noch mehr Angst, dass Salvatore als Krüppel zurückkehren könnte, als dass er gar nicht wiederkäme. Sie sah täglich Männer, denen ein Arm oder ein Bein fehlte, deren Gesichter kaum wiederzuerkennen waren, die an Krücken gingen oder gar nicht mehr laufen konnten. Deren Frauen waren in wenigen

---

[17] Huren

Monaten um Jahre gealtert, weil sie mit der Pflege ihrer Männer vollkommen überfordert waren. Lucia hörte die Kriegsversehrten in der Nachbarschaft manchmal auch nachts schreien, der Krieg hatte diese Männer in den schieren Wahnsinn getrieben. Die Schmerzen und Albträume der Heimkehrer waren auch für ihre Frauen und Kinder schwer zu ertragen. Sie hoffte inständig, dass Rommel und die Deutschen Salvatore nicht in unnötige Gefahr gebracht hatten. Sein letzter Brief klang diesbezüglich positiv, die Deutschen seien anständig gewesen und hätten ihnen wenigstens wieder richtiges Essen gebracht. Dass sie jetzt nichts mehr von ihm gehört hatte, musste mit dem Chaos zusammenhängen, das seit der Alliierteninvasion und dem Abzug der deutschen Truppen herrschte.

1943 hatte man auf die Erlösung gehofft, die Amerikaner sollten aus Italien ein gleichberechtigtes Land machen, eine Volksdemokratie, in der die Kluft zwischen Arm und Reich verschwinden sollte. Gutsherren sollten in Sizilien nicht mehr als Einzige das Sagen haben, Ländereien sollten unter den Bauern aufgeteilt werden. Doch Lucia hatte nie an solch paradiesische Zustände nach dem Krieg geglaubt. Realistin, wie sie war – Gelsomina nannte sie eine Pessimistin –, wusste sie, dass das Leben einem nichts schenkte. Wollte man es gut haben, musste man dafür arbeiten. Oder am richtigen Ort geboren sein. Und das war sie definitiv nicht.

Sie verliess die Kirche wieder und eilte durch die sonnigen Gassen, vorbei an weiteren Trümmern. Die Menschen, die hier gewohnt hatten, waren entweder tot oder zu Familienmitgliedern in andere Teile der Insel oder auf das Festland gezogen. Also kümmerte sich niemand darum, die Trümmer wegzuräumen oder gar die Häuser wieder aufzubauen. Die Luft war immer noch kalt für die Jahreszeit, aber heute blies immerhin kein fieser Wind, der ihr die Tränen in die Augen trieb. Auch waren die Strassen nach tagelangen Regenfällen wieder trocken. Lucia hatte genug von nassen Füssen. Ihre löchrigen Sohlen hätten dringend ersetzt werden müssen, doch sie hatte keine Lust, sich von Calogero eine Standpauke anzuhören, weil sie die Hilfe des Schusters in Anspruch genommen hatte.

Auch die Menschen um sie herum gingen praktisch in *stracci*[18] durch die Strassen, die von klaffenden Löchern geziert wurden und nach verkohltem Holz und verkochtem Gemüse rochen. Wo man hinschaute: zerstörtes Pflaster, zerbombte Fassaden. Sogar das noble Stadthaus der Bankiersfamilie Bianchi sah alles andere als edel aus. Dennoch hatten die Amerikaner es als ihren «Sitz» beschlagnahmt, genauso wie die Deutschen damals. Die *signorina*, Tochter des Bankiers, war für kurze Zeit verdächtigt worden, mit einem deutschen Offizier

---

[18] Lumpen

eine Affäre zu haben. Ob das stimmte, wusste Lucia nicht, und es interessierte sie auch nicht.

Das Haus, in dem Salvatore und sie eine Wohnung mieteten, war wie durch ein Wunder verschont geblieben. Einzig ein paar Fensterläden waren abgerissen worden, die hatten sie aber bereits durch solche aus anderen zerstörten Häusern ersetzt. Lucia war es immer wichtig gewesen, in einem ansehnlichen Haus zu wohnen. Nicht nur drin sollte es sauber und aufgeräumt sein, auch von aussen musste es etwas hermachen.

Als sie die schwere Eingangstür öffnete, wehte ihr der Geruch von Basilikum entgegen. Sie hatte etliche kleine und grosse Töpfe mit Origano, Salbei und Pfefferminze im Treppenhaus stehen, aber der Geruch des Basilikums war immer der dominanteste. Lucia liebte ihn, da er sie an ihre Kindheit und ihren Vater erinnerte. Er hatte damals auch viele Gewürze im Garten angepflanzt und Lucia beigebracht, wie man sie pflegte.

Sie stieg die Treppe hinauf, drei Stockwerke. Salvatore hatte damals gesagt, das würde sie beide schlank halten. Er hatte wohl insgeheim Angst, dass sie, kaum verheiratet, wie seine Mutter und Tanten auseinandergehen würde wie Brot im Ofen. Bei dem Gedanken musste sie lächeln. Ein wenig vermisste sie ihn schon. Seinen Humor, seinen Charme. Sie wusste nicht, ob das Liebe war, aber irgendwas verband sie, das konnte sie nicht leugnen. Immer noch lächelnd kam sie im dritten Stockwerk an, wo sie erschrocken stehenblieb. Vor ihrer Tür sass ein Obdachloser zusammengekauert auf dem Boden und schlief. Er trug eine abgetragene italienische Uniform und hatte die Kappe tief ins Gesicht gezogen, wohl um sich vor den Sonnenstrahlen zu schützen, die durch das Treppenhausfenster einfielen. Sein ganzer Körper hob und senkte sich, während er leise schnarchte. Wie war er reingekommen? Was wollte er hier? Waren die Nachbarn zu Hause?

Gerade, als sie sich wieder runterschleichen wollte, um einen Nachbarn zu rufen, wachte er auf, hob den Kopf und schaute ihr direkt ins Gesicht. Seine Augenringe waren tief, er war ungesund braun gebrannt, seine Lippen waren aufgesprungen, sein Bart ungepflegt. Nur seine Augen waren ... hoffnungsvoll. Als würde er jemanden sehen, den er lange gesucht und endlich wiedergefunden hatte. Die Uniform sass locker, als wäre er darin geschrumpft. «Lucia!» Er verzog das müde Gesicht zu einem Lächeln. «Totò?», fragte Lucia ungläubig. «Hast du denn noch einen anderen Soldaten erwartet?», fragte Salvatore verschmitzt und erhob sich ächzend. Lucia kam langsam die Treppe wieder hoch und schaute ihrem Mann immer noch ungläubig entgegen. «Du bist wieder da!», stellte sie etwas dümmlich fest. Sie hatte solche Angst gehabt, ihn nie wieder zu sehen und als junge Witwe durchs Leben gehen zu müssen. Aber jetzt, wo er da war, fehlten ihr die Worte. Eigentlich sollte sie ihm wohl um den Hals fallen. Aber einerseits waren solche Zuneigungsbekundungen nicht ihre Art und andererseits hatte sie Angst, ihn trotz ihrer gerade mal 1,50 Meter umzuwerfen, dünn wie er geworden war. Nachdem sie sich eine Weile stumm angesehen hatten, fragte Salvatore: «Können wir reingehen, Lucia? Ich möchte mich gerne waschen.» – «Si, certo, scusami!»[19] Sie schämte sich, dass sie ihn so angestarrt hatte und kramte mit zittrigen Händen den Schlüssel aus ihrer Handtasche, die sie am Handgelenk trug.

Salvatore sah sich in der Wohnung um, als wäre er zum ersten Mal hier. «Lass mich raten, von meiner Mutter?» Er zeigte auf eine der vielen Häkeldeckchen, die auf allen möglichen Oberflächen lagen und lächelte gequält. Er wusste um das schlechte Verhältnis seiner Frau zu ihrer Schwiegermutter und entschuldigte sich regelmässig bei Lucia für deren Benehmen. Seine Mutter war immer sehr kritisch gewesen, aber bei Lucia war ihr Benehmen schon fast krankhaft. Für Lina Leone wäre nie eine Frau gut genug gewesen, aber eine Torre war einfach zu viel. «Wenn er wüsste, was sie heute Morgen hier veranstaltet hat», dachte Lucia angespannt. Es war gut, dass er zurück war. Denn sie wusste: Für ihn war klar, auf wessen Seite er stand. Er hatte sich für Lucia entschieden und da konnte niemand dazwischenkommen. Auch nicht seine Mutter. Und sie? War Lucia genauso loyal? Sie würde es versuchen. Doch sie wusste, dass sie manchmal etwas gefühllos wirkte. Lucia war nie laut und emotional. Sie war still, reserviert und trocken. Und hatte gemerkt, dass Salvatore etwas an ihr fehlte: eine gewisse Leidenschaft, die Lucia einfach nicht bereit war, ihm zu zeigen. Oder nicht fähig, zu empfinden.

Salvatore war ein leidenschaftlicher Mann. Er spielte leidenschaftlich Boccia, mit allem, was dazugehörte: Fluchen, Trinken, Lachen und manchmal auch ein wenig Schummeln. Er war ebenso leidenschaftlich in diesen Krieg gezogen, mit der festen Überzeugung, dass Mussolini gut für das Land war. Er hatte Lucia leidenschaftlich den Hof gemacht, wenn man das so nennen konnte. Er war einfach dauernd überraschend bei ihnen aufgetaucht, unter dem Vorwand, mit Calogero etwas unternehmen zu wollen. Dieser hatte damals längst durchschaut, dass sein Freund eigentlich nur seine Schwester sehen wollte. Doch er mochte Salvatore sehr. Seinen Humor, seinen Charme, aber vor allem seine loyale Art, die ihn als Freund auszeichnete. Lucia wusste, dass Salvatore ihrem Bruder schon aus manch einer verzwickten Situation geholfen hatte, in die sich der

---

[19] «Ja natürlich, entschuldige!»

Schönschwätzer hineinmanövriert hatte. Obwohl Salvatore ihm diesbezüglich in nichts nachstand: Mit seinen dunklen Augen und seinem matten Teint lagen ihm viele Mädchen zu Füssen. Wieso er sich gerade Calogeros bescheidene und etwas unnahbare Schwester ausgesucht hatte, war Lucia selbst ein Rätsel.

Salvatore hatte bei Calogero um ihre Hand angehalten. Da die Geschwister Torre keinen Vater mehr hatten, schien es Salvatore der richtige Weg. Calogero hatte Lucia danach erzählt, er habe ihm das Versprechen abgenommen, seine Schwester zu ehren und für sie zu sorgen. Danach hatten sie einige Flaschen Wein zusammen geleert. Salvatore hatte eigentlich am nächsten Tag Lucia fragen wollen, ob sie seine Frau werden wolle, aber wegen seines Katers war er den halben Tag im Bett gelegen. Als er endlich dazu kam, Lucia den Antrag zu machen, hatte er den Marschbefehl für Afrika im Briefkasten vorgefunden. Mit der Hochzeit musste es plötzlich schnell gehen, was ein zusätzlicher Grund für den Missmut von Salvatores Mutter gewesen war. «Sie befürchtet wohl, du seist schwanger», gestand Salvatore Lucia kurz vor der Trauung. Diese reagierte empört. «Wofür hält sie mich? Für eine *puttana*[20]?» Lucia war ausser sich vor Wut gewesen, dass man so etwas über sie denken konnte.

Salvatore schlurfte ins Badezimmer im Flur, wo Lucia heute Morgen frisches Wasser aus dem Quartiersbrunnen in den Krug geleert hatte. Sie badete nur noch selten, da sie weder Lust hatte, das viele Wasser zu schleppen, noch genug Holzkohle, um es aufzuheizen. Salvatore würde sich also ebenfalls mit einer Katzenwäsche begnügen müssen, bis er selbst Wasser holen würde für den Bottich.

Als sie ihm ein frisches Handtuch brachte, stand er mit nacktem Oberkörper vor der Schüssel und stützte sich müde auf den kleinen Waschtisch. Haare, Gesicht und Oberkörper waren nass und Lucia schaute beschämt weg. Sie waren zwar verheiratet, hatten einander aber noch nie nackt gesehen. Das einzige Mal, bei dem sie sich auf diese Art nähergekommen waren, hatte Lucia darauf geachtet, dass es stockdunkel im Zimmer war und sie hatte auch nur so viel wie nötig ausgezogen.

Da war sie wieder, diese Angst, jetzt da Salvatore zurück war: Würden sie es wieder tun müssen? Sie hatte gehofft, schon beim ersten Mal schwanger zu werden, daraus war aber nichts geworden. Und solange sie keine Kinder zur Welt brachte, war es wohl ihre Pflicht, es wieder zu tun. Manchmal hasste sie es, eine Frau zu sein. Als Frau hatte man nur Pflichten, keine Rechte, keine Freuden, nur

---

[20] Hure

Arbeit, die zu erledigen, sie gezwungen war: kochen, putzen, Kinder zeugen, erziehen und sich um den Mann kümmern. Sie war 29 und wusste jetzt schon, dass sie ihr Leben als Frau verabscheuen würde.

Sie stand in der Küchentür, als Salvatore aus dem Bad kam und direkt auf das Schlafzimmer zusteuerte. «Willst du was essen? Ich kann dir eine Suppe machen.» – «Gerne.» Seine Stimme war so leise. Ganz anders als der imposante Bariton, der ihn vor dem Krieg ausgezeichnet hatte. Salvatore liebte die Oper und sang für sein Leben gern. «Und ein Glas Wasser, bitte.» Lucia ging in die Küche und schenkte Wasser in ein grosses Glas. Als sie ins Schlafzimmer kam, lag Salvatore bäuchlings auf dem Bett und schlief tief. Sie stellte das Glas auf den Nachttisch. Salvatore hatte frische Narben auf seinem Rücken. Streifen von rechts nach links, als hätte er sich gegen einen Drahtzaun gelehnt. Unregelmässige Streifen, wie von einer Kinderhand gezeichnet. Was er wohl erlebt hatte? Hatte man ihn gefoltert? Sie würde es vielleicht nie erfahren. Salvatore neigte dazu, Negatives für sich zu behalten.

Das war schon vor dem Krieg so gewesen. Er war bereits als jugendlicher stolzer *Balilla*[21] gewesen, hatte salutiert und mit seinen Kameraden Mussolinis Versprechen geglaubt. «Der Krieg wird uns Gerechtigkeit bringen. Arme Schlucker werden auch eine Chance erhalten, was aus sich zu machen!», so seine Überzeugung. Was wohl geschehen war während seines Afrika-Einsatzes?

Lucia liess ihn schlafen und fragte sich, was seine Rückkehr nun bedeutete. Würden sie endlich aus diesem Kaff verschwinden? Weg von seiner schrecklichen Mutter, aber auch weg von ihrer Familie? Sie wusste nicht, wie sie ohne ihren Bruder zurechtkommen würde. Calogero war ihr trotz seines Alters all die Jahre wie ein Vater gewesen. Ihre Mutter und der Schuster hatten zwar für sie gesorgt, aber er war ihr Fels gewesen. Und der Einzige, der ihr je gezeigt hatte, was Zuneigung bedeutete. Würde sie mit Salvatore dieses Gefühl jemals erlangen? Eine Familie zu sein? Zu ihm zu gehören?

---

[21] Mitglied der gleichnamigen Jugendorganisation der Nationalen Faschistischen Partei Italiens

Kapitel 3

Martha, Februar 1945

Martha fuhr zusammen, als sie ein lautes Knacken und gleichzeitig Berthas Aufschrei hörte. «Was ist passiert?» Sie drehte sich nach hinten um und sah es sofort. Das hintere linke Rad des Fuhrwerks war gebrochen, ihre Mutter sass nun schief auf der Bank und Johanna hielt sie fest, damit sie nicht vom Wagen rutschte. «Verflucht!» Martha fluchte sonst nicht, aber das hatte ihr jetzt gerade noch gefehlt. Vielleicht hatten sie den Wagen zu vollgepackt, oder das Holz war morsch. Sie stöhnte und half ihrer Mutter, vom Wagen runterzukommen. Diese rief immer wieder verzweifelt: «Und was machen wir jetzt?» Kaum hatte Martha die nervösen Pferde losgelassen, versuchten diese weiterzulaufen. Pinto rutschte dabei aus und fiel zu Boden. Martha schrie auf, liess ihre Mutter los und rannte zu ihm. Das Pferd blieb liegen und schaute Martha müde an. Corinth, der Trakehner, stieg und geriet in Panik. Damit er Pinto nicht mitschleifte und der Wagen nicht vollends kippte, nahm Martha ihm blitzschnell das Geschirr ab und das Tier galoppierte davon. Dabei riss es ihr den Daumen vom Nagel, doch sie bemerkte es gar nicht.

«Martha!», rief Lieschen und zeigte auf Corinth, der die anderen Flüchtenden aufscheuchte und verängstigte. Doch Martha hatte nur Augen für Pinto. Sein linkes Vorderbein schien gebrochen, er konnte nicht mehr aufstehen. Ihr drehte sich der Magen um, sie erstarrte innerlich. Pinto schaute gehetzt um sich und versuchte immer wieder, sich aufzurichten. Vergebens. Sie redete dem Tier beruhigend zu, während sie fieberhaft überlegte, wie sie aus diesem Schlamassel rauskamen. Doch eigentlich wusste sie, was sie zu tun hatte. Sie hatte es sofort nach Pintos Sturz gewusst.

Martha hatte trotz anfänglicher Widerrede den Rat ihres Vaters befolgt und eine Waffe mitgenommen. Eigentlich, um sich und ihre Familie zu schützen. Sie stand schwerfällig auf und ging zum Fuhrwerk. Sie hatte das Gewehr zuoberst verstaut. Ihre Hände zitterten, nicht von der Kälte, die spürte sie gar nicht. Aus dem Augenwinkel nahm sie wahr, dass ihr Daumen blutete. Sie entschärfte das Gewehr und ging langsam wieder zu Pinto zurück, der mittlerweile mit geschlossenen Augen auf dem Eis lag. Sein Atem stiess Wolken aus seinen feuchten Nüstern. Sie sah seinen Bauch, der sich auf und ab bewegte, ansonsten lag er still da, als ob er schliefe. Johanna war mittlerweile auch vom Wagen gestiegen und hinter Martha getreten. «Soll ich …?», fragte sie leise. Martha schüttelte nur den Kopf. «Geh mit Lieschen und Mutter hinter den Wagen», befahl sie ihrer Schwester, ohne sie dabei anzusehen. Martha starrte geradeaus und hoffte, Johanna würde schnell machen, damit sie der Mut nicht verliess. Sie konnte und wollte Pinto nicht weiter leiden lassen. Sie beobachtete, wie die drei Frauen hinter das Fuhrwerk gingen. Lieschen wimmerte. Marthas Finger waren klamm, da wo ihr Nagel gewesen war, klaffte eine rote Wunde, die Kälte spürte sie nur dort. Aber keinen Schmerz. Kurz war Martha verwundert darüber. Sie legte die Bockflinte an. Ihr Vater hatte ihr vor Langem beigebracht, wie man damit umging, sie war eine gute Schützin.

Der Knall durchdrang die Stille des Frischen Haffs. Martha dachte noch: «Das klingt anders als der Krieg», bevor sie zusammenbrach und weinend neben Pinto sitzen blieb. Sein Blut sickerte ins Eis, vermischte sich mit ihrem eigenen, der Schnee verfärbte sich rosa. Ihre Schwestern kamen hinter dem Wagen hervor und halfen Martha auf. Diese schüttelte sie ab und liess einen Schrei von sich, aus dem die ganze Wut, ihre Angst und Erschöpfung herausbrachen. Es war Martha vollkommen egal, dass man sie so sah, dass sich Flüchtende nach ihr umdrehten und Kinder ängstlich anfingen zu weinen. Sie weinte hemmungslos mit ihnen, schrie ihren Frust in die eisige Kälte, bis sie nicht mehr konnte. Erschöpft schaute sie sich irgendwann um und trocknete ihre Tränen. «Gehen wir.» Ihre Stimme war heiser vom Schreien.

Corinth war verschwunden, wahrscheinlich hatten sich andere Flüchtende den Trackehner unter den Nagel gerissen. Sie schnallten sich ihre Rucksäcke auf den Rücken, Martha und Lieschen nahmen noch je einen Koffer vom Wagen runter. Den Rest mussten sie liegen lassen, was bei Bertha einen Weinkrampf auslöste. Martha starrte vor sich hin. Sie mussten weiter. «Mutti, kommt jetzt!» Bertha traute sich nicht, ihrer Tochter zu widersprechen. Diese begriff immer noch nicht, dass sie Pinto, der für sie genauso Familie wie ihre Schwestern war, getötet hatte. Es war das Grausamste, was sie je hatte tun müssen. Und das Gnädigste.

In den nächsten Stunden jammerte Bertha unentwegt vor sich hin oder blickte vollkommen stumm ins Leere. Martha begann, sich ernsthaft Sorgen zu machen, dass ihre Mutter verrückt werden könnte vor lauter Kummer und Erschöpfung.

Johanna hatte es in den nächsten Tagen am schwersten von allen. Die tiefen Temperaturen und die Zustände, in denen sie schliefen, bereiteten ihr grosse Schmerzen im Bein und in der Hüfte. Dennoch humpelte sie tapfer und ohne zu protestieren hinter ihren Schwestern her und ermutigte auch Lieschen, nicht schlapp zu machen. Diese hatte sich entschlossen, ihre Reifezeit auf der Flucht auszuleben, und schmollte demonstrativ – so, als hätte das Schicksal ihr ganz persönlich schaden wollen. Martha versuchte, sie zu ignorieren, um sich nicht zu ärgern.

Der Treck zog sich Richtung Ostsee übers Frische Haff, Tausende Menschen bildeten eine kilometerlange Schlange, deren Ende nicht sichtbar war. Martha verliess der Mut. Wie würde man so viele Menschen in den Westen bringen können? Würden sie wirklich zu Fuss bis an die Nordsee laufen müssen? Mit den vielen Tausend anderen, ins Leere blickenden Flüchtlingen, die mit Sack und Pack, genau wie Martha und ihre Familie, die einzige Heimat verlassen hatten, die sie je gekannt hatten? Martha seufzte. Sie bezweifelte manchmal, dass sie überhaupt je so weit kämen.

Die Strassen waren übersät mit Leichen: Pferde, Alte, Kinder und Mütter, die ihre toten Kleinkinder nicht hatten loslassen können und bis zur Erschöpfung weitergetragen hatten. Rechts und links der Strasse lagen Koffer, Kleider, Töpfe und Fuhrwerke verstreut. Alles, was die Flüchtenden vor Schwäche nicht mehr hatten tragen können, hatten sie einfach liegen lassen. Währenddessen donnerten russische Tiefflieger immer wieder über ihre Köpfe hinweg und schossen auf sie. Dass Martha, Lieschen, Johanna und Bertha nie getroffen wurden, verdankten sie wohl einem Schutzengel, der über sie wachte. Wer noch ein Fuhrwerk hatte, musste höllisch aufpassen, dass dieses nicht durch das Eis brach. Leben oder Sterben war in diesen Tagen zur reinen Glückssache geworden.

Martha fragte sich mehr als einmal, wo ihr «lieber» Gott geblieben war. Hatte das deutsche Volk so viel Unrecht getan, dass sie das jetzt verdienten? Nachts lag Martha lange wach, um über Gott nachzudenken. Hatte er sich verabschiedet? Oder hatte sich die von ihm erschaffene Welt von ihm losgesagt? Sie sprach es nie laut aus, aber in diesen Nächten wünschte sie sich manchmal, von den Bomben getroffen zu werden, um ihrem Elend endlich ein Ende zu setzen: dieser Kälte, dem Hunger, der einen schlaflos machte, der nagenden Angst, der Müdigkeit, durch die sie kaum mehr vorwärtskamen und die sie von innen auffrass.

Martha konnte ihren Schwestern kaum in die Augen schauen. Sie spürte, wie Lieschen und Johanna erwarteten, dass sie sie beruhigte. Dass sie ihnen versicherte, dass alles gut werden würde. Doch wie hätte sie das behaupten können? Sie dachte wütend an ihren Vater: Wieso hatte er ihnen das angetan? Wieso war er nicht hier bei ihnen? Es war ihm wichtiger gewesen, seinen Hof zu schützen statt seiner Familie. Sie wusste nicht, ob sie ihm jemals verzeihen konnte.

Da sie keinen Wagen mehr hatten, waren sie zum Schlafen auf die Bauern angewiesen. Die konnten ihnen wenigstens ein bisschen Stroh in der Scheune anbieten, um darauf zu schlafen. Die Kälte setzte sich in den Knochen fest, die Feuchtigkeit durchdrang jede Faser ihrer dutzend Schichten, die sie trugen. Martha dachte, ihr würde nie wieder warm werden.

Sie brauchten zehn Tage, bis sie die Ostsee erreichten. Dort eröffnete sich ihnen ein nicht weniger trostloses Bild. Der Strand war voller Müll. Die Flüchtenden hatten alles Mögliche liegen lassen, das Ufer war übersäht mit Koffern, Kinderwagen, Möbeln und anderen Habseligkeiten, die nicht mit aufs Schiff konnten. Sie mussten aufpassen, nicht in Fäkalien zu treten. Und auch hier lagen Leichen, die die letzten Schritte nicht mehr geschafft hatten. Die Schiffe, die hier ankerten, waren eigentlich für die Soldaten gedacht, aber Martha hatte gehört, dass sie gelegentlich auch Flüchtlinge mitnahmen. Inoffiziell natürlich.

Frierende, hungernde und verzweifelte Menschen standen am – manche gar im – Wasser und versuchten, auf das nächste Schiff zu kommen. Martha beobachtete die Szenerie und fragte sich, wieso gerade sie mehr Glück haben sollten. Am liebsten hätte sie alles hingeschmissen und hätte sich irgendwo versteckt. Kopf in den Sand. Da fielen ihr ein paar Matrosen auf, die am westlichen Ende des Strandes eines der Schiffe verliessen und durch das Wasser ans Ufer wateten. Sie hatten Seesäcke geschultert und blieben im Sand stehen, um sich eine Zigarette anzuzünden.

Martha befeuchtete ihre Lippen und befahl Johanna, auf Mutter und Lieschen aufzupassen. «Wo willst du denn hin?», fragte Johanna alarmiert. Martha nickte zu den Uniformierten rüber. Sie hoffte, nicht so gespenstisch wie andere Frauen in der Schlange auszusehen, und näherte sich den jungen Männern. Sie sahen mindestens so müde aus, wie sie sich fühlte. «Geht ihr nicht zurück aufs Schiff?» Nervös steckte sie ihre Hände in die Manteltaschen. Ein junger, blonder Mann mit sanften blauen Augen erklärte ihr: «Doch, heute Abend. Dann fahren wir Richtung Westen nach Lübeck.» – «Halt die Klappe, Schiesser, sonst rennen die uns hier die Bude ein!», zischte sein Kollege und schaute Martha misstrauisch an. «Ich verspreche, nichts zu sagen. Ich bin mit meinen zwei kleinen Schwestern und meiner alten Mutter hier. Wir könnten uns auf dem Schiff auch nützlich machen!», sagte sie bestimmt und schaute diesem Schiesser dabei direkt in die Augen. Er sah sie erst erschrocken an und dann fragend zu seinen Kameraden. «Könnt ihr kochen?», fragte ein anderer Soldat, der sich zu ihnen gesellt hatte, um von Schiesser Feuer für die Zigarette zu erhalten. «Unser Koch ist nämlich abgehauen!» – «Ja, natürlich, meine Schwester ist eine hervorragende Köchin!» Martha musste an sich halten, um nicht allzu laut zu sprechen. Schiesser lächelte sanft, während sich die anderen absprachen. Er bot Martha eine Zigarette an, die diese dankend annahm. Sie hatte noch nie geraucht. Es schmeckte scheusslich und sie musste husten. Schiesser schmunzelte.

Als sich ein Offizier näherte, standen die Matrosen stramm und grüssten ihn zackig. Martha wurde nervös, als der Offizier sie skeptisch ansah. Fragend wandte er den Kopf zu seinen Männern. «Hoffmann ist desertiert, Herr Hauptmann! Wir haben keinen Koch mehr. Die Dame meint, sie könne uns aushelfen.» – «Und was will die Dame dafür?» Der Hauptmann wandte sich nun direkt an Martha. «Nehmen Sie uns mit aufs Schiff, Herr Hauptmann, wir werden uns nützlich machen und Ihnen nicht zur Last fallen, ich bitte Sie! Wir haben alles verloren, meine Schwester ist gehbehindert und meine Mutter braucht ärztliche Hilfe!» Weiter kam Martha nicht, weil jemand nach dem Hauptmann rief. Er nahm seine Mütze ab und strich sich über die ergrauten Haare. «Holen Sie ihre Familie und verhalten Sie sich ruhig. Sobald das Schiff hier ist, werden sie bei Dunkelheit an Bord kommen. Sollten noch mehr Flüchtlinge kommen wollen, werden wir alle wieder rauswerfen, auch Sie. Haben Sie mich verstanden?» Mit diesen Worten eilte er davon. Schiesser zwinkerte ihr zu und Martha beeilte sich, ihren Schwestern und ihrer Mutter von ihrem Glücksfall zu erzählen.

Als es dunkel wurde, achtete Schiesser darauf, dass die Frauen unbemerkt an Bord kommen konnten, und wies ihnen eine Koje zu. «Bleibt erst einmal hier drin, bis wir alle darüber aufgeklärt haben, was ihr hier tut.» Mit diesen Worten verschwand er und kam erst zwei Stunden später zurück. «Ich zeige euch die Küche, die Truppe hat mächtigen Hunger, es muss also schnell gehen.»

Als sie am nächsten Tag in See stachen, hatten die Jungs offensichtlich doch noch weitere Flüchtlinge an Bord genommen. Martha war nervös deswegen, nicht dass der Hauptmann dachte, sie hätte nicht Wort gehalten. «Es war der Hauptmann selbst, der die Erlaubnis gab», erklärte Schiesser ihr beim Frühstück. «Wir haben den Krieg verloren, dann können wir doch wenigstens unsere eigenen Leute retten.» Die Schwestern schauten sich erschrocken um. Durfte man das jetzt sagen? War das nicht Defätismus und somit strafbar? Die blauen Augen des Soldaten schauten sichtlich ergriffen, sie verrieten seinen Stolz auf den grossherzigen Vorgesetzten. Ob ihn jemand der Kriegszersetzung beschuldigen würde, war ihm in diesem Moment offensichtlich egal. Was wohl aus ihm werden würde, wenn sie in Lübeck waren?

Das Schiff war ihre Rettung. Martha fragte sich, was mit denen geschehen würde, die nicht ihr Glück hatten. Doch sie konnte sich nicht damit aufhalten. Sie hatte es geschafft, ihre Mutter und ihre Schwestern zu retten, mehr konnte sie im Moment nicht tun.

Die ersten zwei Tage waren für Martha und die Frauen gefüllt mit Schlafen, Kochen und Abwaschen – und endlich wieder etwas mehr Essen! Das Schiff war warm und sie konnten sich nützlich machen. Die Soldaten hingegen taten nicht viel den ganzen Tag lang. Martha sah nur ab und an, dass ein paar von ihnen auf der Brücke standen und mit dem Fernrohr gen Osten schauten. Die Fahrt verlief ruhig und Martha fragte sich, wann sie endlich an Land gehen würden. Doch sie wagte nicht, den Hauptmann danach zu fragen.

Am dritten Tag wachte Martha von einem Dröhnen auf, das vom Meeresgrund zu kommen schien. Es grollte wie Donner im Wasser. Als sie durch ihr Bullauge schaute, war sie überrascht, ein zweites Schiff zu sehen. War das die «Steuben»[22], die gemäss Schiesser einen Tag vor ihnen losgefahren war? Während ihr Schiff volle Kraft vorausfuhr, schien das Lazarettschiff an Ort und Stelle zu bleiben. Dann sah Martha es: Das Schiff kippte langsam auf eine Seite und sank immer tiefer ins Meer! So plötzlich, wie das Unterwasserbrummen gekommen war, legte es sich auch wieder und Martha war sich plötzlich gar nicht mehr sicher, ob sie das nur geträumt hatte. Es war wieder still. Sie verliess ihre Koje und ging an die Ostseite des Decks. Von hier aus konnte man die «Steuben» besser sehen, die sich immer weiter auf die Seite neigte. Da bemerkte Martha die Menschen im Wasser. Um Hilfe schreiende Frauen und Kinder, aber auch ganz viele, die nichts mehr sagten, sich nicht bewegten, sondern wie Holzstücke im eiskalten Meer trieben. Das Schiff sank plötzlich sehr schnell, Menschen sprangen in die eisige See, Kinder wurden runtergeworfen und sanken wie Steine. Schiesser und seine Kameraden waren Martha auf Deck gefolgt und läuteten Alarm. Sie liessen Rettungsboote herunter, riefen wild durcheinander. Im Laufe des Tages nahmen sie viele Dutzende Flüchtlinge an Bord, wovon die meisten aber durch Unterkühlung starben, noch bevor sie Lübeck erreichten.

Mutter sagte nach diesem Tag kaum ein Wort mehr und starrte nur noch vor sich hin. Lieschen hingegen gab ihr Prinzessinen-Gehabe auf und packte endlich richtig an. An diesem Abend legte sie sich zu Martha in die Koje und umarmte sie. «Danke», flüsterte sie in Martha Halskuhle. Diese drückte sie an sich, froh, ihre Familie auf das richtige Schiff gebracht zu haben. Vielleicht hatte Gott sie doch nicht verlassen?

Schiesser wich von da an nicht mehr von Marthas Seite, auch als sich ihr eines Abends ein Matrose vollkommen betrunken näherte, war er zur Stelle. «Na, du? Bist ja wohl nicht nur zum Kochen hier.» Der Kerl fasste ihr an den Hintern und

---

[22] Das Lazarettschiff «General von Steuben» wurde im Februar 1945 von einem Torpedo eines sowjetischen U-Boots in den Fluten der Ostsee versenkt. Das Rettungsschiff wurde für Tausende zum eisernen Sarg.

versuchte, sie an sich zu ziehen. Martha stiess ihn weg, was nicht schwer war, er stand sowieso kaum mehr aufrecht. Dennoch war sie froh, dass sich «ihr» Matrose einmischte und den Kameraden fluchend und schubsend verscheuchte.

«Wohin geht ihr jetzt?», wollte Schiesser wissen, als sie endlich in Lübeck ankamen. «Wir versuchen, die freie Zone zu erreichen. Ich habe keine Lust, den Russen davonzukommen, um dann aber von den Briten erwischt zu werden!» Martha wischte sich über die brennenden Augen. Sie war so müde. Müde vom Krieg, von der Flucht, die zwar erst seit zwei Wochen andauerte, ihr aber wie eine Ewigkeit vorkam. Es schien ihr schon Monate her, seit sie den Hof und ihren Vater verlassen hatten. «Und Sie?», fragte sie ihn. «Ich hoffe, das Ende zu überleben. Meine Familie lebt in Bayern, die werde ich suchen», antwortete er, klang dabei aber nicht sehr überzeugt. Er schaute auf den Horizont und wirkte schlagartig sehr alt. «Viel Glück!» Martha küsste ihn sanft auf die Wange und lief den langen Steg vom Schiff runter. An Land stand der Hauptmann. «Danke», sagte Martha schlicht und drückte seine Hand. Der Hauptmann nickte nur und drehte sich auf dem Absatz um. Er hatte ihr und ihrer Familie das Leben gerettet. Sie hoffte, auch er würde das Kriegsende überleben. Was für eine Verschwendung! Alle diese jungen Männer, Fritz, ihr Vater! Sie hoffte, bald von den beiden zu hören. Aber wie würden sie wissen können, wo sich Martha und ihre Schwestern aufhielten?

Die vier Frauen machten sich auf zum Bahnhof, wo sie eine eiskalte Nacht lang auf dem Boden sitzend auf einen Zug warteten, der sie noch weiter nach Westen bringen sollte. Als dieser kam, war er bereits so voll, dass sie nur noch in einer kleinen Ecke des Viehwaggons Platz fanden. Der Zug musste immer wieder anhalten, sie hörten fortwährend Bomber über sich hinwegdonnern und zahlreiche Explosionen. Manchmal weit weg, aber oft auch sehr nahe am Gleis. «Wenn der Zug bloss nicht entgleist!», war Marthas tägliches Stossgebet. Der Viehwaggon hatte keine Fenster, weshalb sie jeden Halt nutzten, um die grosse Schiebetür zu öffnen und frische Luft einzulassen. Auch mussten die Holzeimer, die ihnen als Latrine dienten, geleert werden.

Martha machte sich grosse Sorgen um ihre Mutter, die zusehends verrückter zu werden schien. Bertha redete immer noch kaum. Das Einzige, das man sie murmeln hörte, war: «Joseph, mein armer Joseph, lebst du noch? Suchst du uns?» Es brach Martha fast das Herz. Bei einem Halt machte die Mutter Anstalten, einfach in die Dunkelheit rauszustolpern, weil sie es im Viehwaggon nicht mehr aushielt. Man konnte darin kaum atmen, die Luft geschwängert von menschlicher Feuchtigkeit und entsprechenden Gerüchen nach Schweiss, Urin und

Schlimmerem. Zu essen gab es die gesamte Fahrt nichts, zu trinken bekamen sie zweimal, doch es reichte kaum für den halben Waggon. Lieschen war in der kurzen Zeit eine junge Frau geworden und Johanna brachte Martha und Lieschen erstaunlicherweise weiterhin zum Lachen, was ihr auch viele Sympathien der anderen Flüchtlinge einbrachte. Nach zwei langen Tagen und zwei Nächten kamen sie halb verhungert und verdurstet in Wittmund an.

Hier waren die Gleise zu Ende, der Zug leerte sich langsam. Hunderte Menschen standen orientierungslos rum. Martha hielt sich die Hand vor die Augen. Nach der tagelangen Fahrt in der Dunkelheit schmerzte die Sonne in ihren Augenhöhlen. Niemand wusste, wie das Vorgehen war. Die Menschen warteten verloren darauf, dass ihnen jemand sagte, wie es weitergehen sollte. Martha suchte für ihre Mutter und Johanna eine Sitzgelegenheit, als eine junge Frau, die eine weisse Armbinde mit einem roten Kreuz trug, zu ihnen stiess. «Wie viele seid ihr?» – «Vier», antwortete Martha, während sie gleichzeitig darauf achtete, Mutter nicht aus den Augen zu verlieren, die seit Stunden beteuerte, sie wolle wieder zurück zu ihrem Joseph. «Kein Mann dabei?» Martha stutzte. Wieso war das wichtig? Dann schüttelte sie den Kopf. «Woher kommt ihr?» – «Prositten, Ostpreussen.» Die junge Frau sah sie kurz an und wandte sich an eine Kollegin. Im militärischen Tonfall rief sie ihr zu: «Ich habe hier vier Frauen, ohne Mann. Was haben wir?» Die etwas ältere Kollegin schüttelte den Kopf. Die junge Frau seufzte. «Kommt mit, waschen und entlausen. Danach gibt es was Warmes und wir kümmern uns um eure Bleibe.» Das war alles andere als nett gesagt, dennoch wäre Martha ihr fast um den Hals gefallen. Nein, sie waren nicht willkommen. Es war unmissverständlich, dass man nicht wusste, wohin mit den vielen Fremden. Aber Martha hatte dieses Wort schon lange nicht mehr gehört: *kümmern*. Sie waren erst mal aus dem Gröbsten raus. Irgendwas würde sich ergeben, davon war Martha überzeugt. Wie junge Enten folgten sie der Frau in die nächste Baracke.

Kapitel 4

Lucia, Sommer 1945

Endlich! Ein Brief aus Turin! Lucia beeilte sich, von der Post nach Hause zu kommen. Sie wollte Salvatores Worte allein in ihrer Küche lesen und nicht hier, wo sie vielleicht jemand erkennen, und mit Belanglosigkeiten aufhalten würde. Oder noch schlimmer – sie fragen würde, wie es Salvatore ging und ob er geschrieben hatte. Wieso interessierten sich die Leute immer für das Leben anderer? Lucia käme es im Traum nicht in den Sinn, ihre Nase in fremder Leute Angelegenheiten zu stecken! Wozu? Ihr Leben war kompliziert genug, da brauchte sie nicht auch noch die Sorgen und Nöte anderer.

Lucia war stolz darauf, lesen und schreiben gelernt zu haben, obwohl es für sie alles andere als selbstverständlich gewesen war. Sie hatte viele Bekannte und Cousinen (es waren alles Mädchen), die es nie richtig gelernt hatten oder gar nicht erst in die Schule gegangen waren. Sie fragte sich immer, wie es sein musste, nicht lesen zu können, was in der Zeitung stand oder auf einem Büchsenetikett. Schaute man da einfach auf die Bilder? Oder schickten sie ihre Männer zum Einkaufen? Beides konnte sich Lucia beim besten Willen nicht vorstellen.

Sie war neugierig, was Salvatore ihr geschrieben hatte. Alles, was Lucia bisher wusste, war, dass er eine Stelle als Nachtwächter in einer Spinnerei gefunden hatte. Er arbeitete im Schichtbetrieb und lebte mit anderen Arbeitern in einer Baracke in der Nähe der Fabrik. Es war das erste Mal, dass Salvatore ihr schrieb, seit er gegangen war.

Nachdem Salvatore im Mai von der Front zurückgekommen und der Krieg vorbei gewesen war, hatten sie sich wieder aneinander gewöhnen müssen. Zusammenleben, das Bett teilen, sich beschnuppern. Es war nicht einfach gewesen. Lucia war lange allein gewesen, fast zwei Jahre. Salvatore hatte ihr Leben ziemlich auf den Kopf gestellt. Plötzlich machte sie sich Gedanken, ob ihre Kochkünste gut genug für seine Ansprüche waren. Dass sie eine gute Haushälterin war, wusste sie, aber würden ihm ihr *sugo*[23], ihre *alici*[24], ihre *polpette*[25] schmecken? Würde er ihre Küche mit jener seiner Mutter vergleichen? Und wie sah es bei ihm aus? War er selbst ordentlich oder nicht? Es stellte sich schnell heraus, dass Salvatore kein unangenehmer Mitbewohner war, er liess nichts übermässig herumliegen und räumte auf, wenn er gekocht hatte. Anders als

---

[23] Tomatensauce
[24] Sardellen
[25] Hackbällchen

andere Sizilianer kochte er nämlich gerne und probierte Neues aus. Das unterschied ihn enorm von seinen Freunden, die sich alle nur an den gedeckten Tisch setzten und sich bedienen liessen. Doch Salvatore war eben nicht nur ein Mitbewohner. Er war ihr Ehemann und damit gingen gewisse Erwartungen einher.

Lucia war 29 Jahre alt und hatte keinerlei Erfahrung mit Männern. Das Bett mit einem teilen zu müssen – und wenn es ihr eigener Ehemann war –, war ihr unangenehm. Sie drückte sich jede Nacht an den Rand ihres Ehebettes (das Lina nie zurückerhalten hatte) und konnte nicht schlafen, aus Angst, rauszufallen. Noch grösser war die Angst, sich von ihm berühren zu lassen. Sie lag abends stundenlang wach und befürchtete, Salvatore würde sich ihr nähern. Eheliche Pflichten mussten erfüllt werden, das wusste sie, doch was erwartete Salvatore genau von ihr? Ganz selten, wenn Salvatore sie küsste, bekam sie ein leichtes Kribbeln im Bauch und staunte, dass man deswegen so ein Theater machte.

Ihre Mutter hatte ihr erklärt: «Keine Sorge, es wird ein wenig weh tun und dann ist es schnell vorbei», und sie stehen lassen. Das klang nicht sehr vielversprechend. Salvatore war respektvoll gewesen und hatte sie nach der Hochzeit nicht gedrängt. Sie hatten in ihrer Hochzeitsnacht zum ersten Mal zusammen im Bett gelegen und geredet, waren aber schnell eingeschlafen. Die Hochzeit, das Essen und der Wein hatten sie müde gemacht. Danach war Salvatore nur ein paar Tage zuhause gewesen und gleich wieder an die Front gereist. In diesen Tagen hatten sie einmal miteinander geschlafen. Für Lucia war es weniger schmerzhaft gewesen, als erwartet. Und es war tatsächlich schnell vorbei. Aber es war nun auch nicht so, dass sie sich darauf freute, es wieder zu tun. Zumal es jetzt nicht mehr nötig war.

Von seinem Einsatz in Afrika hatte Salvatore kaum etwas erzählt, ausser, dass er den Deutschen dankbar war, weil sie die ausgehungerten italienischen Soldaten aufgepäppelt hatten. Als die Briten die Deutschen aus Nordafrika vertrieben, war er in Gefangenschaft geraten. Aber abgesehen davon, dass er als Gefangener nach Norditalien kam, erfuhr Lucia gar nichts über diese Zeit. «Wieso hast du mir nie geschrieben?», hatte sie sich irgendwann zu fragen getraut und gehofft, nicht zu weinerlich zu klingen. «Wir dachten alle, du seist tot.» – «Du hast MIR nie geschrieben! Ich habe meinen Eltern regelmässig Briefe geschickt und immer lag auch einer für dich dabei ...» Er hielt inne und packte Lucia an den Schultern, etwas fester als beabsichtigt. «Hast du meine Briefe etwa nicht erhalten?», fragte er sie ungläubig. «Keinen einzigen.» Er liess sie abrupt los, packte seine Jacke und stürmte hinaus. «Wo gehst du hin?» – «Zu meinen Eltern!»

Lucia hatte Linas Auftritt in ihrer Küche nicht vergessen, als sie nach den Möbeln verlangt hatte, weil ihr Sohn sowieso nie wieder nach Hause kommen würde. Wie sich herausstellte, hatten seine Eltern sehr wohl gewusst, dass er noch lebte! Lucias Atem stockte. Diese Bosheit!

Die alte *strega* war dennoch in Tränen ausgebrochen, als ihr «verschollener» Sohn nach Kriegsende vor der Tür stand. «*Dio santo, misericordia, figlio mio, sei vivo!*»[26], hatte sie laut lamentiert und sich ihm in die Arme geworfen. Als sie dann sah, dass Lucia hinter ihm stand, hatte sie sich zusammengerissen. Lucia hatte sich ein süffisantes Lächeln nicht verkneifen können. Lina hatte diese Schlacht verloren. Salvatore war zurück. Bei seiner Frau. Und sie würden zusammen weggehen. Weg aus diesem Elend, von dieser familiären Kontrolle, von diesen Demütigungen seitens ihrer Schwiegermutter.

Der Plan mit Turin war nach seiner Heimkehr konkreter geworden. Da gäbe es Arbeit und Essen, wusste Salvatore zu berichten. Sizilianer, Napoletaner, Calabresi würden mit offenen Armen empfangen, um die Fabriken wieder aufzubauen und Norditalien in alter Blüte auferstehen zu lassen. «Ich kann nicht hierbleiben, hier gibt es für mich nichts als Armut», hatte Salvatore ihr eröffnet. Lucia erschrak ob seines traurigen Tonfalls, er schaute sie dabei nicht an, als schäme er sich. Er hatte nicht «wir» gesagt, sondern «ich». «Heisst das, du gehst allein?» – «Erstmal ja. Ich weiss nicht, ob es für Frauen auch Arbeit gibt und wie wir da wohnen können. Ich muss das erst herausfinden und hole dich dann nach.» Salvatore würde schon wieder weg sein. Wer weiss, wie lange diesmal ...

Als er seine Mutter über seinen Weggang informiert hatte, war das grosse Lamento wieder losgegangen: «Du lässt mich allein zurück? Hast du denn gar kein Herz? Ein Sohn verlässt seine Mutter nicht!» Dabei schaute sie Lucia direkt in die Augen. Es fühlte sich an, als würde sie ihr den *malocchio*[27] schicken – einen Fluch, mit dem Hexen Menschen bestraften, die nicht so funktionierten, wie sie sollten. Lucia glaubte nicht wirklich an diesen Hokuspokus, aber wenn man so aufgewachsen war, mit den Geistergeschichten und dem Aberglauben, dann war es schwer, es völlig zu ignorieren. Die Härchen an ihren Armen hatten sich bei Linas Blick aufgestellt.

«*Mamma*, was soll ich denn hier? Es gibt keine Arbeit, weder für mich noch für Lucia. Wir möchten Kinder haben und die will ich nicht in dieser Armut aufziehen. Ich möchte meiner Familie etwas bieten können!» Lucia war bei Salvatores Worten hin- und hergerissen gewesen. Einerseits war sie stolz, wie er

---

[26] «Heiliger Geist und Barmherzigkeit, du lebst!»
[27] Böser Blick

sich für sie einsetzte und Zukunftsvisionen hatte. Andererseits sprach er von Kindern. Sie hatten dieses Thema ausgelassen in den wenigen Tagen, in denen er hier gewesen war. Kinder. Klar, eine Frau musste Kinder haben, ob sie wollte oder nicht. Sie glaubte, Kinder zu wollen. Aber vorstellen konnte sie es sich überhaupt nicht, wenn sie ehrlich war.

Was Salvatore seiner Mutter nicht sagte, war, dass er sich so schnell wie möglich und so weit wie möglich von seiner Familie und vor allem Lina entfernen wollte, denn ihre Hinterhältigkeit kannte kaum Grenzen. Lina hatte Salvatore an die Front geschrieben, sein kleiner Bruder Sebastiano sei sehr krank, worauf Salvatore die ganze Zeit einen grossen Teil seines Soldes nach Hause geschickt hatte, um die Familie zu unterstützen. Kaum angekommen, war ihm der kleine Sebastiano freudig entgegengerannt und seinem grossen Bruder um den Hals gefallen. «Wie geht es dir, Kleiner?» Sebastiano war alles andere als klein, er war zu einem hübschen jungen Burschen herangewachsen, der bestimmt einigen Mädels den Kopf verdrehte. «Gut, Salvatore, sehr gut sogar! Der Krieg ist vorbei und du bist wieder da!» – «Und deine Krankheit?» Wie in der Familie üblich, hatte man der Krankheit keinen Namen gegeben, Salvatore hatte keine Ahnung, worunter sein kleiner Bruder litt, aber er sah kerngesund aus. «Was für eine Krankheit?», hatte ihn Sebastiano prompt gefragt. In dem Moment kam die alte Lina zu ihnen in die Küche. Ihrem Blick entnahm Salvatore, dass sie dieses Gespräch gerne vermieden hätte. Dafür war es aber zu spät. *«Mamma?»* Salvatore schaute seiner Mutter direkt in die Augen. Er war der Einzige in der ganzen Familie, der sich das traute. «Wir brauchten das Geld!» Lina ging sofort in die Defensive. Salvatore stand auf und machte einen Schritt auf sie zu. «Und deswegen erzählst du mir, mein kleiner Bruder sei krank? Hast du eine Ahnung, wie schwer es an der Front für mich war, Sebastiano bettlägerig zu glauben?» Salvatore hatte sich wieder hingesetzt und war in sich zusammengesackt, als hätte man ihm die Luft rausgelassen. Lina hatte sich unsicher, aber aufgeplustert vor ihn gestellt, während Sebastiano offensichtlich versuchte, zu begreifen, was da gerade gesagt worden war.

Als Salvatore Lucia abends davon berichtete, war sie entsetzt. Gleichzeitig breitete sich in ihr eine gewisse Genugtuung aus. Sie hatte immer vermutet, dass Lina unehrlich war. Egoistisch und egozentrisch. Wie konnte man den eigenen Sohn so hinters Licht führen? Das war jetzt Wochen her. Noch am selben Abend setzten sie sich zusammen an den Küchentisch. «Lass uns so bald wie möglich hier weggehen. Ich will dich ihr nicht länger aussetzen. Wir finden in Turin eine Arbeit für dich und eine Wohnung. Nur für uns. Irgendwie wird das schon gehen.»

Lucia erschrak. So schnell hatte sie nicht damit gerechnet, Sizilien zu verlassen. Doch was hielt sie hier noch?

Als sie zu Hause ankam, riss sie den Briefumschlag auf und hielt ihn sich eine Sekunde auf den Bauch. Dieses Kind sollte nicht unter Linas Fuchtel zur Welt kommen. Sie setzte sich und begann zu lesen.

Kapitel 5

Martha, Mai 1945

Die Schlange vor der Bäckerei zog sich heute wieder bis auf die Brücke hinaus. Martha war früh aufgestanden, um möglichst rasch an Lebensmittel zu kommen – ein täglicher Kampf, den sie seit bald zwei Monaten führte. Sie hatte Lieschen geschickt, Holz aufzutreiben. Das Unterholz war bereits vollkommen abgegrast worden von den Tausend anderen Flüchtlingen mit genau denselben Bedürfnissen. Lieschen würde heute wohl in die Bäume klettern müssen, um Brennholz zu ergattern. Aber mit ihren 13 Jahren war sie flink genug, dies ohne Unfall zu schaffen. Sie unternahmen alles, um die Familie Bosch, auf deren Bauernhof sie lebten, zu unterstützen. Der Vater und die zwei Brüder waren noch nicht von der Front in Frankreich und Russland zurückgekommen. Frau Bosch befürchtete, sie seien in einem Gefangenenlager, und ihre Sorgenfalten wurden immer tiefer.

Es waren, wie überall sonst auch, die Mutter und ihre Tochter übriggeblieben, die sich um das Haus kümmerten und Flüchtlinge aufgenommen hatten. Hatten aufnehmen müssen. Um sich erkenntlich zu zeigen, organisierten die Schieweck-Frauen alles Nötige für den Alltag: Lebensmittel, Brennholz, Kleider und das grösste Gut – Informationen.

Die 16-jährige Johanna konnte mit ihrem Gebrechen nicht den ganzen Tag Besorgungen machen, weshalb sie für den kleinen Garten zuständig war. Es war nicht viel da, aber die paar Kartoffeln und Steckrüben hegte und pflegte sie sorgfältig. Sie hatten sich auf dem Schwarzmarkt auch Kaninchen geholt. Ihre Erfahrung vom eigenen Hof verhalf den Frauen zu mehr Wohlwollen bei der Wittmunder Familie als vielen anderen Flüchtlingen. Diese waren nämlich alles andere als willkommen. Deutschland hungerte. Tausende Menschen waren aus ihrer Heimat vertrieben worden und es hatte niemand etwas übrig für die Geflüchteten aus dem Osten.

Der Frühling, der sich duftend und farbig ankündigte, machte alles noch schlimmer. Wie konnten die Jahreszeiten einfach weitergehen, obwohl Martha innendrin immer noch Winter verspürte? Wie konnten Blumen aus Schutt und Asche spriessen, sich durchsetzen und blühen, als ob nichts gewesen wäre?

Ihre Mutter war heute wieder nicht aus dem Bett gekommen. Sie trauerte um ihren Mann, ihren Hof, ihr Leben. Dass sie bis jetzt noch nichts von ihm gehört hatten, verhiess nichts Gutes, aber Mutter wollte nicht wahrhaben, dass Vater wohl nicht mehr lebte. Sie wartete jeden Tag auf eine Nachricht von ihm. Martha nahm an, dass er schon irgendwie herausfinden könnte, wo seine Frau und seine Töchter nach ihrem Marsch über das Haff, nach der Schifffahrt und der Einteilung zu finden waren. Wie, konnte sie sich indes nicht vorstellen, bei ihrer Ankunft hatte das totale Chaos geherrscht. Und im Moment war ihr das auch egal. Sie war immer noch wütend auf ihn, und diese Wut machte sie traurig. Sie wischte den Gedanken weg, schliesslich war sie verantwortlich dafür, dass ihre kleinen Schwestern halbwegs genug zu essen bekamen.

Die Behörden waren mittlerweile zwar recht gut organisiert, doch niemand machte einen Hehl daraus, dass keiner auf sie gewartet hatte. Es war Ende April, der Krieg war wohl verloren, der Führer hatte sich vor ein paar Wochen das Leben genommen. «Heldenhaft», wie die Zeitungen schrieben. Martha war schockiert gewesen. Was war heldenhaft daran, sich das Leben zu nehmen, das Gott einem geschenkt hatte? War Adolf Hitler am Ende ein Feigling? Hatte er nicht seine Männer, sein Volk hängen lassen, als er im Bunker Gift schluckte? Martha lief schneller, um ihren Ärger abzuschütteln.

Wittmund war, wie die meisten Städte Deutschlands, zerstört. Die wenigen Häuser, die noch standen, waren überfüllt mit Menschen, die kein Zuhause mehr hatten. Trümmer säumten die Strasse, die nur teilweise aufgeräumt wurden. Viele der Hausbesitzer waren gestorben oder weggegangen.

Die *Wochenschau* hatte lange nach ihrer Ankunft noch Bilder gezeigt von mutigen Helden, die den Endsieg herbeiführen sollten, doch Martha wusste, dass die Soldaten von der Front ganz anderes berichteten. Zumindest die, die noch schreiben konnten. Von Fritz hatte sie natürlich nichts gehört, er hatte ja keine Ahnung, wo sie war.

Die Frauen hatten Glück gehabt. Bei ihrer Ankunft in Wittmund waren sie sofort dem Bauernhof der Familie Bosch in Utendorf zugeteilt worden. Sie mussten sich zwar ein kleines Zimmer teilen, aber auf dem Land war es einfacher, an Lebensmittel zu kommen als in den Städten. Sie hatten Lebensmittelmarken erhalten, die ihnen unter anderem ein Pfund Brot pro Kopf und Woche erlaubten. Um tatsächlich eine Woche mit dem wenigen Brot auszukommen, schnitten sie gleichmässige Kerben rein. Ein Stück am Tag bis zur nächsten Kerbe, mehr erlaubten sie sich nicht. Lieschen litt am meisten unter der Rationierung, aber eigentlich hatten sie alle dauernd Hunger. Martha überliess ihr manchmal die Hälfte ihres Brotes und Lieschen nahm es dankbar an. Sie waren alle dünn geworden, ihre Kleider schlotterten an ihren hageren Körpern. Auf die Almosen von Bauern und Soldaten angewiesen zu sein, machte nun mal nicht satt, und die

Lage besserte sich auch nicht, als eines Morgens das Ende des Krieges ausgerufen wurde.

«Es ist vorbei», titelte die *Nordseezeitung* am 8. Mai 1945 zweideutig. Der Krieg war vorbei und sie hatten ihn verloren. Schon wieder. Martha konnte sich gut an die Diskussionen ihrer Eltern erinnern über die Reparationszahlungen nach dem letzten Krieg. Es waren harte Zeiten gewesen, dieser Krieg hätte das ändern, Wohlstand und Ruhm bringen sollen. Das «grosse Deutsche Reich». Jetzt waren sie wieder am selben Punkt angelangt. Schlimmer: Sie hatten nichts mehr. Würden sie je ihr Heim wiedersehen? Was war aus ihrem Vater geworden? Aus Fritz? Aus ihrer Freundin Käthe?

Die Wittmunderinnen warteten auf die Rückkehr der Männer. Und plötzlich, ein paar Wochen nach Kriegsende, kamen sie scharenweise. Zerlumpte, hinkende, stöhnende Männer, mit abgelöschten Blicken und leeren Taschen. Wie sollten sie die auch noch durchfüttern? Und wie konnten diese Männer helfen? Für die Trümmerbeseitigung hätten sie starke Arme gebraucht, keine Hungerhaken. Was für eine Verschwendung!

Martha hatte anfangs noch jeden Abend gebetet, bevor sie sich in der kleinen Kammer zu Johanna ins Bett legte. Doch die Schwestern hatten diese Gewohnheit nach und nach aufgegeben, sie waren zu erschöpft, um sich noch hinzuknien. Bertha hingegen betete immer noch jeden Abend für ihren Joseph, dem sie auch fast täglich schrieb. Sie brachte diese Briefe immer zur Armeepost, die ihr versicherte, sie würden die Briefe weiterschicken, aber alles dauere sehr lange zurzeit. Martha konnte sich kaum vorstellen, wie all diese Tausenden Briefe jemals ihre Empfänger finden sollten. Dennoch hoffte sie, auch ihr Brief würde Fritz erreichen. Was sie über ihre Beziehung dachte, wusste sie heute noch weniger als damals, als er an die Front geschickt worden war. Dennoch vermisste sie ihren alten Freund und fühlte sich ein wenig schuldig. Schliesslich hatte sie das Kriegsende erlebt, was bei ihm alles andere als sicher war.

Lieber Fritz,

ich weiss nicht, ob Du schon nach Hause durftest, ich weiss ja nicht einmal, ob Ihr noch ein Zuhause habt. Ich hoffe aber sehr, dass Du unverletzt bist und Deine Eltern und Deine Schwester wieder in die Arme schliessen konntest.

Wir mussten Prositten verlassen, Vater hat uns in den Westen geschickt. Die Reise bis nach Ostfriesland war schwer und ich bin ein wenig stolz auf uns vier Frauen, dass wir es mehr oder weniger unversehrt geschafft haben. Wir leiden zwar Hunger und besitzen nichts mehr, aber wir sind unverletzt und unsere Kammer hier hat sogar einen Holzofen!

Der Winter war fürchterlich, ich wage gar nicht, daran zu denken, wie es bei Euch an der Front gewesen sein muss. Geht es Dir gut? Ich frage mich oft, ob wir uns je wiedersehen. Von Vater hören wir nichts, aber vielleicht weiss er nur noch nicht, wo wir uns aufhalten. Die Hoffnung geben wir nicht auf, vor allem Mutter nicht, die klammert sich daran wie ein Ertrinkende an einen Rettungsring. Solange wir nichts hören, sind es keine schlechten Neuigkeiten, oder?

Hier in Utendorf geht es uns eigentlich ganz gut. Vor allem, seit der Frühling endlich gekommen ist! Als wir hier ankamen, war Wittmund gerade wieder bombardiert worden. Sie wollten wohl die Luftwaffe, die hier stationiert ist, schwächen. Doch die Stadt hat sich gut verteidigt, nicht einmal das Kraftwerk wurde zerstört, sodass wir sogar Strom haben. Kannst Du Dir das vorstellen? Es gibt Schalter an den Wänden, die kann man kippen und dann brennt das Licht! Sowas gab es bei uns nicht!

Wir helfen den Boschs im Garten. Das ist die Familie, die uns aufnehmen musste. Natürlich waren sie anfangs nicht erfreut, aber sie sind eigentlich ganz nett. Ausser, dass sie sich über unseren Akzent lustig machen. Die rollen das R hier nicht so wie wir. Falls ich länger hierbleibe, werde ich mir das abgewöhnen müssen.

Schreib mir doch bitte, wenn Du diesen Brief gelesen hast. Ich hoffe sehr, es geht Dir gut!

Deine Martha

Martha versuchte, den Schlaglöchern auf der Strasse auszuweichen, als sie mit dem ergatterten Brot nach Hause eilte. Sie vermisste ihre Hose, mit der sie unterwegs gewesen war, bis sie in Wittmund ankamen. Doch ihre Mutter wollte nichts mehr davon wissen. «Eine anständige junge Frau trägt keine Hosen!» Martha mochte Mutter nicht widersprechen, es gab Wichtigeres. Sie hatten vom Roten Kreuz Kleider erhalten. Ihre Koffer hatten sie in Lübeck stehen lassen, bevor sie in den Zug gestiegen waren. Es war einfach zu mühsam gewesen, sie mitzutragen, vor allem für Johanna. Martha war mächtig stolz auf ihre kleine Schwester. «Ich kann mir kaum vorstellen, wie schlimm es für dich gewesen sein muss, Johanna», hatte Martha ihr gestanden, als sie endlich in Wittmund angekommen waren und bei Boschs einquartiert wurden. «Du hattest solche Schmerzen, hast dich aber nie beschwert. Ich schäme mich, dass ich manchmal gejammert habe.» Johanna hatte abgewunken. «Weisst du, Martha, es gibt keinen Wettbewerb des Leidens, es war für uns alle schwer. Und es gibt immer jemanden, dem es noch schlechter geht.» Johanna war wie eine alte Seele, die ihnen Mut machte und ihnen zeigte, dass, wenn sie es konnte, die anderen es auch schaffen würden.

Martha entdeckte jeden Tag neue Seiten an sich selbst. Sie redete mit den Menschen, um die neusten Nachrichten zu erfahren, war charmant zu denen, die etwas für sie tun konnten. Sie hatte ja selbst den Matrosen geschmeichelt, um auf das Schiff zu kommen. Wer hätte das gedacht? Die Mädchen waren ihr dankbar, nur ihre Mutter missbilligte Marthas Art, aus der Situation das Beste zu machen. «Es ist nicht alles schlecht am Krieg, Mutter. In Ostpreussen hatten wir keinen Strom im Haus, kein fliessendes Wasser.» Solche Aussagen machten Bertha fuchsteufelswild. Man konnte doch nichts Gutes am Krieg finden! Schon gar nicht jetzt, wo er offiziell verloren war.

Beim Roten Kreuz hatten sie sich passende Kleider ausgesucht. Lieschen hatte ein weinroter Mantel gefallen, ihre Augen hatten geglänzt, als sie mit der flachen Hand über den Wollstoff fuhr. «Wem gehörten diese Kleider?», fragte sie ihre grosse Schwester. Martha zuckte mit den Schultern, sie wagte es nicht, die Frau mit der Armbinde danach zu fragen. Sie scheute die Antwort.

In ihren etwas zu hohen Absätzen tippelte Martha nach Hause. Ihre flachen Schuhe waren vollkommen zerschlissen gewesen und beim Roten Kreuz hatten sie nur diese Stöckelschuhe gehabt. Als sie über eine Pfütze steigen wollte, stolperte sie und rutschte aus. Sie landete auf ihrem Hintern und musste über sich selbst lachen. Manchmal war sie solch ein Trampel! Immer hatte sie es eilig, das hatte sie jetzt davon. Sie versuchte, wieder aufzustehen, was ihr gründlich misslang, da der Schlamm einfach zu rutschig war. Es hatte die letzten Tage in Strömen geregnet, bevor der Frühling sich endgültig angekündigt hatte. Die Sonne hatte es noch nicht vermocht, alle Schlammlöcher zu trocknen, und Marthas Schuhe gaben ihr zu wenig Halt. Sie rappelte sich umständlich auf und versuchte, dabei das Brot in die Luft zu halten, damit dieses nicht auch noch nass würde.

Sie schaute beschämt an sich herunter. Ihr einziger halbwegs gute Rock war erstmal ruiniert. Sie würde ihn waschen müssen und hoffte, dass das Wetter hielt, damit er schnell trocknen würde. Der Hof war nur noch ungefähr zwei Kilometer entfernt, sie wäre bald zu Hause. Nicht, dass sie ihn als ihr Zuhause verstand. Er war viel kleiner als der Schieweck'sche Hof, es gab keine Pferde und das «Land» bestand aus einer Wiese und einem kleinen Garten. Martha hatte Heimweh: nach

Pinto, ihrem Vater, der weiten Landschaft. Was da im Moment wohl blühte? Wilde Lupinen, Schwertlilien, Frauenschuh? Martha versuchte, sich den Duft dieser Blüten ins Gedächtnis zu rufen. «Was wohl aus dem Hof geworden ist?», fragte sie sich bestimmt zum tausendsten Mal.

Sie glaubte nicht, wie ihre Mutter, an ein Wunder. Dafür hatte sie zu viele Schauermärchen gehört von den Menschen, denen sie auf dem grossen Treck, wie ihre Flucht jetzt genannt wurde, begegnet war. Aber auch von Geflüchteten hier in der Gegend. Der Russe hatte ganze Arbeit geleistet. Wen er nicht auf dem Fluchtweg erschossen hatte, der wurde in seinem eigenen Haus Opfer von Gewalt und Mord. Höfe wurden niedergebrannt, die Besitzer erschossen und die Häuser geplündert. Martha mochte sich gar nicht vorstellen, was ihr Vater durchgemacht hatte, und zweifelte daran, dass er noch lebte. Dasselbe galt für Fritz.

Sie fragte sich auch immer wieder, ob sie Fritz eigentlich vermisste. Den Freund ja. Den Jungen, mit dem sie lachen konnte, mit dem sie eine Vergangenheit teilte. Aber den Mann, den sie hätte heiraten sollen, vermisste sie nicht. Eine Verlobung mit Fritz schien ihr immer noch absurd und sie wusste nun mit Bestimmtheit, dass eine solche nie hätte stattfinden können. Dabei hatte sie ein schlechtes Gewissen, schliesslich galt er immer noch als verschollen. Ob er noch an sie dachte?

Martha schien, ihr neues Leben habe ihr gezeigt, wer sie wirklich war: nämlich eine resolute, selbstbestimmte Frau, die sich so schnell nicht unterkriegen liess. So zumindest wollte sie sich selbst sehen. Sie wollte nie wieder Angst haben und fliehen müssen. Der Krieg war vorbei, die – hoffentlich bessere – Zukunft lag vor ihr und sie wollte Teil davon sein. Vorwärtsschauen. Die Vergangenheit ruhen lassen, sich ein Leben aufbauen. Auch wenn sie noch keine Ahnung hatte, wie dieses aussehen sollte.

Martha schwitzte in ihrem langen Mantel, morgen würden sie diesen zu Hause lassen. Sie zog ihn aus und balancierte Brot und Mantel über die Schlaglöcher. Von hinten hörte sie einen Motor. Wer besass denn heute noch ein Auto? Die Menschen waren vorwiegend mit Fahrrädern unterwegs, wenn sie sich überhaupt so etwas leisten konnten. Oder zu Fuss, wie Martha. Sie schaute über ihre linke Schulter. Das Polizeiauto aus Utendorf näherte sich. Es sah ein wenig aus wie ein grosser Marienkäfer in Hellgrün, auf der Motorhaube war ein Zickzackmuster angebracht, das an die Buchstaben V und W erinnerte.

Der Fahrer war ihr schon ein paar Mal aufgefallen: beim Bäcker, am Bahnhof. Er schaute immer freundlich und hatte ein warmes Lächeln. Ein grosser, stattlicher Mann, etwas älter als sie. Der dunkelblaue Zweireiher mit dem geschmückten *Tschako*[28] verlieh ihm eine Autorität, die Martha gefiel, auch wenn die Jacke ihm offensichtlich zu gross war. Das Auto hielt und er lehnte sich zum Beifahrerfenster rüber: «Soll ich Sie mitnehmen?» Er lächelte sie schüchtern an. Die Sonne blendete ihn und es sah aus, als würde er ihr zuzwinkern. «Danke, aber ich bin gleich zuhause. Ausserdem bin ich wie ein Klumpatsch hingefallen und mein Rock ist ganz verdreckt, ich will Ihre Sitze nicht verschmutzen.» Der junge Mann schien etwas enttäuscht. Er stellte den Motor aus und Martha wunderte sich, wieso ein Polizist Zeit für so etwas hatte.

«Sie stammen aus Ostpreussen, richtig?» Er war ausgestiegen und während er um den Käfer ging, wappnete Martha sich. Wollte auch er ihr sagen, sie solle dahin zurückgehen, wo sie hergekommen war? Dass ihr rollendes R und ihr Akzent sie verrieten, war ihr bewusst. Sie versuchte meist, ihre Herkunft zu verbergen, was ihr jedoch selten gelang. So direkt war sie noch nie darauf angesprochen worden. Andere Ostpreussen erkannten sie auch ohne Worte und Einheimische sprachen kaum mit den «Polacken». «Ja, das bin ich. Sie aber nicht», stellte sie trocken fest. Sie kannte sich mit Akzenten und Dialekten nicht aus, hörte aber, dass er nicht aus ihrer Gegend kam. «Ich bin in Berlin aufgewachsen, aber meine Mutter stammt aus Allenstein. Sie klingen wie sie.» Sein Blick wurde noch weicher, der junge Mann strahlte eine Wärme aus, die Martha an Johanna erinnerte.

Resolut streckte sie ihm ihre Hand hin. «Ich bin Martha. Martha Schieweck.» – «Hans Kramer.» Seine Hand fühlte sich trocken und warm an. Martha spürte, wie ihr die Hitze in die Wangen stieg. «Reiss dich zusammen Martha, seit wann wirst du rot?», schalt sie sich und merkte erst jetzt, dass Hans ihre Hand noch nicht losgelassen hatte. Er lächelte sie weiterhin an und Martha begann zu quasseln, wie sie das immer tat, wenn sie nervös war. «Es tut so gut, die Sonne im Gesicht zu spüren, finden Sie nicht auch?» Dabei schloss sie die Augen und neigte ihren Kopf nach hinten, um ihren Worten Nachdruck zu verleihen. Aber vor allem, um ihn nicht mehr ansehen zu müssen. In ihrem Kopf ratterte es. Was sollte sie mit diesem attraktiven Mann reden? Sie fühlte sich trotz ihren 1,70 Meter plötzlich ganz klein. Die kleine Martha aus Ostpreussen, die ausser dem langen Treck noch nichts von der Welt gesehen hatte. Und vor ihr stand dieser Berliner mit der ostpreussischen Mutter, der sicherlich schon halb Europa bereist hatte, wenn auch vielleicht nur als Soldat.

«Darf ich Sie nun nach Hause begleiten? Die Sitze kann ich später abwaschen, wenn nötig.» Hans Kramer zwinkerte ihr nun wirklich zu. In der Hoffnung, dass

---

[28] Von der Polizei getragene zylinder-, helmartige Kopfbedeckung

man ihr die Freude über den Vorschlag nicht zu sehr anmerkte, liess Martha die Augen geschlossen und antwortete: «Also gut, danke!» Er musste nicht gleich wissen, wie glücklich sie darüber war, dass ihre Begegnung noch eine Weile andauerte.

Hans öffnete Martha die Beifahrertür und reichte ihr den Arm, damit sie einsteigen konnte. Sie hatte noch nie in einem Automobil gesessen. Drin war es warm, die Maisonne hatte das Blech erhitzt. Die Sessel waren aus braunem, grobem Stoff und es roch nach Zigarette und Haarpomade. «Können Sie denn fahren?», fragte Martha und hob eine Augenbraue. Hans lachte und rief: «Und ob ich das kann!»

Hans ging hinten um den Wagen und stieg auf der Fahrerseite ein. Bevor er den Motor startete, schaute er sie von der Seite an. «Bereit?» Er zwinkerte ihr wieder zu. «Bereit!», antwortete Martha etwas zu laut. Ruckelnd fuhren sie los und Martha musste sich an den Motorenlärm gewöhnen. Sie hielt das Brot fest und versuchte, nicht auf der Innenseite ihrer Wange zu kauen. Er langte in seine Westentasche und zog ein Päckchen Zigaretten hervor. «Rauchen Sie?» Das tat sie nicht. Nur das eine Mal, als sie auf das Schiff gestiegen waren. Sie hatte schon Frauen gesehen, die rauchten. Die sahen immer sehr elegant und erwachsen aus. «Gerne.» Betont ruhig nahm sie eine Zigarette aus dem Päckchen, hielt sie sich an die Lippen und neigte sich ein wenig zu Hans, der sogleich ein metallisches Feuerzeug zückte, um ihr die Zigarette anzuzünden. Martha nahm diesmal nur einen kurzen Zug, um nicht wie letztes Mal wieder husten zu müssen. Sie atmete flach und musste dann trotzdem husten. Hans tat so, als würde er es nicht bemerken. Was er von ihr denken musste!

Als sie sich erholt hatte, beobachtete Martha Hans aus den Augenwinkeln. Er konzentrierte sich auf die Strasse und vermied die Schlaglöcher gekonnt. Er konnte definitiv fahren, so viel war sicher. Sein markantes Kinn und seine freundlichen Augen strahlten Sicherheit aus. Eine Sicherheit, die sie nicht mehr gespürt hatte, seit sie Ostpreussen verlassen hatte. Und ihren Vater.

Beinahe hätte sie vergessen, Hans zu sagen, wo er halten sollte. Sie wollte nicht, dass die Fahrt schon vorbei war. «Sie können mich hier rauslassen.» Sie waren zwar erst an der Abbiegung, bis zum Haus des Boschs waren es noch ein paar Meter, doch Martha wollte nicht, dass er sah, wie sie hauste. Nicht, dass andere es besser gehabt hätten, aber sie schämte sich für die Unordnung vor dem Haus und die Unterwäsche der Frauen, die an der Wäscheleine im Garten hing.

Als Hans wiederum um den Wagen lief, überlegte sie krampfhaft, wie sie es anstellen könnte, ihn möglichst bald wiederzusehen. Plötzlich hörte sie sich sagen: «Sehe ich Sie wieder?» Erneut diese Hitze in den Wangen – Himmel Martha, reiss dich zusammen! Hans hielt in seiner Bewegung inne und sah sie überrascht an: «Warum nicht?» Ein peinliches Schweigen entstand, bei dem sich Martha überlegte, ob sie wieder einmal zu forsch gewesen war. Doch Hans doppelte nach: «Das würde mich freuen! Morgen ist eine kleine Feier im Polizeirevier, ich darf eine Begleitung mitbringen. Hätten Sie Lust?» Martha nickte eifrig, ihre Wangen röteten sich immer mehr. «Dann hole ich Sie um 19.00 Uhr hier ab?» Wieder konnte Martha nur stumm nicken. «Es hat mich sehr gefreut, Martha Schieweck aus Ostpreussen. Bis morgen!» Er nahm wieder ihre Hand, tippte sich an den Hut und neigte den Kopf. Dann war er auch schon wieder eingestiegen und fuhr davon. Martha hielt immer noch ihre Zigarette in der Hand, die sie eigentlich ziemlich eklig fand. Sie liess sie auf den Boden fallen, wo die Glut im Schlamm augenblicklich erlosch.

Sie eilte den Weg hinauf durch den Garten zum Haus. Sie war spät dran, die achte Todsünde in Mutters Augen. Vertieft in ihre Gedanken um diesen Polizisten-Hans mit den sanften Augen hatte sie Johanna gar nicht gesehen, die auf einem Schemel sass und Unkraut jätete. Das kaputte Bein von sich gestreckt, bückte sie sich mühsam runter und grub Löwenzahn aus, den sie sorgfältig in einen Korb legte. Martha erinnerte das an ihren Hof in Ostpreussen, wo der Löwenzahn in einem Bottich landete, den die Rösser dann bekamen. In diesen Tagen assen sie ihn selbst, nichts wurde weggeworfen. Mit etwas Sahne und Salz schmeckte das Zeug gar nicht so schlecht.

«Wo kommst du denn so spät her?» Johanna stand ächzend auf und hielt sich den unteren Rücken. Mit ihren 16 Jahren kam sie Martha manchmal vor wie eine alte Frau. Nicht nur körperlich, Johanna war für ihr Alter schon fast weise – so in sich ruhend, dass Martha sich manchmal wie ein junges Reh fühlte, dessen grosse Schwester sie tadelnd beobachtete. Johannas Frage liess Martha über ihre eigenen Worte stolpern. «Ich war ... ich komme von ... bin zu spät, weil …» Johanna schaute sie mit erhobener Augenbraue amüsiert an: «Was ist denn mit dir los?» Martha wurde schon wieder rot. Sie wollte mit Johanna aber nicht über ihre Begegnung mit diesem Hans reden. Noch nicht. Ja, wenn sie sich jemand anvertrauen würde, dann sicher ihr, doch was wusste Johanna schon von Männern? Sie war erst 16! «Nichts, wieso? Ich bin spät dran, Mutti wird schimpfen.» Martha beeilte sich, ins Haus zu kommen, wo ihre Mutter auch schon vorwurfsvoll in der Diele stand. «Hast du alles gefunden?», fragte sie ihre Tochter. Martha nickte. «Das habe ich.»

Kapitel 6

Martha, 1946

Die Wittmunder begegneten Martha mit viel Skepsis, ihr, der Flüchtlingsfrau ohne Mann. Ihr, die mit einem seltsamen Akzent sprach und nicht verschüchtert zu Boden blickte, wenn man sie ansprach. Martha übertünchte ihr Unwohlsein mit einem aufrechten Gang und einem direkten Blick aus ihren stahlblauen Augen. Das mochten die Ostfriesen nicht besonders – schon gar nicht bei den Flüchtlingen, diese Fremden, die man jetzt mit durchfüttern musste, die sich in ihre Häuser «gezeckt» hatten; die sich hier breit machten und sich teilweise Schweine hielten, obwohl das verboten war. Fremde, von denen man nicht wusste, ob sie je wieder weggehen würden.

Die Zeitungen schrieben, dass fast zwei Millionen Menschen aus Ostpreussen vor den Russen geflüchtet waren. All diese Frauen, Kinder und Alten brauchten ein Dach über dem Kopf, zu essen. Und das, obwohl die Ansässigen selbst enorm unter dem Krieg gelitten hatten und alles noch lange rationiert bleiben würde. Der Krieg war zwar vorbei, aber so viele Dinge waren geblieben: der Hunger, die Kälte – der Winter 1945/46 war der kälteste seit Messbeginn gewesen –, aber auch der Schutt auf den Strassen, zerbombte Häuser und heimatlose Menschen, wohin das Auge reichte. Der Krieg war vorbei, in Deutschland fing das Elend jedoch gerade erst an.

Das kleine Lieschen litt am meisten unter den Umständen. Vor allem die offene Abneigung machte ihr zu schaffen, die Kinder in der Schule waren unerbittlich. Fast täglich kam sie heulend nach Hause und klammerte sich an Marthas Rockzipfel. «Sie sagen, ich stinke! Sie behaupten, wir würden Hundefutter essen und hätten Läuse! Und sie nennen mich ‹Polackenkind›! Dabei kommen wir überhaupt nicht aus Polen!» Martha nahm sie in den Arm. Sagen konnte sie nichts, ausser: «Es wird besser werden, das verspreche ich dir» – ohne zu wissen, ob das stimmte. Ohne eine Ahnung zu haben, wie es jemals wieder besser sein konnte. Martha und ihre Schwestern waren unerwünscht. Sie waren hierhergekommen, um den Einheimischen alles zu nehmen, was sie noch hatten: ihr Essen, ihre Arbeit und – ihre Männer.

Auch an diesem Abend, als Hans sie wieder einmal mit zu einer Polizeifeier mitnahm, preschte eine junge Frau vor und fauchte Martha an: «Hey, Polackin! Schert euch zum Teufel, du und deinesgleichen! Geht dahin zurück, wo ihr hergekommen seid!» Martha stand der Schock ins Gesicht geschrieben. Kurz war sie sprachlos, was bei ihr selten vorkam. Das Mädchen stapfte davon und Marthas Schock verwandelte sich in Wut. Was fiel dieser *Zoss*[29] eigentlich ein? Dies war auch ihr Land, sie hatte jedes Recht, hier zu sein. Sie war genauso betrogen worden wie alle Deutschen, und auch sie kämpfte wie alle ums Überleben! Wütend brauste sie zur Hintertür raus in den Garten. Es regnete in Strömen und Marthas Zigarette, die sie sich zitternd angezündet hatte, erlosch sofort wieder. Ihre Tränen vermischten sich mit dem sintflutartigen Regen.

Just in dem Moment kam Hans mit zwei Gläsern Bier nach draussen. Er war ihr gefolgt, als er sie hatte hinausstürmen sehen. Er zog sie unter das Vordach, wo Martha versuchte, sich zu beruhigen, doch es gelang ihr nicht, ihre Tränen zu unterdrücken. Hans setzte die Gläser auf einem Fenstersims ab, berührte sie am Ellbogen und fragte besorgt: «Was ist passiert?» Martha liess ihren Tränen nun wieder freien Lauf. «Wir gehören nicht hierher. Die wollen uns hier nicht!» Es sprudelte wie ein Sturzbach aus ihr heraus und sie erzählte Hans, was gerade vorgefallen war. «Wir sollen zurück! Zurück wohin? Da ist doch nichts mehr.» Jetzt klang sie verzweifelt und ärgerte sich über ihre Weinerlichkeit. Hans' Blick wurde traurig und er schaute in den sternenlosen Himmel.

Auch er hatte nichts mehr gehört von seiner Familie. Weder seine Eltern noch deren Geschwister oder seine Schwester hatten bisher auf seine Briefe geantwortet. In Berlin herrschte seit letztem Frühling das vollkommene Chaos. Wer die Bomben überlebt hatte, war entweder geflohen oder pferchte sich zusammen mit Dutzenden anderen Berlinern in ehemaligen Fabriken und verlassenen, zerbombten Häusern. Nicht einmal die Polizei hatte ein vernünftiges Gebäude, sie waren in einer alten Bank untergebracht und verhörten mutmassliche Verbrecher im Tresorraum, wie Hans ihr erzählt hatte. Er konnte sich nicht durchringen, in seine Heimatstadt zu reisen und sich den Schaden persönlich anzusehen. Berlin war unter den Alliierten aufgeteilt worden, er war sich nicht einmal sicher, ob ihre alte Wohnung im russischen oder amerikanischen Teil lag. Und keiner der Besatzer war ihm geheuer. Schliesslich war er offiziell ein Mitläufer gewesen: Hitlerjugend, Marinesoldat, Fliegerabwehr. Was, wenn die Alliierten in Berlin nicht so freundlich wie die Kanadier in Wittmund waren und ihn doch noch verhafteten? Das wollte er nicht riskieren und schämte sich zugleich, sich hier in Ostfriesland zu verstecken, bis das Gröbste vorbei war.

Beruhigend redete er auf Martha ein: «Wir sind jetzt hier. Und haben auch jedes Recht dazu, nach allem, was wir durchgemacht haben. Erstmal müssen wir alle zur Ruhe kommen und dann sehen, wie es weitergehen wird.» Wir. Martha atmete

---

[29] Ostpreussisch für dumme Gans

hörbar aus. Wie lange hatte sie dieses Gefühl nicht mehr gehabt? Jemand, der für sie da war. Nicht die alleinige Verantwortung zu tragen. Loslassen. Sie liess sich, ohne nachzudenken, gegen seine Schulter sinken. Hans legte seinen Arm um sie und so standen sie lange und schauten dem Regen zu, wie er auf das Autowrack mit der Aufschrift «Polizei» prasselte, das im Garten stand, während Marthas Tränen langsam trockneten. Hans fasste sie an den Schultern und hielt sie etwas von sich weg. «Es wird alles gut. Ich verspreche es dir.» Ganz langsam zog er sie an sich und legte seine warmen Lippen auf die ihren. Martha schloss die Augen.

Kapitel 7

Lucia, 1946

Für die Fahrt hatte Lucia *arancini*[30] gemacht. Sie würden fast 24 Stunden unterwegs sein, sie mussten etwas essen! Salvatore hatte nur gegrinst und ihr an den Bauch gefasst: *«Certo mamma.»*[31] Sie hatte ihn aus der Küche gescheucht, er sollte Brot, Pecorino und Tomaten kaufen. Jetzt standen sie am zerbombten Bahnhof von Catania, der von den Alliierten behelfsmässig wieder aufgebaut worden war. Niemand war gekommen, um sie zu verabschieden. Salvatores Wegzug war für Lina eine Ohrfeige gewesen. «Wie kannst du mir das antun?», lamentierte sie seit Wochen.

Gelsomina und Calogero wollten ihnen bald nach Turin folgen. Lina hatte ihre schlechte Laune wegen Lucias und Salvatores «Flucht» im Vorfeld an Gelsomina ausgelassen und sie auch wieder einmal wegen ihrer Beziehung zu Calogero kritisiert. «Was habt ihr alle mit diesen Torres?», hörte man sie täglich in der ganzen Strasse zetern. Das Paar hatte sich daraufhin kurzerhand entschieden, heimlich zu heiraten. Eine *fughina*[32] war in Sizilien zwar gang und gäbe, für Lina jedoch ein Skandal und sie war nun vollumfänglich damit beschäftigt, ihren Ruf wiederherzustellen. Salvatore und Lucia konnte das nur recht sein, so hatten sie in Ruhe packen können, um nach Turin zu verschwinden.

Lucias Bruder Calogero war auch lange weg gewesen, die Deutschen hatten ihn 1944 gefangen genommen und nach Deutschland verfrachtet. Er wurde ein sogenannter Fremdarbeiter bei einem Bäcker in Iserlohn. Dass der deutsche Bäcker eine hübsche Tochter hatte, verschwieg Calogero Gelsomina. Für ihn war Gertrud eine nette Ablenkung gewesen, diese hatte sich jedoch ernsthaft in Calogero verliebt. Als er bei Kriegsende endlich nach Hause durfte, hatte sie ihn weinend zum Sammelplatz begleitet und war dem abfahrenden Lastwagen tränenüberströmt nachgerannt. Sie tat Calogero leid, aber er wusste, dass er nicht in diesem Land bleiben konnte. Seine Heimat war Sizilien. Er vermisste das Essen, die Sonne, das Meer. Als er jedoch zurückkam und realisierte, wie es um die Insel stand, musste Salvatore ihn nicht lange überreden, um sie wieder zu verlassen. Hier gab es keine Arbeit, keine Zukunft. Es hatte sich nichts verändert: Wer arm geboren war, starb auch arm.

---

[30] Sizilianisches Gericht: frittierte Reisbälle, die aussehen, wie Orangen
[31] «Natürlich, Mamma.»
[32] Sizilianischer Brauch: Paare verschwinden, um zu heiraten

So überredeten die beiden Freunde ihre Frauen, in den Norden Italiens auszuwandern, wobei Calogero viel mehr Überredungskunst brauchte als Salvatore. Gelsomina wollte ihre Eltern nicht verlassen. Sie hatte Angst, ihre Mutter zu verärgern. Eine Tochter verliess ihre Mutter doch nicht! Doch ihr Bruder Salvatore redete ihr gut zu: «Wofür willst du hierbleiben? Was sollen wir uns hier für eine Zukunft aufbauen? Schau dir die Leute an. Sie sind alle gefangen in ihren Traditionen, im Aberglauben, in den Fängen der Mafia oder der Kommunisten. Hier sind wir nicht frei. Ich will mein Leben leben, ich will eine Familie, etwas aufbauen, unabhängig sein.» Gelsomina hatte nur genickt. Das klang ja alles schön und gut, aber sie war Sizilianerin. Sie verstand die Menschen im Norden nicht. Die *polentoni*[33] waren ihr zu ernst, zu arrogant. Ausserdem war es kalt dort, Turin war berüchtigt für seinen dichten Nebel. Und das Essen? Polenta und *brodo*[34], das war doch nichts! Aber all diese Argumente konnte sie bei Calogero nicht anbringen, das war in seinen Augen nicht wichtig. Sie würden sich an alles gewöhnen. Also sagte Gelsomina zu, aber sie wollte nicht als unverheiratete Frau wegziehen oder gar mit Calogero in Sünde leben! Er musste sie heiraten, das war ihre einzige Bedingung. Calogero konnte es nur recht sein, er wusste, dass Gelsomina die Frau seines Lebens war.

Lucias Mutter war über die Abreise untröstlich, verstand das Bedürfnis ihrer Tochter jedoch, mit ihrem Mann ein eigenes Leben anzufangen. «Sizilien ist kein Ort für ein junges Paar», war ihre wortkarge Meinung dazu. Lucia wusste, dass sie recht hatte. Sie hatte es aber nicht übers Herz gebracht, ihrer Mutter von der Schwangerschaft zu erzählen. Das musste warten. Sie war freudig überrascht gewesen, dass man so schnell schwanger werden konnte: nach nur ein paar Mal «zusammen sein», wie die Katholiken es nannten. Lucia war diese ganze Sache mit dem Geschlechtsverkehr immer noch nicht geheuer. Sie vermied es, sich Salvatore nackt zu zeigen, schon beim Gedanken daran schoss ihr die Röte ins Gesicht. Lucia wusste nicht viel über ihren eigenen Körper, nie hatte jemand mit ihr darüber gesprochen. Ihre Mutter hatte ihr nie genau erklärt, was es mit dem Bluten auf sich hatte. Eine Klassenkameradin hatte ein paar Mädchen damals aufgeklärt. Lucia ekelte sich oft vor der monatlichen Tortur und sie brauchte lange, bis sie merkte, dass ihre Tage ausblieben. Sie hatte Salvatore erst zwei Wochen später informiert, schliesslich hatte sie es bei ihrer eigenen Mutter erlebt, dass eine Schwangerschaft alles andere als sicher war und man ein Kind verlieren konnte. Doch das Blut blieb aus und Lucia fand sich mit der Tatsache ab, dass sie Mutter werden würde. Schliesslich war sie schon 29 Jahre alt, es wurde langsam

---

[33] Im südlichen Italien umgangssprachlich und abschätzig gebrauchter Ausdruck für Norditaliener.
[34] Bouillon/Brühe

Zeit. Salvatore freute sich riesig auf das Kind. Er war bisher der Einzige, der Bescheid wusste und sie bat ihn, es erst einmal für sich zu behalten. Ansonsten würde ihr die Familie sicherlich in den Ohren liegen, doch bitte zu bleiben.

Lucia war es recht, kein Abschiedskomitee am Bahnhof vorzufinden. Sie mochte keine Abschiede und noch mehr hasste sie Abschiedstränen. Und wenn sie ehrlich war, würde sie auch kaum jemanden vermissen, ausser Calogero und Gelsomina. Aber die würden nachkommen, sie hatten es versprochen. Calogero war schliesslich zusammen mit Salvatore bei der Snia Viscosa[35] in Turin angestellt und konnte nicht lange von der Arbeit wegbleiben. Ironischerweise lief im Bahnhofscafé Gennaro Righellis *Solo per te Lucia*[36]. Lucia verdrehte die Augen: Was für eine Schnulze! Dennoch fragte sie sich: «Tat Salvatore das nur für sie? Oder vor allem für sich selbst?»

Lucia war dankbar, dass Salvatore Turin bereits kannte. Auch wenn er noch keine Unterkunft für sie beide hatte, versicherte er ihr, dass sie schnell etwas finden würden. Er hatte gute Kontakte in der Textilfabrik, in der er als Pförtner eine Arbeit gefunden hatte. Bis dahin würde Lucia bei den Frauen im Wohnheim schlafen müssen, aber das machte ihr nichts aus. Ihre Schwangerschaft verlief bis jetzt unkompliziert und bis zur Geburt würden sie bestimmt eine Arbeit und vielleicht sogar eine Wohnung haben. Die Fabrik war immer auf der Suche nach Frauen für die Spinnerei.

Als sie in den Zug stiegen, erzählte ihr Salvatore ein wenig von Turin: «So eine schöne Stadt hast du noch nie gesehen! Man sieht, dass der König da seinen Sitz hatte. Alles ist so gross!» Im Abteil neben ihnen sassen vier junge Männer, die ihrem Gespräch gelauscht hatten und auf sizilianisch fragten, ob Salvatore ihnen ein wenig von seiner Arbeit dort erzählen könne. Das Erste, was Salvatore ihnen in strengem Ton sagte, war: «Ihr lernt besser schnell Italienisch zu sprechen. Euren Dialekt wird niemand verstehen und er ist auch nicht beliebt.» – «Wie, beliebt?», fragte der Gesprächigste der vier erstaunt. «Sie mögen uns Sizilianer nicht besonders da oben, wir müssen uns anpassen. Schlimm genug, dass wir alle sonnengebräunt sind, aber wenn ihr auch noch so sprecht, fallt ihr viel zu sehr auf und habt kaum eine Chance.» Die Jungen wirkten enttäuscht, schliesslich hatte man ihnen erzählt, dass der ganze Norden auf der Suche nach Arbeitern war. Die Fabriken in Mailand und Turin warteten doch nur auf junge Männer! Sollten sie etwa im Zug schon erfahren, dass es keinen Zweck hatte, seine Heimat und Familie zu verlassen und die lange Reise auf sich zu nehmen? «Arbeit gibt es

---

[35] Turiner Textilfabrik, die neben den FIAT-Werken viele Arbeitsplätze in der Gegend schaffte
[36] «Nur für dich, Lucia»

genug», führte Salvatore weiter aus. «Es geht um die Art der Arbeit. Und ihr braucht schliesslich auch eine Wohnung.» – «Was hat denn mein Dialekt mit einer Wohnung zu tun?» Lucia begann ebenfalls, um ihre Situation zu fürchten, obwohl sie zuhause schon immer darauf geachtet hatten, auch richtiges Italienisch zu sprechen. «Die *torinesi*[37] vermieten nicht gerne an *terroni*[38].» Die Jungen verstummten und Lucia sah Salvatore fragend an. Er hatte nie erwähnt, dass sie nicht mit offenen Armen empfangen werden würden. Aber sie bewunderte ihn. Weder Lina noch Salvatores Vater Antonio hatten je darauf geachtet, den Kindern Italienisch beizubringen, sie selbst sprachen meist Dialekt. Salvatore hatte in der Armee alle möglichen Landsleute kennengelernt, worauf sie sich gezwungenermassen ihrer Dialekte entledigten, um einander besser zu verstehen. Entsprechend war sein Italienisch in den Armeejahren besser geworden.

«Aber wenn sie nicht gerne an *terroni* vermieten, wieso glaubst du dann, dass wir schnell etwas finden?», fragte Lucia ihn. «Der *padrone*[39] war im Krieg in Sizilien stationiert und aus irgendeinem Grund gefiel es ihm da sehr. Er scheint mich zu mögen und hat mir versprochen, uns bei der Wohnungssuche zu helfen», flüsterte er. Also kam man auch im gelobten Norden nicht drum herum, die richtigen Leute zu kennen, dachte Lucia. Sie verliessen Sizilien, weil Salvatore diese Mentalität missfiel, in der man nur über Beziehungen etwas zustande brachte. Und jetzt stellte sich heraus, dass sie bereits mit ihrem ersten Anliegen in Turin scheitern würden, wenn sie nicht die entsprechenden Leute kannten. Lucia schaute aus dem Fenster und versuchte, ihre Enttäuschung zu verbergen. Natürlich hatte sie gewusst, dass auch Turin kein Paradies sein würde, schliesslich hatte da der Krieg genauso gewütet. Es hatte sie sehr viel Überwindung gekostet, die gewohnte Umgebung zu verlassen, aber die Hoffnung auf ein besseres Leben hatte sie ermutigt. Der Gedanke, in eine Stadt zu ziehen, in der sie offenbar nicht willkommen war, machte ihr Angst.

Salvatore schien das zu bemerken. Er nahm ihre Hand und flüsterte beruhigend: «Wir schaffen das, du wirst sehen. Unser Kind soll in einer modernen Welt leben, die nicht abwechselnd von Partisanen, Kommunisten oder der Mafia regiert wird. Wir brauchen Ruhe, ich brauche Ruhe – und ein Zuhause. Etwas, das nur uns gehört, in dem wir unser Leben leben können. Ohne Eltern und die ganze gottverdammte Tradition!» Seine letzten Worte hatte er lauter ausgesprochen und die Männer schauten neugierig zu ihnen herüber. Lucia war insgeheim ebenfalls froh, mit seinen Eltern – vor allem mit seiner Mutter – nichts mehr zu tun zu

---

[37] Turiner
[38] Abwertender Ausdruck für Menschen aus dem Süden, «Landeier»
[39] Chef

64

haben. Doch so allein auf sich gestellt? Der Gedanke liess sie zwischen Hoffnung, Vorfreude und Panik schwanken, ob sie das denn schaffen könnten. Salvatore und Lucia waren zwar schon drei Jahre verheiratet, aber über zwei davon hatte er im Ausland verbracht. Eigentlich kannte sie ihn kaum. War er stark genug? Wie viel Ausdauer brauchte man, um im Norden zu bestehen?

Im Juni würden sie über das Frauenwahlrecht abstimmen. Lucia wusste nicht recht, was sie mit diesem Recht anfangen konnte. Änderte das irgendwas am Zustand dieses Landes? Und was war mit dem Recht, zu Hause, im eigenen Heim, die Wahl zu haben? Sie selbst hatte Glück, ihr Mann war zwar manchmal ein Tyrann, aber geschlagen hatte er sie noch nie. Was würde das Frauenwahlrecht für die Frauen ändern, die regelmässig mit blauen Flecken auf dem Markt zu sehen waren?

«Torino, Porta Susa», tönte es aus dem Lautsprecher. Sie waren endlich angekommen! Hastig griff Lucia nach ihrem Koffer und folgte Salvatore durch den engen Gang nach draussen. Die Luft war kalt, der Nebel schien direkt am Gleisende zu beginnen, man sah nicht mal mehr, wo sie hergekommen waren. Lucia schossen Tränen in die Augen. Sie war so froh, dass ihre Freundin und wahrscheinlich mittlerweile Schwägerin Gelsomina ihnen nach Turin folgen würde. Dann wäre sie weniger allein. Das hoffte sie zumindest.

Kapitel 8

Martha, 1948

Martha konnte nicht schlafen. Ihr riesiger Bauch war unbequem. Sie war Bauchschläferin, musste jetzt aber immer auf dem Rücken liegen, was ihr wiederum die Magensäfte in den Rachen trieb. Davon wachte sie regelmässig auf und war entsprechend tagsüber hundemüde und ziemlich schlecht gelaunt. Sie versuchte, eine bequeme Stellung zu finden, aber egal, wie sie lag, es zwickte und schmerzte. Sie hatte Mühe, zu atmen, und schwitzte. Der Juli war für ostfriesische Verhältnisse schwül gewesen und Martha konnte es kaum erwarten, dieses Kind endlich zu bekommen. Schon die letzte Schwangerschaft hatte sie oft wachgehalten.

Hans lag neben ihr und schlief einen unruhigen Schlaf. Auch er schwitzte, aber sie war sich nicht sicher, ob die Schweissperlen auf seiner Stirn von der Hitze kamen. Martha fragte sich, ob alle Männer, die im Krieg gewesen waren, Albträume hatten. Hans drehte und wendete sich oft, manchmal redete er im Schlaf, aber sie verstand nie, was er sagte. Es erschreckte sie, wenn er mitten in der Stille der Nacht seine tiefe Stimme erhob. Manchmal schrie er auch. Aber dann klang er nicht wie Hans, nicht wie ihr Hans. Eher wie ein verängstigtes Kind. Anfangs hatte sie dann versucht, ihn zu wecken, aber das brachte ihn völlig durcheinander. Jetzt wartete sie jeweils, bis es vorbei war. Die Träume schienen nie lange zu dauern.

Seit ihrer Hochzeit wohnten Martha und Hans in einer kleinen Wohnung beim Wittmunder Bahnhof. Die Situation auf dem Bauernhof der Familie Bosch war unhaltbar geworden. Das Zimmer war schon für die vier Frauen knapp gewesen, Hans hatte nicht auch noch einziehen können. Martha hatte schon lange von einer eigenen Wohnung geträumt und Hans hatte ihr versprochen, etwas für sie beide zu finden, damit sie ihre Familie in Ruhe gründen konnten. Seinen guten Beziehungen hatten sie es zu verdanken, in diesen unsicheren Zeiten so schnell ein neues Zuhause gefunden zu haben. Martha liebte es, das Bett mit Hans zu teilen. Sie fühlte sich bei ihm aufgehoben, beschützt, daheim. Wenn nur nicht diese Albträume wären. Martha strich Hans über den Oberarm, um ihn zu beruhigen.

Er hatte Martha gegenüber immer nur angedeutet, wie es ihm im Krieg ergangen war. Er wollte nach vorne schauen, den Krieg hinter sich lassen. Auch sie hatte Hans nie ganz genau erzählt, wie ihre Flucht verlaufen war. Erst kurz vor ihrer Heirat hatte er jedoch wissen wollen, ob ihr während des langen Trecks «etwas widerfahren» war, wie er sich ausdrückte. Man habe ja so einiges gehört über die Russen. Natürlich hatte er Martha nicht geradeaus gefragt, er hatte rumgedruckst und verlegen auf seine Füsse gestarrt. Er müsse das wissen. «Wieso? Würde es einen Unterschied machen?», Martha hob die Augenbrauen. Hans schien ehrlich schockiert, dass sie so etwas denken könnte. «Natürlich nicht!» – «Wieso willst du es dann wissen?» Er hatte darauf keine Antwort gehabt. Martha hatte geseufzt, sie mochte nicht an diese Berichte zurückdenken, die ihr nach ihrer Ankunft in Wittmund zu Ohren gekommen waren – so gerne sie von ihrer Heimat sprach, die sie zurückgelassen hatte, ihrer Kindheit und den Menschen, die sie seit drei Jahren nicht wiedergesehen hatte. Aber die Flucht? Die tägliche Angst, die Kälte, die sie bis heute in den Knochen spürte, der Hunger, der einen fast wahnsinnig machte? Nein, danke. Wozu? Wem nützte es etwas, sich an diese grauenhafte Zeit zu erinnern? An die Angst, dass die Russen sie erwischen könnten, weil sie zu langsam waren. An die Hilflosigkeit, die alle damals empfanden. Martha war dankbar, in ihrem Innern die Kraft gefunden zu haben, sich um ihre Mutter und Schwestern kümmern zu können. Nicht alle hatten dieses Glück gehabt. Viele Frauen, die nach ihnen geflohen waren, hatten sich nicht gegen die ultimative Kriegswaffe, die Begleiterscheinung jeden Krieges, wehren können. Martha schauderte.

Um sich ein wenig abzulenken und dem engen Kreis der Familie zu entkommen, hatte Martha in Wittmund bald Freundinnen gefunden, allesamt Flüchtlingsfrauen, mit denen sie über die alte Heimat reden konnte. Die Geschichten waren voller Nostalgie, Melancholie und hin und wieder mussten sie gar die dunkelsten Episoden loswerden. Sie teilten sich eine Werkstatt, dessen Tür ein Schild schmückte: «Schneiderei Goldmann». Der Besitzer war während des Krieges «weggezogen», wie man munkelte. Was genau passiert war, wusste Martha nicht und scheute sich, danach zu fragen. Doch hier trafen sich jeden Tag junge Frauen, um Kleider auszubessern und mit alten Stoffresten neue zu schneidern. Es gab drei Nähmaschinen und einen grossen Tisch, auf dem immer noch verstaubte Schnittmuster herumlagen, als sie die Werkstatt entdeckten. Hier sassen sie seit bald zwei Jahren tagein, tagaus und erzählten sich ihr Leben. Die eine Geschichte hatte Martha besonders betroffen gemacht. Ruth hiess die Ostpreussin, die ebenfalls mit ihrer Mutter und einer Schwester geflohen war. Ruth war bei der Flucht 20 gewesen, sah jedoch mindestens doppelt so alt aus. «Das denkt sie von mir wahrscheinlich auch», hatte Martha gedacht, als sie sich kennenlernten. Die Flucht hatte Ruth zugesetzt, sie waren noch länger als Martha unterwegs gewesen und man sah Ruth an, dass sie sich nur sehr langsam davon erholte. «Ich musste zuschauen, wie die betrunkenen Soldaten eine nach der anderen holten und ins nächste Zimmer brachten», erzählte sie eines Tages, als sie Martha dabei half, einen Rock aus einem zerschlissenen Vorhang zu nähen. «Die Schreie und dumpfen Schläge, die darauffolgten, hallen bis heute in meinem Kopf nach. Und diese Schuld, die an mir nagt.» Sie sah beschämt zu Boden. «Wieso Schuld? Du konntest doch nichts dafür!», erwiderte Martha verständnislos. «Ich habe es nicht gewagt, mich für diese Frauen einzusetzen, Martha! Ich hatte Angst, meine Schwester zu gefährden. Sie war doch erst 15!» Sie zögerte: «Und ich hatte Angst um mich selbst.» Ruth atmete schnappend ein, bevor sie weitererzählte. «Meine Mutter sass zusammengekauert an der Wand und hielt sich die Ohren zu, während ihr die Tränen die Wangen runterliefen. Meine kleine Schwester war eingeschlafen und bekam von dem Horror nichts mit, wofür ich Gott jeden Tag danke! Ich hatte sie unter etwas Stroh und unseren Sachen versteckt.» Martha hätte sich ebenfalls gerne die Ohren zugehalten, aber sie liess ihre Freundin ausreden. «Wir waren ungefähr 20 Frauen und Kinder, die die Nacht in dieser Scheune verbrachten. Wir sassen auf dem eiskalten Boden und versuchten, zu schlafen, als die Soldaten kamen. Da wir zuhinterst an der Wand sassen, wären wir die letzten an der Reihe gewesen.» Plötzlich grinste Ruth Martha an. Doch da war keine Heiterkeit, Ruths Gesicht war eine Fratze. «Ich lernte in dieser Nacht etwas. Männer sind nur ein paar Mal hintereinander fähig zu … Du weisst schon. Irgendwann ist Schluss, sie können nicht mehr. Nach ein paar Frauen, die zitternd, verletzt und weinend zurückkamen, hörte es einfach auf. Die betrunkenen Russen verliessen die Scheune so schnell, wie sie aufgetaucht waren, stiegen in ihren Wagen und fuhren davon. Einfach so.» Martha hielt die Hand ihrer Freundin gedrückt. Was konnte sie schon auf solche Worte erwidern? Ruths Geschichte liess sie bis heute nicht los.

Hans hatte Martha besorgt angesehen, weil sie so lange schwieg, das Gesicht schmerzverzerrt. Sie hatte kein Wort gesagt, während sie an Ruth dachte. «Mir selbst ist nichts passiert», brach sie endlich das Schweigen, «aber denen, die nach uns geflüchtet sind. Als die Russen überall waren …» Dann lächelte sie ihn müde an: «Lass uns bald heiraten.» Als wäre das der Abschluss der Schreckenszeit. Als würden dann die Bilder in ihrem Kopf verschwinden.

Neben ihm liegend strich sie ihrem schlafenden Mann über die vollen Haare, die vom Schweiss feucht waren. Sie war dankbar, ihn gefunden zu haben. Sie wusste, dass sie stark sein konnte, aber ohne Mann war eine Frau in diesen Zeiten einfach schutzlos. Das hatte sie einsehen müssen. Und jetzt wollte sie sich auf dieses Kind konzentrieren, das bald kommen würde. Dieses Kind würde sie nie aus den Augen lassen.

Martha dachte an die kleine Käthe, die sie vor einem Jahr nach nur wenigen Monaten wieder verloren hatten. Sie hatte sie nach ihrer Kindheitsfreundin aus Ostpreussen benannt, von der sie bis heute nichts mehr gehört hatte. Das Baby war eines morgens nicht mehr aufgewacht. Als Martha in das Bettchen geschaut hatte, dachte sie erst, die Kleine schlafe. Doch als sie ihre Hand griff, war diese eiskalt gewesen. Martha schauderte noch heute bei dem Gedanken, genau wie damals. Sie hatte die kleine Käthe aus dem Bettchen gerissen und an sich gedrückt, als könnte sie das Kind aufwärmen und somit auch wecken. Doch tief drinnen hatte sie gewusst, dass es vorbei war. Kinder starben, Menschen starben. «Gott hat das Kind zu sich genommen», tröstete Mutter sie. Hans und Martha empfanden das nicht als Trost. Hatten sie dem lieben Gott nicht schon genug Opfer gebracht? Was wollte er denn noch von ihnen? «Er prüft nur die, die es auch aushalten.» Martha wäre ihrer Mutter am liebsten über den Mund gefahren, sie hielt sich aber zurück. Schliesslich trauerte auch Bertha um das verlorene Enkelkind.

Dieses Mal sollte alles anders werden, dachte Martha und schloss die Augen. Plötzlich spürte sie etwas Nasses zwischen ihren Schenkeln und setzte sich im Bett auf. «Hans, ich glaube, es geht los.»

Kapitel 9

Lucia, 1950

Lucia war spät dran und versuchte, schneller zu gehen. Mit ihren hohen Absätzen wich sie den zahlreichen Pfützen auf dem Weg zur Snia Viscosa aus und band sich ihren Schal um den Kopf, damit der Aprilwind ihre Haare nicht noch mehr zerzauste. Ihre Nachbarin Claudia würde ihr am Sonntag in ihrem Wohnzimmer die Haare legen. Die junge Frau aus Venezien schnatterte immer in einem fort, während Lucia jedes Mal, wenn Claudia unsanft an ihren Haaren zog, die Augen zusammenkniff. Diese etwas rüpelhafte Frau wohnte auf demselben Stock wie die Leones und sie hatten sich über die Jahre angefreundet. Nicht, dass Lucia wirklich Freundinnen hatte, dafür hatte sie keine Zeit, ausserdem mochte sie das Getratsche der meisten Frauen nicht – aber Claudia war nett und hilfsbereit.

Während der Turiner Wind ihr fast den Schal vom Kopf fegte, überlegte sie, wie die nächsten Tage ablaufen würden. Lucia und Salvatore arbeiteten in der Textilfabrik, sie tagsüber, er als Nachtwächter. Sie sass wie alle Frauen in der Fabrikhalle und spann tagein, tagaus Garn, bis ihre Finger bluteten. Die Garnspulen wurden jeden Abend peinlichst genau vom Aufseher kontrolliert. Und wenn eine nicht fein genug oder unregelmässig war, konnte sie am nächsten Tag von vorne beginnen. Die gesamte Spule wurde ihr in solchen Fällen von ihrem mickrigen Lohn abgezogen. Sie wusste, dass diese Woche ihr Bruder Calogero die Aufsicht hatte, weshalb sich ihre Anspannung heute im Rahmen hielt.

Es gab einen Aufseher, ein Venezianer, der sie aus irgendeinem Grund nicht ausstehen konnte. Gelsomina meinte, Lucia habe halt seine Avancen nicht beachtet und jetzt sei er wohl beleidigt, aber Lucia konnte sich das nicht vorstellen. Sie war keine Schönheit, sie war schüchtern und nicht sehr gesprächig. Es gab viele Frauen in der Fabrik, die so viel interessanter und hübscher waren als sie. Ausserdem war sie verheiratet! Was sie Beppe, dem Aufseher, unmissverständlich zu verstehen gegeben hatte. Aber es stimmte schon, dass er seither besonders unangenehm zu ihr war. Fast keine seiner Stichproben bestand den Qualitätstest und Lucia hatte sich damit abgefunden, in «seinen» Wochen noch weniger zu verdienen als sonst.

Ihr Bruder Calogero musste ebenfalls genau vorgehen und konnte auch bei seiner Schwester nur selten ein Auge zudrücken, aber er war zu allen anständig. Er hatte immer Zeit für einen kleinen Spruch, eine kurze Aufmunterung. Alle Frauen in der Fabrik mochten Calogero, einige machten ihm gar schöne Augen. Das wiederum gefiel Gelsomina gar nicht, auch wenn sie wusste, dass sie sich keine Sorgen zu machen brauchte. Calogero war total vernarrt in sie. Sonst hätte er sie wohl nicht geheiratet, gegen den Willen ihrer Eltern, gegen den Willen von Lina, der Hexe. Lucias Mutter mochte Gelsomina zwar sehr, aber die *fughina* hatte viel zu reden gegeben, weshalb sie lange nicht gut zu sprechen gewesen war auf das junge Paar.

Calogero und Gelsomina waren Lucia und Salvatore tatsächlich wenige Wochen nach ihrer Ankunft in Turin gefolgt. Die heimliche Heirat hatte für viel Unmut gesorgt. Calogero erzählte ihnen lachend, Lina habe sich auf den Boden geworfen und ihre Haare gerauft, bis ihr Mann Antonio ausnahmsweise ein Machtwort gesprochen habe: «Lina, *basta!* Du führst dich auf wie eine Verrückte. Nun sind sie halt verheiratet, wir können nichts mehr tun.» Calogero vermutete, dass alle dachten, Gelsomina sei schwanger gewesen, was aber nicht zutraf. Was die Leones nicht wussten und worin sie ihre Tochter völlig unterschätzten: Das Paar war geflohen und hatte geheiratet, um eben *nicht* in Sünde leben zu müssen. Das wollte Gelsomina auf keinen Fall.

Die vier waren in Turin unzertrennlich. Lucia war so froh gewesen, endlich nicht mehr allein zu sein. Da Salvatore nachts und sie tagsüber arbeitete, sahen sie sich praktisch nie und wenn, dann zwischen Tür und Angel. Sie teilten sich ein Einzelbett in dem kleinen Zimmer, das sie bewohnten, weil es sich nicht lohnte, ein grösseres zu kaufen, wenn sowieso immer nur einer drin schlief.

Lucia war dankbar, dass Gelsomina zur Geburt der kleinen Sofia im Sommer 1946 schon in Turin gewesen war. Die Geburt war schwer gewesen, im Spital hatten sie keine Zeit für gebärende Mütter, vor allem nicht für Südländerinnen, da mussten die Frauen allein durch. Ihre Schwägerin war für Lucia da gewesen und hatte sie begleitet. Auch danach, als Lucia nicht aus dem Bett kam und sich wenig für ihr Kind interessierte, war Gelsomina ihr nicht vorwurfsvoll begegnet. «Lucia, ich kann mir vorstellen, wie schwer es ist beim ersten Kind. Du hast Angst und es kommt dir alles unüberwindbar vor, aber du schaffst das! Du wirst dieses Kind lieben, auch wenn es dir jetzt noch fremd ist.» Lucia war dennoch verunsichert gewesen. Wo war ihr Mutterinstinkt? Gab es Frauen, die den einfach nicht hatten?

Ihre Bleibe bestand damals aus einem Zimmer, einer Kochecke und einem Badezimmer im Treppenhaus. Sie konnten das *castello*[40] sehen, wenn sie sich weit aus dem Fenster lehnten. Der Kontrast hätte nicht grösser sein können. Das königliche Schloss – es gehörte der Familie Savoyen – war zwar nicht mehr so prachtvoll wie zu seinen Anfängen, aber im Vergleich zu den schmutzigen

---

[40] Schloss

Häusern, die den Krieg überlebt hatten, schien es wie aus einer anderen Welt. Die saubere Wäsche vor ihren Fenstern war das einzige Zeugnis, dass in dem verfallenen Haus, in dem Lucia und Salvatore untergebracht waren, überhaupt jemand wohnte.

Es fing wieder an zu regnen und Lucia zog ihren Schal enger um ihr schmales Gesicht. Wie sie dieses Wetter in Turin hasste! Entweder regnete es oder es war heiss. Sie erinnerte sich, wie sie nach Sofias Geburt zu Hause im Bett gelegen hatte. Es war ein fürchterlich heisser Sommer gewesen. Wie jeden Abend starrte sie schlaflos an die abbröckelnde Decke. Der scharfe Geruch von Chemikalien lag wie eine Glocke über der Stadt, die Textilfabrik war omnipräsent. Lucia musste das Fenster dennoch öffnen, um wenigstens ein bisschen Luft reinzulassen. Die Laterne auf der Piazza brannte bis Mitternacht, danach wurde es stockdunkel. Sie hörte, wie das Baby langsam aufwachte. Sie hasste diese schmatzenden Geräusche, die sie darauf hinwiesen, dass ihre Schicht als Mutter schon wieder begann; dass die vermeintliche Ruhe zu Ende war. Das Baby schlief in der Schublade der alten Kommode, die Salvatore abgeschliffen und neu gestrichen hatte. Ihr Zimmer war so eng, dass Lucia problemlos hinübergreifen konnte, um das Baby zu sich ins Bett zu holen. Aber sie tat es nicht, sie konnte einfach nicht. Ihre Bettdecke lastete zentnerschwer auf ihren geschundenen Brüsten, sie drückte sich das Kissen über die Ohren, um das anwachsende Quengeln des Kindes nicht hören zu müssen.

Salvatore war in der Fabrik, sie war allein. Sie war meistens allein – mit diesem Wesen, das sie buchstäblich aussaugte. Die bleischwere Decke raubte ihr den Atem, sie schwitzte darunter, dennoch fand sie nicht die Kraft, sich aufzudecken. Ihre Augen blieben geschlossen, wie bei einem kleinen Kind, das Verstecken spielt. «Wenn ich nichts sehe, sehen mich die anderen auch nicht. Auch meine Tochter nicht.» Dieses Bündel fühlte sich nicht an, wie ein Teil von ihr. Sie wusste, was von ihr erwartet wurde, wie eine gute Mutter zu sein hatte. Doch sie konnte das nötige Interesse für das Baby, die erwartete Liebe nicht aufbringen. Die Krankenschwestern hatten mit ihr geschimpft, als sie das Stillen nach ein paar Tagen aufgeben wollte. Ihre Brustwarzen hatten sich wie zerfranste Artischocken angefühlt, sie hielt die Schmerzen kaum aus. «Was glauben Sie eigentlich, was Sie da tun? Man muss halt Opfer bringen, stellen Sie sich nicht so an!» Auf piemontesisch fluchend, liess die Oberschwester Lucia allein. Diese hatte mit zusammengebissenen Zähnen und Tränen in den Augen weitergestillt. Was blieb ihr anderes übrig?

Irgendwann war auch Salvatore aufgefallen, wie Lucia mit seiner kleinen Sofia umging. Oder eben nicht umging. Lucia mochte es nicht, wenn das Kind dauernd an ihr klebte, gerade bei der Hitze, die zurzeit herrschte. Salvatore half ihr, wechselte Windeln und ging mit der Kleinen spazieren, wenn er frei hatte. Er war verrückt nach dem Baby, küsste und umarmte es, sobald es wach war. Doch liess er die dreckigen Stoffwindeln einfach auf der Kommode liegen und wenn er tagsüber nach seiner Nachtschicht schlief, mussten sie und das Baby mucksmäuschenstill sein. Also ging Lucia mit Sofia raus und wandelte müde, abgekämpft und traurig durch die heissen Strassen der Stadt. Sie befürchtete stets, jemandem zu begegnen, von dem sie gutgemeinte Ratschläge entgegennehmen musste.

Der schönste Tag seit der Geburt war, als ihre Tochter endlich in die Fabrik-Krippe durfte. Die Nonnen kümmerten sich da um die Kinder der Arbeiterinnen, sie konnte Sofia abgeben, wenn sie arbeitete, aber auch manchmal, wenn Salvatore Schicht hatte, sodass sie frei war. Das ging nun schon vier Jahre so und die Routine hatte sich eingependelt. Lucia war sich sicher, kein weiteres Kind zu wollen, weshalb sie froh war, dass Salvatore seine Stelle als Nachtwächter noch nicht für eine Arbeit am Tag getauscht hatte. So konnte sie ihren ehelichen Pflichten ausweichen.

Endlich war sie in der Fabrik angekommen und entledigte sich ihres Mantels. Sofia war heute bei Salvatore geblieben und Lucia fühlte sich seltsam leicht. Heute war sie bis abends nur für sich verantwortlich. Kein Kind, kein Mann. Die Arbeit, die Kolleginnen und sie. «*Ciao*, Lucia, wie siehst du denn aus?» Calogero schaute seine Schwester belustigt an, als sie sich die Schürze umband und sich an ihren Platz setzte. «Na herzlichen Dank!», gab sie zurück, nicht wirklich verärgert. Sie hatte sich im Spiegel gesehen, sie sah wirklich schrecklich aus. Es wurde Zeit, dass Claudia ihr bald die Haare machte.

«*Finì!*» Claudia hielt Lucia einen kleinen angelaufenen Spiegel vor das Gesicht. Müde Augen schauten Lucia an. Wann hatte sie das letzte Mal richtig geschlafen? Sich das letzte Mal geschminkt? Sie wusste es nicht mehr. Für die Arbeit in der Fabrik war es nicht angebracht und ansonsten sahen sie ja nur ihre Familienmitglieder. Meistens stand sie mit Gelsomina in der Küche. Die Schminke wäre in der Hitze und dem Dampf ja auch nur verlaufen, also wozu?

Die Wohnungstür schwang auf und die kleine Sofia stürzte herein, dicht gefolgt von Salvatore. Es war Sonntag, Vater und Tochter waren im Valentino gewesen, wo er sich am Wochenende zum Bocciaspiel mit seinen Kumpels traf. Er nahm die Vierjährige gerne mit, wenn Lucia zu Hause zu tun hatte. Lucia verdrehte innerlich die Augen im Gedanken daran, wie er seine Tochter mit den grossen, dunklen Augen und dem dichten Haar, das sie wie alle Mädchen ihres Alters in einem Pagenschnitt trug, seinen Freunden präsentierte. Sofia war sicherlich ein intelligentes Mädchen, vor allem aber war sie eine kleine *chiacchierona*[41]. Mit ihrem Geplapper wickelte sie jeden der Boccia-Kameraden um den kleinen Finger. Die meisten waren jünger als Salvatore und hatten noch keine Kinder. Salvatore war für sie eine Art Ersatzvater, zumal ihre eigenen Väter meist in der alten Heimat geblieben waren.

Bevor Lucia nach Turin gekommen war, hatte Salvatore mit diesen Männern einen Raum geteilt, mit Betten, deren Matratzen mit Stroh gefüllt waren. Sie kochten heimlich auf einem Gaskocher im Zimmer, denn in der Fabrikkantine gab es einerseits nicht genügend zu essen, andererseits taten sie sich schwer mit der piemontesischen Küche. Und auch als Salvatore Lucia nach Turin geholt hatte, war es nicht einfach gewesen. Salvatore hatte zwar eine gute Arbeit, aber sein Chef hatte dennoch lange gebraucht, um ihnen nach dem Arbeiterhäuschen eine anständige Wohnung zu besorgen. Überall, wo sie hinkamen, schlug man ihnen naserümpfend die Tür vor der Nase zu. An einigen Orten hatten sie angefangen, Schilder anzubringen. *«Non si affitta ai Terroni»*: An Südländer wurde nicht vermietet. Diese Schilder fanden später sogar Nachahmer in Restaurants und Läden. Sizilianer, *calabresi* und *napoletani* waren nicht willkommen und man liess sie das spüren. Sie lebten deshalb zwei Jahre in der ehemaligen Kaserne in der Nähe der Textilfabrik. Ein Zimmer für Salvatore, Lucia und Sofia. Ein Gaskocher, das Wasser holten sie aus dem Brunnen am Rande des alten Exerzierplatzes und die Duschen und Toiletten befanden sich ebenfalls weit weg im Hof. Lucia schmunzelte, als sie daran dachte, wie Salvatore ihre kleine Tochter zum ersten Mal auf die Kloschüssel gestellt hatte, weil er nicht wusste, dass man sich hinsetzen musste. Er hatte bis jetzt nur Stehtoiletten gekannt – oder Armeelatrinen.

Die Snia Viscosa hatte ihren Arbeitern bessere Wohnbedingungen versprochen und baute in der Nähe der Fabrik Arbeiterwohnungen. Salvatores Chef hatte ihm erzählt, wie toll diese werden würden, und Salvatore hatte sich in die Liste eingetragen. Drei Zimmer, Bad und Küche. Und sogar einen kleinen Balkon würden sie haben! Es wurde ein Mietkauf auf die nächsten 20 Jahre vereinbart. Auch für Bildung hatte die Fabrik vorgesorgt: Es gab eine katholische Schule, in die alle Arbeiter ihre Kinder schicken konnten. Geführt wurde sie von Nonnen,

---

[41] Plaudertasche

die sich den ganzen Tag um die Kinder kümmerten. Die Snia sorgte besser für ihre Arbeiter als viele andere Fabriken im Piemont und der Lombardei. Die *veneti* waren überzeugt, das sei ihnen zu verdanken, und ihr Unmut darüber, dass jetzt so viele *terroni* kamen und ihnen Arbeit und Wohnungen streitig machten, liessen sie jeden spüren. Salvatore liess sich davon jedoch nicht beeindrucken. Er war hier, um zu arbeiten und seine Familie zu ernähren, alles andere würde sich mit der Zeit ergeben.

Das Einzige, was er Lucia immer wieder einbläute, war, dass sie unbedingt Italienisch reden mussten. Auch mit ihrer Tochter. Man sollte ihnen möglichst nicht anmerken, dass sie *terroni* waren. Lucia fühlte sich seltsam dabei, zumal sich in der Fabrik kaum eine der Frauen die Mühe machte, ihren Akzent zu verbergen. «Die halten mich für arrogant, wenn ich Italienisch rede», beklagte sie sich bei Salvatore, der davon aber nichts hören wollte. «Wie soll man uns sonst ernst nehmen, Lucia? Wir wollten ein anderes Leben und müssen uns deshalb anpassen!» Damit war die Diskussion beendet.

Nun waren sie seit zwei Jahren in dieser – ihrer – Wohnung. Salvatore hatte gestrahlt, als hätte er in der Tombola den Hauptpreis gewonnen. Dass sie sich das Geld jahrelang vom Mund abgespart hatten, schien ihm nichts auszumachen. Die vielen Extraschichten, die er gearbeitet hatte, hatten seinen Stolz nur noch vergrössert. Sein Heim. Seine Freiheit. In einem Land, das sich wieder aufbaute. Nicht so wie Deutschland natürlich. Er hatte in der Zeitung gelesen, dass die deutsche Regierung allen Menschen im Land ein Startkapital gegeben hatte, damit das Land wieder einen Aufschwung erleben konnte. Und das schon drei Jahre nach Kriegsende! In Italien wäre damit sicherlich Schindluder getrieben worden. Die Deutschen waren einfach disziplinierter. Weniger lustig – zugegeben –, aber arbeiten konnten sie. Das hatte er im Krieg nur allzu gut gelernt.

Als die Deutschen nach Afrika gekommen waren, hätten er und seine Kameraden aufgeatmet, hatte er Lucia erzählt. Sie waren halb verhungert gewesen und plötzlich gab es wieder Essen. Alle Welt hatte nach dem Krieg gegen die Deutschen gewettert, doch Salvatore wusste es besser. Sie waren nicht alle Nazis, im Gegenteil. Er hatte grundanständige, loyale und zuverlässige Kameraden kennengelernt, die gerne über ihren Tellerrand schauten. Die meisten Soldaten, die Salvatore in Afrika kennengelernt hatte, waren sehr an Italien interessiert. Salvatore schien es, als würden sie Italien als eine Art Paradies wahrnehmen. Wenn die wüssten! Natürlich schien die Sonne und das Essen – wenn es denn welches gab – war fantastisch. Aber abgesehen davon war Italien ein unorganisiertes, korruptes Land. In Sizilien herrschte die Mafia, konkurrenziert von den Kommunisten. Das Chaos wechselte nur die Führung, geordnet wurde es aber nie. Der Einzige, der Ordnung ins Land gebracht hatte, war Mussolini gewesen. Und den hatten sie schandhaft hingerichtet. Salvatore verstand sein Volk oft nicht. Wieso konnte man nicht mit ehrlicher Arbeit glücklich werden und mit dem leben, was man hatte? Und dafür Opfer bringen? Wieso mussten die, die schon viel hatten, immer noch mehr wollen, sodass jene, die nichts hatten, kriminell werden mussten, weil sie keine andere Möglichkeit mehr sahen?

«*Mamma, papà* hat mir ein *gelato alla nocciola*[42] gekauft!» Sofias dunkle Augen strahlten, während das Eis auf den Boden tropfte und sie sich mit dem weissen Ärmel ihrer Sonntagsbluse über den Mund wischte. «*Dio santo*[43], du machst ja eine Riesensauerei!» Lucia kam aus der Küche gehastet, sodass Claudia, die gerade ihre Utensilien einpackte, zur Seite springen musste. Sofort wischte Lucia mit einem Lappen den Boden und packte Sofia energisch am Handgelenk, um sie ins Badezimmer zu zerren. Die Kleine reklamierte und schaute zu ihrem Vater, der die Augen verdrehte. «Lass sie doch ihr Eis fertig essen, Lucia!» Doch diese schäumte. Salvatore nahm seine Tochter mit ins Valentino, stolzierte mit ihr durch die Stadt, kaufte ihr Eis und erhielt von ihr nichts als Liebe dafür. Doch Lucia war die, die morgens ihre widerstrebende Tochter anzog, ihr das Mittagessen vorbereitete und einpackte, sie in den *asilo*[44] brachte, sie wusch und ins Bett steckte.

Manchmal wünschte sich Lucia einen Sohn, der so wäre wie sie: still und bescheiden. Ihre Tochter hingegen war laut und anspruchsvoll. Dauernd machte sie sich beim Spielen schmutzig und schlug sich die Knie auf. Im *asilo* hatten sie schon öfter bemängelt, sie habe andere geohrfeigt oder geschubst. Wenn man sie dann fragte, wieso, meinte sie schulterzuckend: «Weil er frech zu mir war.» Oder: «Weil sie mich geärgert hat.» Sie war wie ihr Vater, sie liess sich nichts gefallen. Die Welt gehörte ihr. Lucia fand diese Haltung überaus anmassend und sie fragte sich, wie ihre Tochter je glücklich werden könnte. Sie würde doch mit diesem Charakter nie einen Mann finden! Welcher Mann wollte schon eine aufsässige Frau? Das würde Sofia noch begreifen müssen.

---

[42] Haselnusseis
[43] «Himmel!»
[44] Kindergarten

Kapitel 10

Sofia, 1957

«*Suor*[45] Melania hasst mich!» Sofia warf die Wohnungstür hinter sich zu und stürmte ins Wohnzimmer. Als sie ihre Mutter mit dem *bastone*[46] und dem Bodenlappen sah, blieb sie abrupt stehen. Ihre Mutter mochte es nicht, wenn Sofia laut war oder sich schmutzig machte oder mit ihren Freundinnen stritt. Lucia hatte sich immer eine brave, saubere und stille Tochter gewünscht und Sofia spürte, wie sie ihre Mutter jeden Tag aufs Neue enttäuschte.

Sie schaute Lucia herausfordernd an und erwartete ein Augenrollen. Ihre Mutter wurde nicht gern bei der Hausarbeit gestört oder beim Lesen oder bei sonst etwas, was sie tat. Sofia störte immer. «Wieso redest du ständig und stellst immer so viele Fragen?» Das war ein Vorwurf, den sie sich anhören musste, seit sie sprechen konnte. Kopfschüttelnd schob Lucia sie dann für gewöhnlich zur Seite und liess die Frage unbeantwortet im Raum stehen. Sofia wusste nicht, woran es lag, dass sie so störte. Wusste sie die Antworten nicht, wollte sie sie nicht beantworten oder hörte sie gar nicht richtig zu?

Wenn Vater zuhause war, konnte Sofia auf ihn zählen. Gutmütig versuchte er, die Situation zu retten, indem er stets eine halbe Antwort parat hatte. Diese schmückte er dann mit einem kleinen Witz, über den jedoch nur Sofia lachen konnte – vor allem deshalb, weil es seine Grübchen zum Vorschein brachte und seine Augen leuchteten. Ihre Mutter lachte nie mit. Lachte sie nicht gerne? Sofia wusste nicht genau, wieso ihre Eltern nach Turin gekommen waren. Darüber wurde nicht gesprochen, aber sie wurde das Gefühl nicht los, dass eine grosse Last auf ihrer Mutter lag, weshalb ihr das Lachen vergangen war. Ausser, wenn sie mit ihrem Bruder Calogero zusammensass und sie sich auf Sizilianisch unterhielten. Lucia konnte offenbar nur auf Sizilianisch fröhlich sein.

Sofia mochte den sizilianischen Dialekt nicht. Nicht nur, weil sie nichts von dem verstand, was *zio*[47] Calogero und ihre Mutter so lustig fanden. Er erinnerte sie auch daran, dass sie nicht hierhergehörte. Auch Papa hasste es, wenn seine Frau Sizilianisch sprach. Er schaute sie dann tadelnd an, sodass sie sofort damit aufhörte. *Zio* Sebastiano sollte demnächst von Sizilien nach Turin kommen und sein grosser Bruder Salvatore hatte ihm angedroht, ihn sofort wieder zurückzuschicken, sollte er Dialekt sprechen. Sofia wusste nicht genau, warum,

---

45 Ordensschwester
46 Stock
47 Onkel

aber ihr war klar, dass *terroni* zu sein nichts Gutes bedeutete. Das merkte sie jeden Tag, auch in der Schule, unter anderem dank *suor* Melania, der Oberin.

«Wieso sollte dich *suor* Melania hassen?» Überrascht schaute Sofia auf und vergass, böse zu schauen. Ihre Mutter hatte zugehört und sogar ihren *bastone* an die Wand gelehnt, um mit ihr zu reden. Mit verschränkten Armen stand sie vor Sofia und wartete. Verwirrt versuchte Sofia, ihrer Mutter zu erklären, was passiert war: «Immer bin ich schuld an allem.» Sofia merkte selbst, wie weinerlich sie klang, das wollte sie aber nicht. Wenn ihre Mutter schon zuhörte, dann wollte sie auch ihren Standpunkt klar machen, ein grosses Mädchen sein, schliesslich war sie schon elf Jahre alt. «Woran sollst du schuld sein?», hakte Lucia nach und zog eine Augenbraue hoch. Sofia spürte, wie sie ihre Aufmerksamkeit schon wieder verlor. «Wenn Maddalena oder Elisabetta Rossellini mich piesacken, bin am Ende immer ich schuld!»

Die Rossellinis waren stadtbekannt. Ihnen gehörte die grosse Fabrik, in der auch Sofias Eltern arbeiteten. Die Nonnen an der Schule vergötterten Giuseppe Rossellini und seine Töchter. Mit ihren dunkelblonden Haaren, die sie jeden Tag (von ihrem Kindermädchen) legen liessen, waren sie so weit weg von der Welt der Leones, dass es sich für Sofia wie ein anderer Planet anfühlte. *Torinesi* von Geburt an, waren es die Mädchen gewohnt, hofiert zu werden. Sie wurden jeden Morgen von ihrem Vater in die Schule gefahren und nachmittags von ihrer Mutter wieder abgeholt. Sofia himmelte Frau Rossellini an, die in ihrem Leben wohl noch nie eine Schürze getragen hatte. Ihre helle Haut, ihre grünen Augen, ihre wunderschönen Kleider, die immer genau zu Hut und Handtasche passten – Sofia träumte davon, als Erwachsene so auszusehen.

Doch die Leones waren *terroni* und das sah man ihnen auch an. Sie waren eher klein, hatten dunkle Haare, einen olivfarbenen Teint und von Kleidern wie denen der Rossellinis konnten sie nur träumen. Obwohl Sofia sowieso nicht das Gefühl hatte, dass ihre Mutter von so etwas Mondänem wie einem schönen Kleid träumte. Sie schien zwar nicht besonders zufrieden mit ihrem Leben, aber das lag nicht an ihrem Aussehen oder ihrem Vermögen. Sofia vermutete, dass ihre Mutter Heimweh hatte, obwohl Lucia das nie offen aussprach.

«Du musst aber auch immer auffallen!», warf ihre Mutter ihr jetzt vor. Sofia verdrehte die Augen und seufzte. Also ging es wieder darum: nicht auffallen, weder positiv noch negativ. In der Masse untergehen. Sein wie alle anderen. Das war Lucias Ziel, weshalb sie ja auch nur zuhause sizilianisch mit Calogero sprach und sich erlaubte, Heimweh zu haben. Heimlich und unausgesprochen. Als ob sie Angst hätte, ihre wahren Gefühle zu zeigen, als ob sie damit eine Katze aus dem

Sack liesse, die sie nie wieder würde einfangen können. Obwohl sie genau wusste, was ihre Mutter meinte, wollte es Sofia aus ihrem Mund hören. «Wie, auffallen?», fragte sie trotzig. Lucia seufzte. «Du weisst schon. Sonst heisst es wieder …» – «Was heisst es wieder?» Sofias Vater war gerade aufgewacht. Er hatte diese Woche Nachtschicht und schlief deshalb tagsüber. Er rieb sich die Augen, war aber bereits picobello angezogen, wie es seine Art war. «*Suor* Melania hasst mich und *mamma* sagt, ich dürfe mich nicht wehren!» Lucia zuckte mit den Schultern und senkte den Kopf. Wie Sofia diese unterwürfige Art ihrer Mutter verabscheute! Wie konnte man immer nur den Bückling machen, ohne je aufzubegehren, ohne sich zu wehren?

Salvatore schaute seine Frau stirnrunzelnd an. «Was war denn?» Er ging in die Küche und Lucia folgte ihm. Während sie die Mokka mit Kaffee füllte, setzte sich Salvatore an den Küchentisch aus Formica und schaute seine Tochter, die ihnen gefolgt war, erwartungsvoll an. «Ich habe nichts getan!», empörte sich Sofia und merkte selbst, dass sie zu theatralisch wurde. «Diese *cretina*[48] Maddalena hat mich in der Pause geschubst. Also habe ich ihr gegen das Schienbein getreten, worauf sie angefangen hat zu heulen wie ein Baby. Dann hat mich ihre Schwester Elisabetta bei *suor* Melania verpetzt.» Sofias Wangen liefen rot an ab solcher Ungerechtigkeit. «Und wieso hat dich Maddalena geschubst? Einfach so?», fragte Salvatore und hob eine Augenbraue. Der Zweifel in seiner Stimme war unüberhörbar. «Ja!» Sofia verschränkte die Arme und schob ihre Unterlippe vor. Trotzig schaute sie ihren Vater an und merkte, dass er ihr nicht glaubte.

Er hatte ihr schon mehr als einmal erklärt, dass sie lernen müsse, ihren Mund zu halten, dass ihre grosse Klappe ihr nur Ärger einbringen würde. Doch Sofia sah das einfach nicht ein. Maddalena sass in der Schule hinter ihr und tuschelte dauernd mit ihrer Schwester über sie. Elisabetta war nicht so hübsch wie Maddalena, aber sie war ihrer Schwester ergeben wie ein dummer, treuer Hund. Heute Morgen hatten sie sich über Sofias Schuhe lustig gemacht, die nicht mehr neu waren. Ihre Mutter hatte sie bei der Snia Viscosa für wenig Geld auf dem Flohmarkt erstanden. Natürlich waren sie nicht so schön wie die schwarzen Lackschühchen der Schwestern. Mit ihren Satinbändern in den Haaren und den hübschen Kleidern, die nie dreckig schienen, waren sie mit Sofias Aufmachung nicht zu vergleichen. Lucia gab sich viel Mühe, ihre Tochter in anständigen Kleidern in die Schule zu schicken, aber die selbstgenähten Röcke und Blusen sahen nach der Schule immer aus, als wäre Sofia auf dem Boden nach Hause

---

[48] Idiotin

gerobbt. «Wie schaffst du es bloss, dich immer so zuzurichten?», entsetzte sich Lucia dann und sah sich gezwungen, fast jeden Tag zu waschen.

Immer noch schaute Salvatore Sofia zweifelnd an. «Was ist wirklich passiert? Du kannst es mir sagen, ich kann schon verstehen, dass du reagieren wolltest, wenn man dich geärgert hat. Ich muss es nur wissen», versuchte er sie zu beruhigen. Er bestrafte sie selten. Verglichen mit ihren besten Freundinnen Anna und Barbara wurde Sofia kaum je geschlagen. Die paar Ohrfeigen, die sie bis anhin erhalten hatten, fand sogar sie gerechtfertigt. Meist war es darum gegangen, dass sie respektlos gewesen war, oder sich nicht an die Regeln gehalten hatte. Sie musste wohl auch heute nicht befürchten, bestraft zu werden. Ausserdem hatte das *suor* Melania schon übernommen. Sie hatte ihr mit dem Stock auf die Knöchel geschlagen, bis diese dunkelrot waren. Sofia ballte ihre Faust und sog die Luft scharf ein. Die Knöchel schmerzten immer noch.

«Maddalena wird immer so wahnsinnig gelobt, sie könne ja sooo gut zeichnen! Dabei ist sie gar nicht so gut, ich kann das viel besser! Aber die *suore* sagen nie etwas zu mir! Also habe ich mit meinem Bleistift ihre Zeichnung verkritzelt.» Beschämt schaute Sofia zu Boden, sie hatte aus einem Impuls heraus gehandelt und war nicht besonders stolz darauf. Aber den Ärger über die Nonnen und ihre Bevorzugung der reichen *torinesi* konnte sie einfach nicht mehr ertragen. «Dann hat Maddalena geweint, aber nichts gesagt. Erst in der Pause hat sich mich gestossen. Von hinten, ich bin auf die Knie gefallen!» Lucia schaute den verdreckten Rock ihrer Tochter an und rollte seufzend die Augen. «Dann bist du also selbst schuld, dass Maddalena dich geschubst hat.» Es war keine Frage, Salvatore stellte diese Tatsache fest. Er schmunzelte, wie immer, wenn er seine Tochter hatte überlisten können. Diese nickte wütend. «Aber ...» – «Nichts aber. Du kannst nicht erwarten, dass dieses Mädchen nichts tut, wenn du so gemein bist zu ihr. Wie würde dir das gefallen, wenn man deine Zeichnung verkritzeln würde?» Gar nicht, so viel war sicher.

Sofia zeichnete fürs Leben gern und sie würde jedem mit Sicherheit die Augen auskratzen, der es wagte, sich an ihren Bildern zu vergreifen. «Wieso werden denn die Kinder der reichen Leute immer nur nett behandelt? Ich bin immer die Böse, die *maleducata*[49]. Ich habe es so satt!» Tränen der Wut stiegen Sofia in die Augen, sie konnte nicht mehr sprechen, sonst würde sie losheulen. Lucia hob die Hände zum Himmel und schüttelte den Kopf. Salvatore zuckte mit den Achseln und

---

[49] Schlecht Erzogene

verschwand wieder ins Zimmer. Für ihn war das Gespräch beendet, aber Sofias Probleme waren noch lange nicht gelöst.

Ihre Mutter stand seufzend auf und machte sich an den Abwasch. Sofia sah sie meist nur von hinten am Spülbecken stehen. Doch in letzter Zeit erschienen ihr Lucias Arme zu kurz, sie reichten kaum bis zum Wasserhahn. Sie war im siebten Monat schwanger und Sofia war das peinlich. Sie hatte mit ihren elf Jahren zwar keine genaue Vorstellung davon, wie man Babys machte, aber sie wusste, dass man dabei irgendwie nackt sein musste. Und dass ihre Eltern jemals nackt waren, wollte sie sich nun wirklich nicht vorstellen müssen. Igitt! Aber über solche Sachen wurde im Hause Leone sowieso nicht gesprochen. Körperflüssigkeiten und die menschliche Anatomie waren vollkommen tabu. So sehr, dass Sofia meinte, sie würde sterben, als sie vor ein paar Wochen ihre erste Periode bekommen hatte.

Sie war nach der Schule nach Hause gekommen und hatte etwas Warmes zwischen den Beinen gespürt. Auf dem Klo war sie entsetzt gewesen über den Blutfleck, den sie in der Unterhose vorgefunden hatte. Was hatte das zu bedeuten? Hatte sie das verursacht? Hatte sie auf irgendeine Art gesündigt? Würde sie jetzt ausbluten? Ihre ehemals weisse Baumwollunterhose in der Hand ging sie zu ihrer Mutter in die Küche und streckte sie ihr schüchtern entgegen. Lucias Augen weiteten sich und ein trauriger Ausdruck machte sich darin breit. Sie lief hektisch ins Badezimmer, langte in den Schrank und drückte Sofia eine Art dicken Stofflappen in die Hand. «Leg das in deine Unterhose. Wenn es voll ist, wäschst du es mit kaltem Wasser aus, hängst es an die Leine und nimmst ein Neues.» Sofia verstand nichts. «Aber wieso blute ich?» – «Das ist einfach so, das wirst du ab jetzt jeden Monat.» Sofia hörte, wie Lucia auf dem Weg in die Küche *«Misericordia!»*[50] seufzte und sah, wie sie ihre Hände rang. Hatte sie etwas falsch gemacht? Ging es nur ihr so? Was hatte dieses Blut zu bedeuten?

---

[50] «Barmherzigkeit»

Kapitel 11

Martha, 1958

Martha sank auf das neue Sofa. Weinrot, dem Biedermeierstil nachempfunden, bot es Platz für drei Personen und brandneu, war es ihr Lieblingsplatz in der gesamten Wohnung. Ihre Eltern hatte nie so etwas Schönes besessen. Aus dem Röhrenradio klang die Stimme von Rudi Schuricke. Wie jeden Spätnachmittag goss sie sich vom Kirschlikör ein, den sie so gerne trank, zündete sich eine Zigarette an und zog den Rauch tief ein. Die genoss die Wärme des Schlucks Likör, der alles weicher machte, die Ecken abrundete, die Gefühle besänftigte. Sie schaute auf ihren Daumen, der seit der Flucht damals keinen Nagel mehr hatte. Die Stelle war mittlerweile vollkommen verheilt. Sie versuchte, die Bilder zu unterdrücken, die hochkamen.

Seit sie alle nach Westphalen gezogen waren, versuchte sie, die Gedanken an die Heimat zu verdrängen. Es schmerzte zu sehr. Auch wenn sie es kaum vermeiden konnte, sobald sie mit ihrer Mutter Bertha sprach. Diese hatte immer noch fertig gepackte Rucksäcke im Keller bereitstehen, falls sie wieder flüchten müssten oder – wie sie es ausdrückte – endlich nach Hause zurückkehren könnten. «Wohin zurück?», fragte Martha sie dann ungeduldig. Sie hatten dieses Gespräch schon Hunderte Male geführt. «Das ist nicht mehr Deutschland, es ist nicht mehr unser Land. Das ist jetzt Polen, die Sowjetunion, wir können nicht zurück! Und wer weiss, was aus dem Hof geworden ist!» – «Und aus Vater ...», fügte sie in Gedanken hinzu. Wie eine gesprungene Schallplatte wiederholte sie diese Sätze immer und immer wieder, in der Hoffnung, dass ihre Mutter irgendwann ein Einsehen hätte. Sie wollte diese traurigen Diskussionen nicht mehr führen. Schon gar nicht vor ihren Kindern. Die sollten nicht mit den alten Geschichten aufwachsen. Sie sollten keine Einzelheiten erfahren. Wozu auch? Schliesslich hatte sie hier und jetzt allen Grund, glücklich zu sein.

Sie hatten diese Wohnung vor fünf Jahren endlich beziehen können. Dank Hans' neuer Stelle als Fernfahrer konnten sie in eines der neu gebauten Häuser ziehen. Die Kinder waren auf der katholischen Schule gut versorgt und Martha musste nicht einmal arbeiten gehen, wie so viele andere Mütter. Sie konnte sich um Hans und die Kinder kümmern. Sie war zufrieden. Es war ein gutes Leben. Auch wenn es sich noch nicht wie ein Zuhause anfühlte, war diese Wohnung ein grösserer Luxus, als sie es sich je erträumt hatte: drei Schlafzimmer, ein modernes Bad mit fliessend warmem Wasser, eine kleine Küche und ein Wohnzimmer. Die lindgrüne Tapete mit Kaschmirmuster und die dunkelgrünen Fliesen im

Badezimmer hatten sie selbst aussuchen können. Grün. Hoffnung. Seit Kurzem besassen sie sogar einen Kühlschrank von Bosch! Sie waren die einzigen in ihrem Umfeld, die sich so eine Modernität bereits leisten konnten. Als die Kramers als Erste ein eigenes Auto vor ihrem Mietshaus parkten – einen gebrauchten weissen VW Käfer – war Hans fast geplatzt vor Stolz. Martha hatte nie gelernt zu fahren, aber sie freute sich für ihren Mann. Sie hingegen war stolz auf ihre jüngste Errungenschaft: das weinrote Sofa.

Martha nahm noch einen Schluck vom Likör und schaute aus dem Fenster auf die Strasse. Die zwei Kleinen waren draussen. Helmut, ihr Erstgeborener, war gerade bei der Chorprobe in der Kirche und Hans würde erst morgen zurück sein aus der Schweiz. Sie atmete hörbar aus und wischte sich eine Träne aus dem Augenwinkel.

Seit ihrer Flucht aus Prositten fühlte sie sich anders. Fremd. In Wittmund war sie eine der Flüchtlingsfrauen gewesen, denen man nachsagte, dass sie sich die übrig gebliebenen Männer unter den Nagel reissen wollten. Hier in Westphalen wurde sie ebenfalls argwöhnisch beäugt. Der Krieg war seit über zehn Jahren zu Ende und trotzdem war sie auch hier die «Polackin». Tausende waren wie sie aus Schlesien und Ostpreussen geflohen, doch willkommen waren sie hier nicht. Martha vermisste ihr Zuhause, ihre Wurzeln, ihren Boden, die weiten Felder, ihre Pferde, ihre Freunde. Ihren Vater.

Was wohl mit ihm passiert war? Man hörte Schlimmes. Sie war sich sicher, dass Joseph den Russen seinen Hof nicht ohne Gegenwehr überlassen hatte. Die Hoffnung, ihn nochmal lebend zu sehen, schwand mit jedem Tag. Deutschland war entzweit und viele Familien waren auseinandergerissen worden. Geflüchtet, gestorben, gefangen genommen. Die letzten Gefangenen aus Russland waren mittlerweile zurück, es gab kaum noch eine Chance auf weitere Rückkehrer, wie man in den Zeitungen las. Letzten Monat wurde ihre Nachbarin eines Tages überrascht, als ein «Landstreicher» an ihrer Tür klingelte. Dieser stellte sich als ihr verschollener Ehemann heraus, den sie nicht mehr erkannte, so sehr hatte er sich verändert. Sie hatte aber in der Zwischenzeit wieder geheiratet und zwei weitere Kinder bekommen. Ihre älteste Tochter erkannte ihren Vater nicht wieder, der neue Ehemann wollte ihn nicht im Haus haben. Es gab eine laute und tränenreiche Auseinandersetzung, die das ganze Haus in Aufruhr versetzte. Dennoch beneidete sie die Nachbarin. Martha hatte nie wieder etwas von ihrem Vater oder Fritz gehört. Für Käthe hoffte sie, dass sie genauso gut untergekommen war wie Martha, dass sie die Flucht in den Westen überlebt hatte. Martha hoffte, dass sie sich eines Tages an die Ungewissheit gewöhnen würde. Sie musste davon ausgehen, dass Joseph nicht mehr lebte. Wie genau er gestorben war, vermochte sie sich nicht auszumalen, aber das machte auch keinen Unterschied mehr. Nur beerdigt hätte sie ihn gerne. Um abzuschliessen, um weiterzuleben.

An die Bilder der Flucht in ihrem Kopf würde sie sich jedoch nie gewöhnen. Die seltenen Male, in denen sie allein war, Zeit für sich hatte, kamen sie wieder, ihre dunklen Gefährten: die Angst, die Kälte, das zusammengepferchte Ausharren. Das Schiff, neben dem Bomben in das eiskalte Wasser einschlugen und das Wasser mitten in der Luft gefror. Die Eisenbahn, in der sie von Läusen befallen waren, sich aber nicht kratzen durften, um nicht rausgeworfen zu werden. Die vielen, vielen Kilometer, die sie zu Fuss gegangen waren, bis sich die Sohlen ihrer Schuhe ablösten und sie vor Schmerzen an den blutigen Füssen nicht mehr klar denken konnte. Sie hätte gerne öfter über diese Erinnerungen gesprochen, die ihr immer noch den Atem nahmen. Es hätte ihr gutgetan, diese Gedanken mit jemandem zu teilen, aber ihre Mutter brach immer sofort in Tränen aus, wenn Martha davon anfing. Ihre kleine Schwester Lieschen wollte sie damit nicht belasten, das Mädchen war jetzt eine junge Frau, verheiratet und glücklich mit ihrem Bernhard. Sie war damals erst 13 gewesen, vielleicht konnte sie die schrecklichen Bilder eher ausblenden. Einzig mit Johanna konnte sie über diese Zeit sprechen, aber diese hatte ganz andere Sorgen. Sie hatte zwar eine Arbeit in der Fabrik, da diese besonderen Gesetzen unterlag, die sie zwangen, Behinderte einzustellen, doch ihrem Bein ging es immer schlechter. Trotz allem war sie meist gut gelaunt und brachte die Familie bei Zusammenkünften mit ihrer fröhlichen Art nach wie vor zum Lachen.

Mutter inserierte immer noch in Zeitungen und hoffte, ihren Joseph wiederzufinden. Martha hatte Fritz hingegen nie aktiv gesucht, nachdem sie Hans kennengelernt hatte. Wozu auch? Sie waren ja nicht verlobt gewesen und die Ostfront hatte viele junge Soldaten regelrecht verschluckt. Hans kennenzulernen, war nicht nur für Martha, sondern für sie alle ein Glücksfall gewesen. Er hatte in Wittmund für sie alle gesorgt, hatte angefangen, Kaninchen zu züchten, und wagte es gar, ab und zu ein verbotenes Stück Schweinefleisch auf dem Schwarzmarkt zu ergattern. Bei ihm war sie zuhause. Mit ihm fühlte sie sich weniger fremd.

Martha nahm noch einen Schluck vom Likör. Sie strich über das Deckchen, das ihre Mutter ihnen zum Einzug geschenkt hatte. Sie genoss ihre Zeit allein zuhause, empfand nicht mehr diese Enge, wie damals auf der Flucht und danach in dem Dachzimmerchen mit Schwestern und Mutter. Hier konnte sie durchatmen, ihren Gedanken nachhängen, ohne gestört zu werden. Hier kam sie endlich zur Ruhe.

Um ihre Sehnsucht nach der Heimat zu stillen, hatte sie sich gleich nach ihrer Ankunft in der hiesigen Kirche erkundigt, ob es Landsleute aus Ostpreussen in der Umgebung gäbe. Wie sie sich gefreut hatte, als man ihr Jankowsky, den Bäcker aus Königsberg, vorgestellt hatte! Auch die Frau vom Metzger kam aus der alten Heimat und achtete darauf, immer genug Schwein und Gepökeltes im Laden zu haben. So konnte sie sich darauf verlassen, dass sie sich zumindest bei Tisch heimisch fühlen konnte.

Martha bedauerte es sehr, so wenige Erinnerungsstücke von «vorher» zu haben. Die seltenen Bilder, die damals geschossen worden waren, waren dortgeblieben, an den Wänden ihres geliebten Bauernhofs. Bilder, die man beim Fotografen hatte schiessen lassen. Sie hatten sich dafür rausgeputzt, frisiert und ihre schönsten Sonntagskleider getragen. Martha musste schmunzeln, wenn sie an ihre ernsten Mienen dachte. Auf einem der Bilder hatte Johanna geblinzelt, was sie aussehen liess, als würde sie schlafen. Jede Familie, die sich den Fotografen leisten konnte, hatte eines oder mehrere solcher Bilder besessen. Bei den Schiewecks standen sie auf dem Kamin, Mutter hatte sie jeden Tag abgestaubt. Martha konnte sich an jedes Detail des letzten Bildes erinnern, auf dem sie alle zusammen zu sehen waren. Die platten Haare ihres Vaters, der mit rausgedrückter Brust und geöltem Schnurrbart auf dem Stuhl sass. Die gelockte, hochgesteckte Frisur ihrer Mutter, bei der sie sich an jenem Morgen, als das Bild aufgenommen wurde, mit dem Eisen fast das Ohrläppchen versengt hatte. Die Mädchen mit ordentlichen Zöpfen, jene von Martha um den Kopf gelegt, schliesslich war sie die älteste und schon fast eine Frau gewesen.

Da Martha kein Händchen für Fotografie hatte, hatte Hans sich dem angenommen. Er bemühte sich, möglichst viele Eindrücke ihres gemeinsamen Lebens festzuhalten. Diese Erinnerungen waren für sie unersetzlich und viel wichtiger als jede materielle Erbschaft es je hätte sein können. Ihre Kinder, Freunde, Familie, alle mussten bei jeder Gelegenheit, in jedem Urlaub mit Martha posieren. Die Brownie hatte sie Hans vor Jahren zum Geburtstag geschenkt. Er füllte ganze Alben mit Bildern von ihren Reisen durch ganz Europa: ihre Hochzeitsreise in die Schweiz, ihre ersten Strandferien in Spanien. Anfangs waren sie noch mit dem Zelt unterwegs gewesen, bis sie sich vor wenigen Monaten den Wunsch nach einem Wohnwagen hatten erfüllen können. Zu fünft schliefen sie jetzt in ihrem fahrenden Heim, es war eng, aber sie fühlten sich privilegiert. Und frei!

Was wohl aus ihr geworden wäre, wenn sie in Prositten geblieben wäre? Sie hätte Hans nie kennengelernt. Und mit ihm hatte alles Gute in ihrem Leben angefangen: die Reisen, die Kinder, die Menschen, die sie überall trafen, Freunde, die sie in Westphalen kennenlernten. In Ostpreussen wäre sie Bauersfrau geworden und hätte kaum je etwas von der Welt gesehen.

Vor ihr auf dem kleinen Glastisch lagen Bilder ihrer verspäteten Hochzeitsreise, die sie vor drei Jahren doch noch unternommen hatten. Was für ein Luxus! Sie waren an den Vierwaldstättersee in der Schweiz gefahren. Martha hatte die Reise herbeigesehnt und gleichzeitig gefürchtet. Ihr war bewusst, dass Deutsche auch zehn Jahre nach Kriegsende nicht überall willkommen waren. Ausserdem erlebten sie in Deutschland ein Wirtschaftswunder, welches die anderen Länder Europas noch nicht kannten. Die 40 D-Mark, die jeder deutsche Bürger 1948 erhalten hatte, hatten vielen geholfen, sich eine neue Existenz aufzubauen. Hochschwanger und aufgeregt waren Martha und Hans zur Ausgabestelle gegangen. Sie hatten davon geträumt, sich endlich ein richtiges Zuhause leisten zu können, gerade jetzt, da ihr Wunschkind unterwegs war.

Sie, die Besiegten, hatten den Krieg am Ende besser überstanden als viele Sieger. Wie paradox! Martha dachte viel über die Rolle Deutschlands im Krieg nach. Sie konnte ihre Gefühle kaum beschreiben, nachdem sie hatte einsehen müssen, dass der Führer sie alle betrogen hatte. «Das deutsche Volk hat mich nicht verdient!», hatte er in einer seiner letzten Reden skandiert. Das hatte Martha so unfassbar wütend gemacht! Sie hatten für den Führer so viel geopfert und aufgegeben. Sie hatten an ihn geglaubt! An sein Deutschland! Gegen Ende des Krieges waren Kinder, nicht älter als 14 oder 15, an die Front geschickt worden und nie zurückgekommen. Von den Gräueltaten und den Lagern ganz zu schweigen. Martha schnäuzte sich die Nase, ihre Wangen waren rot. Sie nahm den letzten Schluck, dann schenkte sie sich nach.

Hans hatte Glück gehabt. Gegen Ende des Krieges war er auf einer holländischen Insel als Funker im Einsatz gewesen. Diese Stellung hatte ihn vor dem Schlimmsten bewahrt, da die Tieffliegerangriffe ihn unten im Bunker nicht erreicht hatten. Er hatte so viele Flugzeuge abstürzen sehen, dass er sich damals schwor, nie in eines zu steigen – so, wie Martha nie wieder ein Schiff besteigen wollte. Bei Kriegsende waren er und seine überlebenden Kameraden von kanadischen Truppen gefangen genommen und in die Nähe von Wittmund gebracht worden, wo sich eine ehemalige Luftwaffenbasis befand. Nach ein paar Monaten wurden alle deutschen Gefangenen nach Hause geschickt: Die kanadische Armee war nicht mehr in der Lage, die deutschen Soldaten zu ernähren. Hans blieb jedoch in Wittmund. Seine gesamte Familie war in Berlin ausgebombt worden und ebenfalls bei Fremden untergekommen. «Zum Glück», dachte Martha, «sonst hätte ich ihn nie kennengelernt!»

Wenigstens waren sie Deutsche, Einheimische. Sie sprachen die Landessprache, die Verständigung war kein Problem, abgesehen von ein paar Ausdrücken, bei denen man Martha auch hier in Westphalen schief ansah. Seit Kurzem kamen Gastarbeiter nach Deutschland, in der Hoffnung auf ihr eigenes, persönliches Wirtschaftswunder: Italiener, Spanier, Portugiesen. Die deutsche Industrie brauchte Arbeiter und im eigenen Land gab es offenbar nicht genug davon. Wie fremd mussten sich diese Menschen fühlen? Sie sahen nicht nur anders aus, sie assen ganz anders und sprachen kein Wort Deutsch. Martha taten sie leid, sie fühlte mit ihnen. Man hatte die Gastarbeiter, ausschliesslich junge Männer, die hier in den Fabriken arbeiteten, in Baracken untergebracht. Martha fragte sich, ob die da drin nicht fürchterlich froren im Winter. Viele Deutsche regten sich darüber auf, dass die Gastarbeiter ihnen angeblich die Arbeit wegnahmen. Martha verstand nicht, weshalb man sie dann hergeholt hatte. Aber die Ausländer würden ja alle wieder nach Hause gehen. Hoffentlich. Martha waren die Männer mit ihren dunklen Augen und buschigen Augenbrauen auch nicht ganz geheuer.

Die Wohnungstür flog auf und Helmut stürzte schnaufend in den Flur. Sein Gesicht leuchtete rot zwischen den Sommersprossen. «Was gibt's zu essen?» Dieser Bub hatte immer Hunger – und hörte nie auf zu reden. «Heute haben wir in der Schule ...» Martha hörte schon gar nicht mehr zu, während sie aufstand, um das Abendessen vorzubereiten. Sie rührte in der süss-sauren Linsensuppe, während Helmut ihr über die Schultern schaute und die Nase rümpfte. Was war dieses Kind mäkelig!

Bald würden auch Helmuts Geschwister nach Hause kommen, sie war mit dem Abendessen spät dran. «Immer diese Grübeleien!», schalt sie sich selbst und befahl Helmut, den Tisch zu decken. «Wieso immer ich?», beschwerte er sich und schaute sie provozierend aus seinen stechend blauen Augen an. Martha seufzte. Helmut war ihr Sohn, ohne Zweifel. Er musste immer das letzte Wort haben und hatte für alles Argumente. Obwohl Martha das meist anstrengend fand, konnte Helmuts Mundwerk sie durchaus auch mit Stolz erfüllen. Vor allem wenn er eine Diskussion gegen seinen Vater gewann, der seinem Sohn verbal meist unterlegen war. Dabei war der Junge erst zehn! «Deine Geschwister können dann abräumen.» Es kam ihr vor, als hätten sie diese Diskussion täglich. Die Kinder waren verwöhnt, ihnen hatte es nie an etwas gefehlt, dafür hatten Hans und sie gesorgt. Entbehrungen, Hunger und Angst kannten sie nicht. Martha war glücklich darüber, dass die grössten Probleme ihrer Kinder die häuslichen Pflichten und ihre Hausaufgaben waren. Genauso sollte eine Kindheit sein.

Sie wünschte sich für ihre Kinder ein richtiges Zuhause. Eine Heimat, in der sie frei und glücklich leben konnten. Ohne Angst, ohne Krieg, ohne Politik, die ihre Existenz gefährdet – auch wenn sie wusste, dass Hans und sie ohne den Krieg nie zueinandergefunden hätten. Jedes Hindernis, jeder Schicksalsschlag wies einem einen neuen Weg, den man ohne das nie gegangen wäre. So viel hatte Martha gelernt.

Ja, sie vermisste ihr altes Zuhause. Doch sie wagte kaum, sich vorzustellen, was aus ihr geworden wäre, hätte sie vor 13 Jahren nicht auf ihren Vater gehört. Martha war ihrem Vater heute dankbar dafür, dass er sie weggeschickt hatte.

Kapitel 12

Lucia, 1960

Lucia hasste es, im Badeanzug am Strand zu sitzen, wo alle sie sehen konnten. Sie versteckte ihr Gesicht unter dem Sonnenhut mit breiter Krempe und grub ihre Füsse in den warmen Sand der Adriaküste. Immer, wenn sie das tat, musste sie an Sizilien denken. Schon lustig. Sie war auf einer Insel aufgewachsen, zum Strand waren sie aber nur selten gegangen. Sie nahm etwas Sand in ihre Hand und liess ihn durch die Finger rieseln. So fühlte sich ihr Leben manchmal an: als riesle es ihr durch die Finger, als hätte ihr richtiges Leben noch nicht begonnen. Doch wie hätte dieses denn aussehen können? Anders als dieses?

Sie blickte auf. Um sie herum ihre gesamte Familie, laut und chaotisch wie immer. Sie hatten sich einen Platz auf der *spiaggia pubblica*[51] in Rimini ergattern können. Sonnenschirme, Picknickkörbe, Kühlboxen und Campingstühle. Wenn die Familie zum Strand ging, erinnerte es an eine kunterbunte Prozession. Die Männer machten sich immer einen Spass daraus, die Touristen zu veräppeln. Einmal hatten sie aus lauter Blödsinn ihr ganzes Material mitten auf der Strasse aufgebaut, sich in die Campingstühle gesetzt und angefangen, zu essen und zu trinken – nur um zu schauen, wie die Touristen in ihren teuren Autos reagieren würden. Vor allem die Deutschen fanden das unglaublich lustig. «Typisch italienisch!», würden sie später ihren Nachbarn zu Hause erzählen. Andere regten sich fürchterlich auf: «Das gibt's doch gar nicht, so was!»

«Lucia, was machst du denn für ein Gesicht?» Ihr Schwager Sebastiano winkte sie heran. «Kommt doch auch ins Wasser!» Er warf eines seiner kreischenden Kinder über die Schulter in die Wellen. Lucia fand ihre Familie immer etwas peinlich. Wieso mussten sie sich so zur Schau stellen? Wieso konnte sie nicht etwas diskreter sein? Ihr war es immer wichtig gewesen, nicht aufzufallen. Salvatore und sie hatten das auch ihren Kindern eingebläut. «Bleibt diskret, wir werden hier beäugt, fallt also nicht auf», predigten sie Sofia und Alessandro regelmässig. Mit seinen drei Jahren war Alessandro noch zu klein, um das zu verstehen. Sofia hingegen verstand sehr wohl und maulte oft rum. Sie war jetzt 14 und glaubte ernsthaft, sie dürfe schon einen Bikini anziehen. Die Kleine bekam langsam Formen und Lucia widerstrebte es, ihre Tochter halb nackt am Strand zu sehen. Für diesen Sommer hatte sie sich noch durchsetzen können und Sofia hatte sich schmollend bereit erklärt, einen schlichten, himmelblauen Badeanzug zu tragen. Der einzige Kompromiss war der geraffte Stoff an den Beinausschnitten gewesen. Mit rausgestreckter Brust stolzierte sie am Strand entlang und war sich ihrer Wirkung durchaus bewusst. Salvatore hatte nur mit den Schultern gezuckt. Das war keine Diskussion, in die er sich einmischen mochte. Badeanzüge waren unter seiner Würde – Frauendinge, die ihn nichts angingen.

Lucia seufzte. Sebastiano war mit seiner Horde wieder ins Wasser gegangen, dafür setzte sich Salvatore schnaufend zu ihr. Er war gerade aus dem Wasser gestiegen und seine gebräunte Haut glänzte. «Magst du nicht mit uns ins Wasser kommen?» Es war keine Frage, mehr eine Feststellung. Er versuchte stets, verständnisvoll zu sein, aber ihre eigenbrötlerische Art machte ihm manchmal zu schaffen. Nicht, dass er das je gesagt hätte, über solche Dinge sprachen sie nicht. Aber sie merkte, wie er sehnsüchtig zu Calogero und Sebastiano schielte, die zusammen mit ihren Frauen und Kindern im Wasser tollten. «Nein, mir ist nicht danach.» Lucia biss sich auf die Lippen, sie konnte nicht über ihren Schatten springen, sie war nun mal keine gesellige Frau. Am liebsten war sie allein zu Hause, las eine ihrer Schmonzetten, die sie in der *cartoleria*[52] kaufte, und hielt das Haus in Ordnung.

Wenn sie mittwochs und samstags zum *mercato*[53] in ihrer Strasse ging, um einzukaufen, hetzte sie mit gesenktem Kopf an den Ständen vorbei, um ja mit keiner der schwatzhaften Nachbarinnen ins Gespräch zu kommen, die Lucia ihr Leben erzählen oder – noch schlimmer – ihr Leid klagen wollten: über ihre Männer, die zu viel tranken, ihre Kinder, die die Schule nicht ernst nahmen, oder ihre Schwiegermütter, die ihnen das Leben schwer machten. Als ob Lucia nicht selbst schon genug mit ihrer Schwiegermutter zu kämpfen hatte. Diese hatte nämlich letztes Jahr beschlossen, ebenfalls nach Turin zu ziehen. Dabei ging es natürlich nicht um Turin, sondern darum, bei ihren Kindern zu sein. Sie hatte anfangs bei Calogero und Gelsomina gewohnt und seit ein paar Wochen waren sie und Salvatore dran. Er hatte ihr keine Wahl gelassen. Er fühlte sich genötigt, seine Rolle als guter Sohn zu erfüllen. Ihn plagte sowieso das schlechte Gewissen, seit er Sizilien verlassen hatte, und er hoffte so, sich davon freizukaufen. Die Leidtragenden waren jedoch vor allem Lucia und die Kinder.

Sofia konnte ihre *nonna brutta*[54], wie sie sie heimlich nannten, nicht ausstehen. Lucia hatte dafür vollstes Verständnis. Die alte Lina kritisierte Sofia, wo sie nur konnte, und liess kein gutes Haar an ihr. Salvatore hatte seine Mutter sogar einmal dafür gerügt. «Meine Tochter tut, was ich ihr sage. Das ist nicht deine Aufgabe,

---

[52] Papeterie
[53] Markt
[54] Hässliche Grossmutter

mamma.» Daraufhin hatte Sofia Lina hinter ihrem Rücken die Zunge rausgestreckt.

Ans Meer waren sie ohne die *nonna* gefahren, was Lucia vorkam wie ein Hafturlaub. Sie atmete durch, auch wenn Ferien für sie meist nicht so viel anders waren als das Leben zu Hause. Einkaufen, kochen, putzen. Die Ferienwohnung, die sie jeweils mieteten, war enger als jene in Turin, zumal sie sich jeweils zu viert ein Zimmer teilten. Salvatore nahm ihr in den Ferien als einziger der Männer manchmal das Kochen ab. Dann ging er mit den Kindern frühmorgens zum Hafen und kaufte frischen Fisch, Miesmuscheln, Seeigel und bereitete diese ganz einfach mit etwas Zitrone und Knoblauch zu. Das Chaos, das er in der Küche hinterliess, war dann wiederum Lucias Sache. «Das Meer fehlt mir, Lucia», gestand er seiner Frau jeden Sommer, wenn sie ihn bat, einmal zu Hause bleiben zu dürfen. «Hier haben wir doch alles, was wir brauchen.»

Sie konnte ihm einfach nicht sagen, dass ihr die Grossfamilie, zusammengepfercht in einer Wohnung, zu viel war. Oft wünschte sie sich nach den Ferien nochmal Ferien. Aber allein.

Kapitel 13

Sofia, 1967

Erleichtert schloss Sofia die schwere Tür des Mehrfamilienhauses hinter sich. Wie ihre Mutter sie heute Morgen schon wieder angesehen hatte! Die Luft roch nach Frühling, Sofia freute sich, wieder mit der Vespa zur Arbeit fahren zu können. Auch das mochte Lucia nicht, ein Motorrad sei doch viel zu gefährlich. Sofia schüttelte ihren Ärger ab und stieg auf ihre «Carolina», wie sie ihre Vespa insgeheim nannte. Sie fuhr in den breiten *viale* mit seinen alten Platanen, deren Blätter im lauen Mai-Wind hin- und herwogen. Es waren nur wenige Autos unterwegs so früh morgens. Herrlich! Ihre Haare wehten im Wind, sie fühlte sich wie Audrey Hepburn. Fehlte nur ein Cary Grant an ihrer Seite! Sie liebte es, vor allen anderen im Büro zu sein. Niemand, der mit ihr redete, sie konnte ihre Haare nochmal richten, einen *caffé* aufsetzen und ihre Aufgaben für den Tag sortieren.

Seit vier Jahren arbeitete Sofia nun schon beim *capo*. Signor Casale hatte diverse junge Leute unter seine Fittiche genommen, er wollte junges Blut und neue Ideen in das Chemie-Unternehmen einfliessen lassen. Also stellte er nebst den alten und oft selbst ernannten *dottori*[55] und *ingenieri*[56] auch Handelsschulabsolventen ein. Sofia war unglaublich stolz auf diese Arbeit, darauf, ihr eigenes Geld zu verdienen und zu zeigen, was sie konnte. Schliesslich hatte sie nebst dem Schuldiplom als Einzige einen Stenografie-Kurs besucht. Mit herausgestreckter Brust und gezücktem Block stolzierte sie täglich an den weniger ausgebildeten Sekretärinnen vorbei ins Büro des Chefs und genoss die bewundernden – und oft neidischen – Blicke ihrer Kolleginnen.

Natürlich war sie trotz eigenem Verdienst noch weit davon entfernt, unabhängig zu sein. Sie musste den grössten Teil ihres Lohns zu Hause abgeben, ihre Eltern waren darauf angewiesen. Aber das machte nichts, ihr Vater war grosszügig und gab ihr immer Geld, wenn sie etwas brauchte. So auch für das neue Stück, das sie heute trug – auch wenn er nicht geahnt hatte, was sie sich für das Geld kaufen würde. Sie hatte sich endlich getraut und gegen alle Vernunft einen Minirock ergattert! Ihre Mutter war ausgeflippt, ihr Vater hatte den Kopf geschüttelt und ihre Freundinnen hatten sie für ihren Mut bewundert und kindisch gekichert. Sofia wusste zwar, dass sie mit ihrem Minirock einer Mary Quant nicht das Wasser reichen konnte, dafür war sie einfach zu klein. Aber mit den hohen Absätzen machte sie das wieder wett. Denn so gerne sie arbeiten ging, im Moment

---

[55] Männer mit Doktortitel
[56] Ingenieure

interessierte sie sich vor allem dafür, ob Lorenzo, der Neue, sich nach ihr und ihren Beinen umdrehen würde. Lorenzo hatte vor ein paar Monaten bei Casale Inc. angefangen. Ein *ingeniere*, frisch vom Studium, der offenbar etwas von seiner Arbeit verstand. Casale lobte ihn in den höchsten Tönen. Sofia fand ihn vor allem gutaussehend, und ihr war sein Auto auf dem grossen Parkplatz vor der Fabrik aufgefallen: ein Ferrari «Dino».

Mittlerweile war die gesamte Belegschaft eingetroffen und Sofia verliess das Büro des *capo*, als Lorenzo gerade aus der Kaffeeküche kam. Abrupt hielt er inne und schaute sie an, als hätte er sie noch nie wirklich wahrgenommen. Was ja auch so war.

Es vergingen lediglich zwei Wochen, bis Sofia und Lorenzo ein Paar waren. Lorenzo hatte sie sogar schon seinen Freunden vorgestellt. Sofia war zufrieden. So entkam sie der heimischen Einöde und würde vielleicht sogar auf das sonntägliche Familienessen verzichten können. Einen ernsthaften Freund zu haben, schien das einzige Argument zu sein, das die Familie gelten liess. Die *ragazzi*[57] mussten schliesslich Spass haben dürfen.

Wie immer in solchen Fällen, beäugte Lucia ihre Tochter dennoch skeptisch. Und kritisierte sie täglich, bevor sie das Haus verliess. Sofias Rock sei zu kurz, der Lidstrich zu dick, die Bluse zu transparent. Aber solange Salvatore nichts sagte, ignorierte Sofia ihre Mutter weitgehend und verliess ohne weitere Worte die Wohnung.

Sofia war verknallt. Lorenzo war ein echter Mann, kein *mammone*[58], sondern einer, der wusste, was er wollte. Obwohl sie sich selbst nicht über fehlendes Selbstbewusstsein beklagen konnte, war sie von ihm beeindruckt. Sein offensichtliches Interesse schmeichelte ihr, er stellte Fragen und wollte wissen, wie sie die Welt sah. Sie war bis dahin nie nach ihrer Meinung zu irgendetwas gefragt worden, ausser, ob der *sugo* salzig genug sei. Sofia war Lorenzos Charme vollkommen erlegen. Er verdankte dies nicht zuletzt seinem dunkelblonden Haarschopf und seinem Lächeln, das Sofia umhaute.

Doch schon nach ein paar Monaten hielt er es nicht einmal mehr für nötig, aus seinem Sportwagen auszusteigen, wenn Sofia die schwere Tür des alten Hauses schloss, in dem sie mit ihren Eltern wohnte. Lorenzo parkte am Strassenrand und trommelte mit seinen manikürten Fingern ungeduldig auf dem Lenkrad. Wie gehetzt schaute er sich immer wieder im Rückspiegel an und zupfte an seinen

---

[57] Jungen Leute
[58] Muttersöhnchen

blonden Strähnen, die ihm ins Gesicht fielen – als wolle er sichergehen, auch bei diesem Unternehmen gut auszusehen. Ihn eitel zu nennen, wäre eine Untertreibung gewesen. Lorenzo war ein Einzelkind, wie es im Buch stand. Jedes Adjektiv, das mit «ego» anfing, schien auf ihn zu passen: egomanisch, egozentrisch, egoistisch ... Sofia war ihm in den letzten Wochen auf die Schliche gekommen. Lorenzos Interesse an ihr hatte keineswegs dazu gedient, sie besser kennenzulernen. Es hatte nur zweierlei Zweck: seine Sicht der Dinge darzustellen und über sich selbst zu sprechen. Über seine Arbeit, seine Familie, seine Hobbys und ja, auch gerne über seine Ex-Freundinnen. Der andere Grund, warum er sich ihr widmete: Er wollte ihr an die Wäsche. Beides war ihm gelungen. Deshalb sassen sie heute in diesem Wagen. Deshalb war Lorenzo nervös. Und Sofia ungeduldig.

Lorenzo nickte Sofia zu, als sie um den knallroten Sportwagen herumging und einstieg. Sie setzte sich und strich sich über ihren Minirock aus Velours. Sie klappte die Blende herunter und begutachtete sich kurz im Spiegel. Auch sie war eitel, aber sie war schliesslich eine Frau. Ihre dunkelbraunen Haare umrahmten ihr gebräuntes Gesicht, ihr finsterer Blick verriet ihre Laune. «Kann es losgehen?» Lorenzo versuchte, möglichst locker zu wirken, dabei war ihm die Anspannung anzusehen. Sofia hätte sich über ein mitfühlendes «Wie geht es dir?» gefreut, liess sich das aber nicht anmerken. «Los geht's!», antwortete sie. Angst hatte sie keine, sie wollte es nur hinter sich bringen.

So wie sie das erste Mal mit ihm hinter sich hatte bringen wollen. Es war eine kurze Sache gewesen, nichts Spektakuläres, aber auch nicht schlimm. Die nächsten Male waren bedeutend besser gewesen. Sie strich über die roten Ledersitze. Dieses Auto war der einzige Ort, an dem sie es tun konnten, sie wohnten beide noch zuhause bei den Eltern. Dann hatte sie vor ein paar Wochen bemerkt, dass ihre kleinen Brüste spannten. Als sie eines Morgens zur Toilette rannte, weil sie glaubte, sich übergeben zu müssen, stand ihre Mutter vor der Badezimmertür. «*Mà!*[59]», sagte sie und hob die Augenbrauen. Sonst nichts. Sie sah Sofia abschätzig an, wandte sich ab und ging zurück in die Küche, um den Abwasch zu machen.

«Ich kümmere mich drum», war Lorenzos – etwas hastige – Reaktion auf Sofias Ankündigung gewesen. Er hielt sich offenbar für sehr grosszügig, zumal er kurz davor geseufzt hatte: «Also *das* ist mir ja noch nie passiert.» Als wäre es ihm passiert. Nicht Sofia, nicht ihnen beiden. Ihm. Lorenzo. Und als wäre Sofia allein dafür verantwortlich. Schliesslich hatten ihn seine anderen Frauen nie mit

---

[59] Ausdruck für «Na, ich weiss nicht»

einer Schwangerschaft belästigt. «Das waren ja auch keine *terroni*», dachte Sofia bitter. Südländische Mädchen hatten den Ruf, sich gerne von den *torinesi* schwängern zu lassen, um sie an sich zu binden. Doch Sofia dachte nicht daran, jetzt schon zu heiraten!

Was es genau hiess, das «Problem» zu lösen, wussten jedoch beide nicht so genau. Sicher war nur, dass sie dazu ihren gemeinsamen Chef befragen mussten. Er kannte Leute. Unter anderem Dr. Guerra, der solche Fälle behandelte. Woher Signor Casale ihn kannte, wussten sie nicht, aber Sofia konnte es sich natürlich denken. Der joviale Firmenchef war ein Lebemann, der gerne flirtete und viel ausging. Seiner Frau schien das nichts auszumachen, sie war Mutter und Hausfrau, das schien ihr zu genügen. Der *capo* war generell keiner Mauschelei abgeneigt. So hatte sie Lorenzo kürzlich geholfen, Schwarzgeld für ihren Chef verschwinden zu lassen. Dieser zeigte sich nach solchen Arbeiten immer gerne erkenntlich: mit einer Einladung ins Restaurant, einem Kurztrip ans Meer oder einem kleinen Geschenk. Nach dem Gespräch mit dem *capo* hatte Lorenzo Sofia kurz angebunden den Zettel mit der Adresse hingehalten: «Montag um 13.00 Uhr.» Sie hatten kein weiteres Wort darüber verloren. Bis heute. Hier waren sie also, auf dem Weg zu diesem *dottore*, der in seinem Mailänder Haus in bester Lage eine private Praxis nur für diese Fälle eingerichtet hatte. Wieso er das tat, erfuhren Sofia und Lorenzo nicht, nur, dass er angeblich sehr diskret war und keine Fragen stellte. Und das war für Lorenzo das Wichtigste überhaupt, denn dieser vermeintlich erwachsene Mann machte sich vor Angst vor seinem Vater immer noch in die Hose. So ein kleiner Bastard hätte wohl den Gürtel des alten Herrn wieder reaktiviert. So war Lorenzo erzogen worden: sich zuhause gefälligst so zu benehmen, wie die Eltern – und die gehobene Turiner Gesellschaft – es von ihm erwarteten. Andernfalls gab es Schläge. Knallende Schläge mit dem Ledergürtel seines Vaters. Was hinter geschlossenen Türen geschah, war egal, wenn nur die Fassade gewahrt wurde.

Sofia war beeindruckt, als sie vor dem Haus des *dottore* hielten. Es war ein Anwesen wie im Film: gross, mit Garten und vielen Blumen in der Einfahrt. Der April war sehr warm gewesen und es spross überall grosszügig. Sie selbst träumte von einem eigenen Garten, die Dreizimmerwohnung ihrer Eltern hatte nur ein paar Töpfe mit Kräutern im Treppenhaus, zu mehr reichte es nicht. Sie stellte sich vor, wie sie in solch einem Garten unter dem Baum sitzen und lesen würde, mit Sicht aufs Meer.

Als sie die Haustür erreichten, stand eine ältere Frau davor, sie musste in Lucias Alter sein. Konnte man so alt überhaupt noch schwanger werden? Ihre

Mutter war bereits 40 gewesen, als Alessandro zur Welt kam, und Sofia fragte sich, ob sie dieses zweite Kind wirklich gewollt hatte. Oder hatte sie keinen *dottore* gefunden, der ihr helfen wollte? Sofia schaute der Frau direkt in die Augen. Diese senkte sofort den Blick und erst da bemerkte Sofia die zwei Kleinkinder, die ihr am Rockzipfel hingen. Himmel, wie viele Kinder hatte die denn? Sofia schaute sie mitleidig an, kein Wunder, wollte sie dieses hier nicht auch noch austragen. Die Frau wurde hereingebeten. Die schwere Tür schloss sich hinter ihr und den Kindern.

Sofia und Lorenzo warteten angespannt auf dem Vorplatz des Hauses. Sofia grub ihre Schuhspitzen in den knirschenden Kies und verdrängte zum wiederholten Mal die Gedanken an dieses Kind, das in ihr wuchs. Sie war sich ganz sicher, dass sie es nicht wollte. Sie würde nie bereuen, es weggemacht zu haben. Wie viele Frauen hatte dieser Arzt wohl schon behandelt? War er wirklich ein *dottore*? In Italien nannten sich viele schnell mal *avvocato*, *dottore* oder *ingeniere*. Mit Titeln konnte man Menschen beeindrucken, so viel hatte Sofia schon verstanden. Sie fing an zu summen, wie immer, wenn sie Angst hatte.

Trübsinnig starrte sie in eine Pfütze, Lorenzo ging nervös hin und her und rauchte eine Zigarette. Wie viele Kinder wurden nicht geboren, weil es gerade nicht passte? Weil es der falsche Zeitpunkt, das falsche Alter, der falsche Mann war oder die Mutter schon zu viele Mäuler zu stopfen hatte? Es gab so viele Gründe, kein Kind zu wollen, auch wenn Frauen dafür gemacht waren. Sofia war überzeugt, dass es weniger Gründe gab, ein Kind zu bekommen, als eben keines zu kriegen. War es wirklich so erstrebenswert, sich zu binden? Heiraten, noch mehr Kinder, Haushalt, Windeln, Küche als Lebensziel ...

Als sie endlich eingelassen wurden, ging alles ganz schnell. Der Eingriff war kurz und weniger schmerzhaft als erwartet. Der Arzt sprach kein Wort mit ihr, nur mit Lorenzo. Er sagte ihm, Sofia müsse absolut still sein. Während des Eingriffs schaute der Arzt ihr nicht einmal in die Augen – kein einziges Mal, während der ganzen Zeit, die sie da waren. Lorenzo genauso wenig. Sofia sollte es recht sein. Es war vorbei, das war alles, was zählte. Da erst merkte sie, dass sie die Luft angehalten hatte, und atmete geräuschvoll aus.

«Bitte folgen Sie mir ins Büro», bat der *dottore* Lorenzo, und die Männer liessen Sofia allein. Tausend Fragen kreisten in ihrem Kopf. Würde sie Schmerzen haben? Musste sie nochmal zur Kontrolle kommen? Würde sie bluten? Wie lange? Diese Fragen hätte sie dem Arzt stellen wollen, aber er schüchterte sie viel zu sehr ein. Vielleicht erklärte er das alles gerade Lorenzo. Das tat er nicht, Lorenzo hatte keine Ahnung, was jetzt passieren würde. «Können wir jetzt gehen?», Sofia war müde und mochte nicht mehr darüber nachdenken, was da gerade geschehen war. Das Einzige, was zählte, war, dass sie es hinter sich gebracht hatte, sie war frei! Nachdem Sofia sich angezogen hatte, fuhren sie direkt zurück nach Turin, zu Lorenzo nach Hause. Auf der Fahrt spürte Sofia kurze, schwache Krämpfe, mehr nicht. Sie hoffte, das Schlimmste hinter sich zu haben. Sie war froh, sich bei Lorenzo ausruhen zu können, sie durfte unmöglich so früh am Tag nach Hause kommen, ihre Mutter hätte viel zu viele Fragen gestellt. Lorenzos Mutter wurde instruiert, Sofia schlafen zu lassen, was sie auch tat. Sie fragte sich, ob die Mutter wohl wusste, woher sie kamen; und ob es gar schon andere Mädchen gegeben hatte, die sich im grossen Ehebett hatten ausruhen müssen nach einem solchen Eingriff. Mit diesem Gedanken und einer Wärmflasche auf dem Bauch schlief Sofia sofort ein. Als Lorenzo sie abends wieder abholte – er war nachmittags arbeiten gegangen –, war sie noch etwas benommen. Aber zufrieden. Es war vorbei.

Sie trennten sich nicht sofort. Erst als Sofia ihn knapp zwei Wochen später mit ihrer Vespa abholen wollte. Er kam mit der *americana* aus dem Haus. Sie war die Neue im Büro, die vom *capo* für Übersetzungen angeheuert worden war. Lorenzo öffnete ihr die Beifahrertür des «Dino» und wollte sich gerade schwungvoll setzen. In diesem Moment sah er Sofia und blieb abrupt stehen. Ihre Enttäuschung wich sogleich einer Erleichterung, die sie ähnlich nur auf dem Behandlungstisch des Arztes empfunden hatte. Lorenzo war nicht gut für sie. Für ihr Leben. Ihr Selbstwertgefühl. Ja, sie war verletzt, doch eigentlich war es ganz einfach. Keine 14 Tage nach dem «Ereignis» (keiner von beiden hatte je das Wort Abtreibung in den Mund genommen) hatte er schon eine andere. Es war nie um sie – Sofia – gegangen. Sie war eine von vielen, würde eine von vielen bleiben. Diese Tatsache nicht einfach zu ertragen, sondern zu gehen, fühlte sich plötzlich so logisch an! Ab diesem Zeitpunkt wünschte sie sich jeden Tag, Turin endlich verlassen zu können. Lorenzo nie mehr wiedersehen zu müssen. Die ganze Sache vergessen zu können.

Ein paar Wochen später kam der *capo* besorgt zu ihr an den Schreibtisch: «Sofia, Sie sehen nicht gut aus. Brauchen Sie Ferien?» Sie war überrascht, dass der vielbeschäftigte Mann ihren Kummer überhaupt bemerkt hatte. «Nein, nein, es geht schon.» Ferien bedeuteten noch mehr Sippschaft, man fuhr zusammen in die Heimat nach Sizilien oder, wenn es ganz speziell sein sollte, an die Adria. Ebenfalls mit Familie – ihren Eltern, Tanten und Onkels, Cousins und Cousinen. Sie waren nie weniger als 15 Personen. An Ruhe und Privatsphäre war dabei nicht zu denken. Das war nun wirklich nicht das, was Sofia brauchte! «Pamela hat uns ja verlassen …», der Capo räusperte sich. Man munkelte, dass Lorenzo die

Amerikanerin ebenfalls geschwängert hatte und auch sie abtreiben musste. «Jedenfalls», fuhr er fort, «möchte ich, dass Sie für uns Englisch lernen. Cambridge hat sehr gute Sprachschulen und vor Ort lernt sich eine Sprache am schnellsten.» Sofia machte grosse Augen – Sie, die *terroni*-Tochter, sollte nach England gehen dürfen? – Doch sie bremste ihre Freude gleich selbst aus: «Capo, das können wir uns unmöglich leisten. Die Schule, ein Zimmer, die Reise. Das kostet doch sicher sehr viel Geld!» Schon stand sie wieder an derselben Stelle. Immer wieder das Geld. Sie hatten keines, im Gegenteil, sie sollte welches verdienen. Ihr Vater würde nicht zulassen, dass sie ging und er ohne ihren Lohn auskommen musste. Wie eine Seifenblase platzte der Sekundentraum in Sofias Kopf. Der Capo legte ihr die Hand auf die Schulter. «Ich übernehme die Kosten, schliesslich gehen Sie für die Firma dahin.» Sofia war sprachlos. Gab es tatsächlich eine Möglichkeit, Italien, ihre Familie, ihr Leben zu verlassen? Ihr Herz schlug im Galopp, voller Aufregung und einem Gefühl, das sie nicht benennen konnte. Fühlte sich so die Verheissung von Freiheit an?

Kapitel 14

Lucia, 1968

«Deine Tochter verlässt euch?» Claudia hob entrüstet die Augenbrauen, während sie sich ächzend hinsetzte, um mit Lucia ihren täglichen *caffè* zu trinken. Diese verschüttete prompt etwas Milch. Sie hatte gewusst, dass man – und mit «man», meinte sie die Leute, die das eigentlich nichts anging – den Wegzug von Sofia nicht billigen würde. Eine Tochter durfte die Familie nie verlassen. Nicht allein und unverheiratet. «Ihr *capo* schickt sie nach England, um die Sprache zu lernen.» Sie versuchte, ihrem Ton eine gewisse Überheblichkeit zu verleihen. Was wusste ihre Nachbarin schon von der modernen Welt, in der Englisch gesprochen wurde? Nichts wusste sie, gar nichts. Genauso wenig wie ihre Familie.

Alle hatten sie versucht, Lucia und Salvatore davon abzubringen, die junge Sofia gehen zu lassen. «Niemand wird da auf sie aufpassen! Wo wird sie schlafen? Was wird sie essen?» Das war immer ihre grösste Sorge. Die Vorstellung, in einem fremden Land essen zu müssen, war allen Italienern äusserst suspekt. «Und was wird aus euch?» Als ob ihre Tochter etwas damit zu tun hatte, was aus ihnen wurde und wie es ihnen ging. Sofia war schon lange weg von zu Hause. Sie kam fast nur noch zum Schlafen, selten assen sie noch zusammen. Die restliche Zeit war sie bei der Arbeit oder mit ihren Freunden unterwegs. Wenigstens hatte sie diesen Lorenzo in den Wind geschossen. Lucia hatte ihn nie gemocht. Salvatore hatte sich von seinem Äusseren, seinem Geschwätz und nicht zuletzt von seinem Auto blenden lassen, aber Lucia hatte von Anfang an gespürt, dass er ein *pirla*[60] war. Was für ein Grosskotz! Dennoch befürchtete sie, Sofia würde nie wieder einen anderen Mann finden. Sie wünschte sich zwar eine selbstständige Tochter, doch Italien war noch nicht bereit, einer alleinstehenden Frau ein erfülltes Leben zu ermöglichen. Die Welt wurde immer noch von Männern regiert. Frauen waren Assistentinnen, Untergebene, Hilfswerkzeuge. Als Ehefrauen, Mütter und Töchter dienten sie den Männern zu, gehorchten ihnen und machten zuhause die Drecksarbeit – ihre Mutter, ihre Schwiegermutter, ihre Schwägerin, sie selbst.

Männer befahlen, unterdrückten, töteten. Das war schon immer so gewesen und würde wohl immer so sein. Sie wollte nicht, dass ihre Tochter auch eine niedere Hilfskraft werden würde, aber ein Leben ganz ohne Mann? Ohne die Oberhäupter –Väter, Brüder Ehemänner – war eine Frau doch kein vollständiger Mensch. Wie würde sie sich selbst durchschlagen, falls Salvatore etwas passieren sollte? Sie hatte keine Ahnung, wie man eine Gasrechnung bezahlte, eine Steuererklärung

---

[60] Turiner Dialekt für «Idiot»

ausfüllte oder sonstigen Papierkram erledigte. Lucia wusste nicht einmal genau, wie viel sie in der Textilfabrik verdiente, der Vertrag war zwischen Salvatore und seinem *padrone* ausgehandelt worden. Sonntags sass Salvatore gerne wichtigtuerisch in der verglasten Veranda, die er grosspurig sein «Büro» nannte und tippte auf der «Olivetti», die er einem Freund abgekauft hatte. Aber was er da genau tippte, wusste Lucia nicht. Nicht, dass es sie interessiert hätte, sie war froh, einen Mann zu haben, der das alles konnte. Sie hatte andere Aufgaben. Wobei sie auch dafür kein sonderliches Talent besass, in der Küche taugte sie wenig und die Kindererziehung hatte sie gründlich vermasselt.

Lucia wusste von Sofias Abtreibung, auch wenn sie nie ein Wort darüber verloren hatte. Sie hatte es ihrer Tochter angesehen. Sofias Haut, die morgendliche Übelkeit, der Appetitverlust. Anders als Sofia dachte, machte Lucia Lorenzo und nicht sie für die Schwangerschaft verantwortlich. Und ein wenig sah Lucia auch die Schuld bei sich selbst. Sie hatte Sofia nie richtig aufgeklärt, was wusste dieses Mädchen schon darüber, was ein Mann wollte und wie man Kinder kriegte? Sofia war auf Lorenzo reingefallen. Sie war naiv gewesen, er hingegen hatte genau gewusst, was er tat. Männer wussten das immer. Lucia war wütend, doch sie unterdrückte ihre Wut, vor allem ihrem Mann gegenüber. Wer weiss, was Salvatore mit Lorenzo anstellen würde, wenn er je von der Abtreibung erfahren sollte. Dennoch war sie froh, dass Sofia das Kind hatte wegmachen lassen. Mit dieser Schande hätten sie und Salvatore nicht leben können. Und das Leben ihrer Tochter wäre in Stein gemeisselt gewesen: Heirat, weitere Kinder, Hausfrau, Mutter. Wie sie selbst. Es gab seit Kurzem eine Verhütungspille, aber das katholische Italien weigerte sich, jungen Frauen diese zugänglich zu machen. Also blieb nur die Abtreibung. Es gab Gerüchte, dass sogar mehrfache Mütter abtreiben liessen, weil sie nicht noch ein weiteres Kind wollten. Lucia verstand das durchaus, schliesslich war auch sie nicht erfreut gewesen über ihre zweite Schwangerschaft, elf Jahre nach Sofia.

Und nun verliess ihre Tochter sie. Abgesehen von der *Regina Elisabetta* wusste Lucia nichts über Grossbritannien. Sie sprachen Englisch, und um das zu lernen, sollte Sofia dort hin. Lucia hätte es nie zugegeben, aber insgeheim war sie stolz auf ihre Tochter. Und ein wenig neidisch. Natürlich gehörte es sich nicht, die Eltern zu verlassen, zumal sie ja noch nicht einmal verheiratet war. Doch Lucia konnte sich gut an ihre eigenen Gefühle erinnern, als sie damals Sizilien den Rücken gekehrt hatte. Sie hatte mehr gewollt: mehr Freiheit, mehr Leben. Weg von der Enge der Familie, von der sozialen Kontrolle.

Sofia war noch so jung, sie hatte das ganze Leben vor sich. Und Lucia begriff, dass sie dieses Leben woanders finden musste. Sie konnte sich ihre Tochter beim besten Willen nicht als Hausfrau und Mutter vorstellen, dass diese sich trotz Handelsschule und demnächst Englischkenntnissen mit einem solchen Leben zufriedengeben würde. Sie wollte mehr. Und Lucia wollte mehr für ihre Tochter. Viel mehr. Die nächste Generation sollte es besser haben! Also liess Lucia Sofia ziehen. Der *capo* hatte Salvatore nicht lange überreden müssen, auch wenn er die Tochter wohl noch viel mehr vermissen würde als Lucia.

Claudia hatte schon lange das Thema gewechselt und erzählte gerade irgendetwas über ihre Strickarbeit. Lucia verdrehte innerlich die Augen, doch sie hatte das verständnisvolle Nicken perfektioniert, bei dem sie aussah, als würde sie zuhören.

Kapitel 15

Sofia, 1968

Sie wollte gehen. Sie zweifelte nicht. Kaum. Dennoch schlug ihre Aufregung in den letzten Tagen regelmässig in Panik um. Sie begann zu summen, das nahm ihr die Angst ein wenig. Was erwartete sie in England? Würde sie die Sprache lernen? Freunde finden? Würde sie ihre laute, überpräsente, aber liebende Familie vermissen? Draussen donnerte ein Lastwagen vorbei und liess die Fensterscheiben hinter ihr erzittern. Sofia liess sich aufs Bett fallen. Neben ihr lag ihr Koffer, den ihr *papà* für diese Reise geschenkt hatte. Sie schaute sich um und versuchte, sich ihr Zimmer einzuprägen, um sich daran erinnern zu können, falls das Heimweh sie plagen würde. Dieses Zimmer teilte sie seit bald zwölf Jahren mit ihrem kleinen Bruder Alessandro. Davor hatte es ihr allein gehört: die zabaionefarbenen Wände mit den glänzenden Möbeln aus poliertem Buchenholz. Der kleine Schreibtisch mit den winzigen Schubladen war ihr Lieblingsplatz gewesen. Hier konnte sie sich zurückziehen, zeichnen, Gedichte schreiben, allein sein. Die Stille geniessen.

Als Alessandro geboren wurde, musste der Schreibtisch einem zweiten Bett weichen. Sie erinnerte sich an Nächte, in denen der Kleine kaum zu trösten war. Wie er später zu ihr ins Bett kroch, wenn er Albträume hatte, und wie sie sich stritten, wenn er ihre Stifte stibitzte, um seine Comics zu zeichnen. Heute war Alessandros Seite zugepflastert mit Zeitungsausschnitten von Jimmy Hendrix und Deep Purple und weiteren Bands, die sie nicht kannte. Seine Gitarre lehnte am Bett. Das Ding war fast so gross wie er. Sofia schossen bei diesem Anblick Tränen in die Augen – obwohl sie die Versuche, seine Idole nachzuahmen, nicht vermissen würde. Alessandros Bett war im Gegensatz zu ihrem wie immer nicht gemacht. Seine Schulsachen lagen überall herum, überhaupt war seine Zimmerhälfte chaotisch, was seit Jahren für Streit zwischen den Geschwistern sorgte. Sofia strich über ihre glatte Bettdecke und schaute sich das Autogramm von Adriano Celentano an, das eingerahmt auf ihrem Nachttisch stand. Sollte sie es mitnehmen? Es war ein aufregender Abend gewesen, damals in Rimini, als der noch wenig bekannte Sänger nach seinem Auftritt mit ihr zu *Il tuo bacio é come un rock* getanzt hatte.

Alessandro war gerade mit seinen Freunden in der Stadt unterwegs, was seinen Vater über alle Massen ärgerte. Er wünschte sich, sein Sohn wäre seriöser und würde sich mehr für die Schule interessieren. Sofia seufzte. Es war einfach ungerecht. Sie träumte davon, eine höhere Ausbildung zu machen, vielleicht sogar

Kunst zu studieren. Doch das Geld war knapp, also wurde der einzige Sohn gefördert. Da war Salvatore kategorisch gewesen. Nach der obligatorischen Schule sollte Sofia arbeiten, bis sie einen anständigen Mann gefunden hätte. Sie musste schmunzeln, als sie an seinen zweifelnden Blick dachte beim Gedanken, ob je ein Mann seine aufsässige Tochter heiraten würde.

Sofia stand schwermütig auf, ihr Vater wartete bestimmt schon ungeduldig in der Küche auf sie. Da trat Lucia unerwartet ins Zimmer. «*Sei pronta[61]?*», sagte sie und schaute sich dabei gehetzt im Zimmer um, als ob sie sich versichern müsste, dass Sofia auch schön aufgeräumt hatte. Der Boden war gewachst und glänzte wie immer, der polierte Kleiderschrank widerspiegelte Lucias Stirnrunzeln. «*Si, mamma*, alles fertig. Kommst du mit zum Bahnhof?» Doch sie kannte die Antwort. Ihre Mutter schüttelte den Kopf so vehement, dass ihre Lockenwickler wackelten. «Ich muss kochen, Alessandro kommt gleich nach Hause.» Ihre übliche Ausrede. Sofia konnte sich nicht erinnern, ihre Mutter jemals entspannt erlebt zu haben. Sie hatte immer zu tun, zumindest behauptete sie das. Sofia vermutete, dass Lucia keine Musse vertrug, da sie dann zu viel hätte nachdenken können: über ihr Leben, ihre Ehe, ihre Familie. Wie alles gekommen war und ob sie das so gewollt hatte.

Aus einem Impuls heraus umarmte sie Lucia innig, bis diese nachgab und sich in die Umarmung sinken liess. «*Mi raccomando[62]*», flüsterte Lucia mit tränenerstickter Stimme. In dieser kurzen Mahnung steckten alle Sorgen, die sie sich um ihre Tochter machte, weit weg von zu Hause. Sofia war sich sicher, dass es allein Salvatores Entscheidung gewesen war, dem Vorschlag des *capo* nachzugeben, Lucia hatte nichts zu sagen gehabt. Sie hätte sie wahrscheinlich nicht gehen lassen. Sofia bestärkte das nur noch mehr in ihrer Entscheidung, dieses Leben möglichst schnell hinter sich zu lassen. Sie würde nicht akzeptieren, dass ein Mann über ihren Kopf hinweg entschied. Wenn sie hierbliebe, würde es ihr genauso ergehen, davon war sie überzeugt. Frau hatten sonst wo auf der Welt sicherlich viel mehr Freiheiten als früher, in Italien veränderte sich jedoch nur wenig. Und zu langsam. Sie wollte aber mehr. Mehr sehen. Mehr sein. Sie nahm ihren Koffer, schaute sich noch einmal kurz im Zimmer um und verliess mit ihrem Vater die Wohnung.

---

[61] «Bist du so weit?»
[62] Ausdruck für «Pass auf dich auf!»

Kapitel 16

Sofia, 1970

Sofia stieg am Gare du Nord aus dem Zug. Die Stadt empfing sie mit den Geräuschen und Gerüchen, die sie an London erinnerten. Abgase, hetzende Menschen, Hupen und *der* Stadtgeruch schlechthin: Urin. Sie rümpfte die Nase und fühlte sich gleichzeitig heimisch. Es regnete, die Strassen glänzten und die Menschen schauten missmutig. Das Wetter und die Feierabendstimmung erinnerten sie unweigerlich an das letzte Mal, als sie so weit gereist war.

In den letzten Jahren geschah fast jeden Tag etwas «zum ersten Mal». Zum Beispiel ihr erster Flug: Sofia hatte die schwebenden Maschinen nur aus Erzählungen ihrer Freundin Angelina gekannt. Die Stewardess schwärmte vom Gefühl während des Starts, wie es einem in den Kopf stieg und wie luxuriös es sich anfühlte, durch die Welt fliegen zu dürfen. Sofia beneidete sie und hatte sich sodann als Stewardess bei «Alitalia» beworben. Doch man wollte Frauen mit einer Mindestgrösse von 1,70 Metern. Mit ihren 1,57 musste Sofia einsehen, dass dieser Beruf ein Traum bleiben würde. Aber sie war fest entschlossen gewesen, sich in England andere Träume zu erfüllen!

Als sie damals in Heathrow gelandet war, hatte sie sofort gewusst, dass sie nie mehr nach Italien zurückkehren würde. Höchstens zu Besuch. In Grossbritannien war alles anders: grösser, freier. Ihre teuren Kleider, Röcke und Jacken, die sie sich in Turin mühsam zusammengespart hatte, waren in London mindestens so fehl am Platz wie ihre auftoupierte Frisur. England war Ende der Sechziger mitten im Hippie-Fieber, ganz anders als das prüde Italien. Lange Röcke, passend zu wallenden Haaren, unrasierte Frauenachseln und Männerwangen, ausgestellte Hosen. Sofia wohnte im College-*dormitory*[63] und wunderte sich täglich über die örtlichen Sitten oder, besser gesagt, über das Fehlen eben dieser. Ihre Kommilitonen waren ungehobelt, hygienisch fragwürdig und in vielerlei Hinsicht vollkommen hemmungslos. Sie schienen dauernd jemanden anfassen zu müssen, zu umarmen, und Sofia beobachtete oft, wie sich Kommilitonen, die gar nicht offiziell ein Paar waren, sogar auf den Mund küssten. Alles war *groovy* oder *mellow*, nichts konnte die Studenten aus der Fassung bringen. Ausser Ungerechtigkeiten wie der Vietnamkrieg und die Behandlung von Frauen – auch wenn sich die Männer weiterhin wie Machos benahmen.

---

[63] Schlafsaal

Diese Gelassenheit war Sofia anfangs suspekt, sie traute ihr nicht. Auch fühlte es sich ständig so an, als würde jeden Moment ihr Vater vor der Tür stehen und sie nach Hause beordern. Sie wagte es die ersten paar Wochen nicht, mit anderen ins Pub zu gehen. Bier mochte sie sowieso nicht und sie war empört gewesen, dass man von ihr erwartete, auch einmal eine Runde zu bezahlen. Das war nun jetzt wirklich Männersache!

Modisch kam sie sich daneben vor, als wäre sie aus der Zeit gefallen. Nach dem ersten Schultag, an dem sie sich beäugt gefühlt hatte, war sie nach Hause gegangen, um sich die toupierten Haare zu bürsten und wie ihre Kommilitoninnen lange über die Schultern fallen zu lassen. Schon besser. Am nächsten Tag kaufte sie sich mit dem Geld, das ihr der *capo* mitgegeben hatte, einen Jeansrock und zwei Blusen in einem Secondhandshop. Auch dies ein Konzept, dass sie aus Italien nicht kannte. Kleider kaufen, die schon mal getragen worden waren? Wenn ihre Mutter das wüsste! Der Rock und die Blusen blieben für die nächsten Monate die einzigen Kleider, die sie trug. Ihre schicken Kostüme packte sie zuunterst in den Schrank. Sie schrieb Briefe an ihre Freundinnen, in denen sie ihr Leben in Cambridge schilderte, Partys, die sie feierten, Männer, die sie kennenlernte.

Schliesslich konnte sie ihre Kindheitsfreundin Barbara davon überzeugen, Turin ebenfalls zu verlassen und nach England zu kommen. Sie wohnten zusammen im College, bis sie kein Erspartes mehr hatten und sich eine Stelle als Au-pair in englischen Familien ergattern und dort auch wohnen konnten. Sofia landete bei einer netten, wenn auch kühlen Familie, deren Kinder ganz anständig waren, was ihr den Job sehr erleichterte. Sie sollte ihnen das Frühstück und das Abendessen zubereiten und ihnen, wenn sie konnte, bei den Hausaufgaben helfen. Ansonsten war sie frei und konnte sich auf ihre Englischkurse konzentrieren. Sofia entdeckte zusammen mit den Kindern neue Welten in der Musik. Die Beatles «hoppelten» ihr zu viel rum, dieses «Yeah yeah» war nichts für sie. Davon hatte sie in Italien genug gehabt. Aber Bob Dylan und Joan Baez hauten sie um. Cat Stephens, Simon & Garfunkel sprachen ihr aus der Seele. Sie drückten in ihren Songs jene Gefühle aus, die Sofia nie in Worte hatte fassen können – vergleichbar mit Lucio Battisti in Italien. Ihr Favorit war zwar immer noch Adriano Celentano, aber sie genoss es, nun auch die englischen Stücke zu verstehen und mitsingen zu können. Nur an ihrem Akzent musste sie noch arbeiten.

In der Collegekantine, in der Sofia arbeitete, wunderte sie sich über die Essensgewohnheiten der Briten. Toast schien der Hauptbestandteil einer jeden englischen Mahlzeit zu sein. Auch in der Familie, die sie aufgenommen hatte, waren die Mahlzeiten nicht wichtig. Sie assen nur einmal die Woche alle zusammen, meist Lamm, immer zu gut durchgebraten. An solchen Sonntagen vermisste Sofia ihre Familie und die ewig langen Sonntagsessen. Erstaunt über sich selbst, dachte sie nostalgisch an ihre Mutter und ihre Tante, die immer in der Küche standen, an die Männer, die währenddessen den *aperitivo* tranken und Karten spielten oder wahlweise über Politik, Autos oder Fussball diskutierten. Sie hatte sich, als sie noch zuhause lebte, je länger, je mehr gegen diese Sonntage gewehrt. Jedes Wochenende dasselbe Szenario, dieselben Leute, dieselben Themen und immer viel zu viel zu essen! Aber diese fehlende Zugehörigkeit in Cambridge, die gefühlskalten Briten, die vielen fremden Studenten machten ihr klar, was sie an ihrer verrückten Familie hatte. Auch wenn es so viele Probleme und Tabus gab, waren sie doch immerhin füreinander da. Ausserdem gab es auch bei den Briten Tabus. So wussten ihre Gasteltern nicht, dass ihr ältester Sohn kiffte. Sofia hatte ihn dabei erwischt, als er mit Freunden hinter der Schule herumstand. Oder vielleicht wussten die Eltern es, es wurde aber nicht darüber gesprochen? Familie war vielleicht auf der ganzen Welt dazu da, über alles zu sprechen ausser über die wirklich wichtigen Dinge – bis sie einem ins Gesicht sprangen.

Als sich Sofia von ihrer Mutter verabschiedet hatte, war es ihr so erschienen, als wäre ihre Mutter erleichtert gewesen. Hatte sie sie loswerden wollen? Aber warum? Wusste sie am Ende von der Abtreibung? Aber woher? Fragen konnte sie sie nicht, darüber würden sie nie im Leben sprechen. Sofia musste einsehen, dass das Thema auf ewig unantastbar bleiben würde. Sie hatte diese Enge verlassen *müssen*!

Und nun war sie hier: Paris, die Stadt der Liebe. Nicht, dass sie diese suchte. Nach Lorenzo war ihr nicht nach Männern zumute gewesen und die Engländer waren ihr zu direkt, zu plump und zu unhygienisch gewesen. Sie raffte ihren Jeansrock, packte ihren hellblauen Lederkoffer in die rechte Hand und klackerte mit den hohen Stiefeln Richtung Taxistand. Der missmutige Taxifahrer fuhr sie auf kürzestem Weg in die Rue Scribe, wo sie am nächsten Tag ihre neue Stelle antreten sollte. Das möblierte Zimmer, dass ihr die Parfümerie versprochen hatte, war ein *chambre de bonne*[64] mit Dachschräge und lag sieben Stockwerke über dem Laden, kein Lift. Die Küche und das Badezimmer waren im Treppenhaus, eine zweiminütige Dusche kostete 50 *Centimes*, die man in den Schlitz stecken musste. Sie rümpfte die Nase, als ihr die Kollegin die türkische Toilette zeigte. Nach ihrem feuchten Zimmer in Cambridge konnte Sofia aber nicht mehr viel

---

[64] Bedienstetenzimmer in den typischen Hausmann'schen Pariser Häusern.

schockieren. Sie liess sich auf das schmale Bett plumpsen und schaute den abblätternden Verputz an der Wand an. Das Waschbecken schien seit Jahren nicht benutzt worden zu sein und der Geruch im Zimmer erinnerte an feuchte Wäsche. Sie öffnete das Dachfenster und sah nur blauen Himmel und ein paar Schleierwolken. Nichts hatte sie darauf vorbereitet, wie sie sich fühlen würde. Dieses Hochgefühl, hier zu sein. Ihr Leben konnte beginnen.

Kapitel 17

Sofia, 1971

Sofia sass im Café de l'Opéra und nippte an ihrem Espresso, der wie üblich widerlich schmeckte. Ach, wie sie den *caffè* in «ihrer» Turiner Bar vermisste! Klein und schwarz, im Stehen eingenommen, mit den Anzugträgern, die ihr schöne Augen machten. In England hatte sie anfangs gedacht, es stimme etwas nicht mit ihr. Keiner, der ihr hinterherpfiff, kein Mann, der mit ihr flirtete, ausser, er hatte schon etwas getrunken. Bis ihr klar wurde, dass das eine italienische Eigenart war: Flirten. Hinterherpfeifen. Sie hatte das nie als Belästigung empfunden, im Gegenteil, es gehörte zum Spiel. Es war ein Kompliment. Barbara war nie hinterhergepfiffen worden und Sofia freute sich, zu der Kategorie Frauen zu gehören, die offenbar gefiel. In Paris wurde anders geflirtet. Mit Blicken, verbal (und nicht nur mit einem «*Ciao bella!*», sondern in ganzen Sätzen). Das gefiel ihr. Es war schicker, niveauvoller und vor allem zielführender.

Barbara kam zu spät, aber Sofia war das von ihrer Freundin gewohnt. Diese hatte immer noch «schnell etwas zu erledigen», bevor sie das Haus verliess. Und im Moment war dieses Etwas, ihrem Chef etwas zu besorgen, zu kochen, zu bringen. Ihr Chef war der Vater der Kinder, die sie als Au-pair in Paris hütete. Und seit Neustem ihr Liebhaber. Sofia schüttelte innerlich jedes Mal den Kopf, wenn sie daran dachte, was ihre biedere, ja, langweilige Freundin für ein Leben führte. Nachdem Barbara England zunächst verlassen hatte und zurück nach Italien gegangen war, hatte Sofia sie davon überzeugen können, ihr nach Paris zu folgen. Wieso genau sie das getan hatte, wusste Sofia nicht, da sie sich die meiste Zeit sowieso nur über Barbara ärgerte: über ihre Lethargie, ihre häusliche Art, aber auch darüber, dass sie es wagte, Sofias Entscheidungen anzuzweifeln. Ausgerechnet! Insgeheim hatte Sofia aber wohl befürchtet, in Paris einsam zu sein. Sie kannte niemanden und es war nicht ihre Art, Menschen anzusprechen. Sie liess sich lieber anquatschen.

Barbara war also bei der Familie Frisch untergekommen, er Schweizer, sie Amerikanerin, zwei Kinder, acht und zehn Jahre alt. Um die sollte sie sich kümmern: sie von der Schule abholen, kochen, Hausaufgaben machen. Aber ziemlich bald war klar geworden, dass sie sich vor allem um Bruno, den Vater, kümmern wollte. Beziehungsweise er sich um sie. Er hatte es von Tag eins an versucht und Sofia vermutete, dass Abigail, seine Frau, insgeheim damit gerechnet hatte. Paul Simon stimmte Sofia aus der Jukebox mit *50 ways to leave your lover* zu. Abigail hatte Barbara dann auch vor ein paar Tagen offen gesagt:

«Du kannst ihn haben. Ich werde sowieso bald wieder nach New York ziehen. Versuch einfach, diskret zu sein.» Die Fassade musste in diesen Kreisen natürlich gewahrt werden. Seither schlich Barbara in der grossen Wohnung am Boulevard Haussmann herum wie das Aschenputtel persönlich. Sofias altmodische Freundin schämte sich nämlich. Was würde sie zu Hause erzählen, wer ihr *fidanzato*[65] war? Konnte sie ihn überhaupt je heiraten? Und die Kinder? Würde sie diese erziehen müssen, wenn Abigail nach Amerika zurückging?

Als Barbara endlich kam, wirkte sie hektisch und unkonzentriert. «Was ist denn mit dir los?» Sofia verdrehte die Augen. Die zwei Freundinnen hätten unterschiedlicher nicht sein können. Barbara, immer etwas zerzaust, trug langweilige Kleider und flache Schuhe. Sie war die sprichwörtliche graue Maus und Sofia nahm ihr das manchmal übel, denn selbst liebte sie es, sich herauszuputzen, auch wenn sie nur ins Café ging. Ungeschminkt ging sie schon gar nicht aus dem Haus, auch die hohen Absätze durften nicht fehlen und ihre Frisur war ihr heilig. Die langen dunklen Haare sassen perfekt und ihr Pony betonte ihre braunen Augen. Sich mit ihrer langweiligen Freundin in ihren praktischen Kleidern in gedeckten Farben zu zeigen, war Sofia manchmal peinlich. Das liess sie auch gerne durchblicken.

«Abigail hat mich gefragt, ob ich abgetrieben hätte», platzte Barbara heraus, kaum hatte sie sich gesetzt. «Sie hat was?» Sofia wusste, dass Abigail direkt war, was wahrscheinlich daran lag, dass sie New Yorkerin war. Aber gleich so? «Sie arbeitet für dieses Magazin *Le Nouvel Observateur* und wollte wissen, ob ich auch mal abtreiben musste. Sie recherchiert über Abtreibungen in Frankreich und sucht betroffene Frauen. Auch prominente. Ich habe natürlich Nein gesagt.» Barbara schaute Sofia von der Seite an. «Hast du ja auch nicht.» Sofia merkte, wie eng ihr der Rollkragenpulli plötzlich sass. «Nein. Ich nicht.» Barbara wagte es jetzt nicht mehr, Sofia anzuschauen. «Du hast ihr aber nicht gesagt, dass ich …?» Sofia schaute ihre Freundin scharf in die Augen. «Natürlich nicht! Aber …» Barbara kam ins Stottern. «Was aber?» Sofia spürte, wie die gehemmte Art ihrer Freundin ihr wieder mal enorm auf die Nerven ging. Sie würde gleich aus der Haut fahren. Worauf wollte Barbara hinaus? «Naja, sie ist ja Journalistin und offenbar sucht sie Frauen, die sich trauen, zuzugeben, dass sie abgetrieben haben. So wollen sie gegen das Gesetz hier in Frankreich vorgehen, das Abtreibungen verbietet. Simone Veil kämpft als Ministerin gerade darum. Wusstest du, dass man dafür ins Gefängnis kommt?» Natürlich wusste Sofia das. In Italien war die Gesetzgebung schliesslich nicht besser. Dort kamen sogar die verhinderten Väter

---

[65] Verlobte

ins Gefängnis. «Natürlich weiss ich das! Weshalb, denkst du, ging ich nicht einmal in ein richtiges Krankenhaus damals?», zischte Sofia. «Du dumme Nuss!», hätte Sofia am liebsten hinzugefügt. «Und, wie siehst du das? Würdest du auch unterschreiben?» Barbara schaute sie endlich direkt an. Ihre Neugier hatte gesiegt. «Auf keinen Fall.» Sofia war sich selten so sicher gewesen. Sie sah Barbara die Enttäuschung an. «Ja, das habe ich Abigail auch gesagt. Du seist keine dieser Feministinnen.»

Nein, das war Sofia nicht. Nicht in dem Sinne, wie die Frauen es hier deuteten – jene Frauen, die auf die Strasse gingen und für sogenannte Frauenrechte kämpften, in Latzhosen, mit Haaren unter den Achseln und ohne BH. Natürlich war sie grundsätzlich für Gleichberechtigung, auch sie war gerne unabhängig – mit ihrer Arbeit, ihrem eigenen Geld, ihrer Wohnung (na ja, dem kleinen Zimmer im Dachstock). Das waren ihre «Waffen». Selbständigkeit. Feministin würde sie sich deswegen noch lange nicht schimpfen, dafür waren ihr diese «Emanzen» zu laut und grob. Ausserdem liebte sie das Frausein viel zu sehr, als dass sie in einem ungepflegten Aufzug auf die Strasse gehen würde. Sofia war überzeugt, dass Frauen heute schon ihr eigenes Leben leben konnten. Sie brauchten sich bloss nicht unterkriegen zu lassen. Und eigenes Geld verdienen, das hielt sie für erstrangig. Sie liebte ihre Arbeit in der Parfümerie, die schicken Kundinnen in ihren Designerkleidern und teuren Schuhen. Sie wusste, dass sie sich auch irgendwann so kleiden würde. In ein paar Jahre hätte sie die Leitung des Ladens inne, daran hinderte sie gemäss ihrer Chefin nur noch ihr italienischer Akzent, den sie einfach nicht loswurde. «Auch wenn du zauberhaft klingst, wie Dalidà», hatte Madame Betancourt zwinkernd hinzugefügt. Nein, Feminismus war nicht Sofias Ding. Ausserdem war sie der Meinung, Männer könnten nichts dafür, dass sie Frauen so behandelten. Sie waren nun mal triebgesteuert, deshalb mussten Frauen umso schlauer sein und sich nicht alles gefallen lassen. Die Kontrolle behalten, die Oberhand gewinnen. Und das alles ging auch im BH und hübsch angezogen. Oder erst recht.

«Natürlich sollte es ein Recht auf Abtreibung geben, das sollte ein Menschenrecht sein! Wieso schreibt uns der Staat vor, dass wir ein Kind behalten müssen, das wir nicht wollen? Die Männer in der Regierung müssen das Kind ja nicht austragen, füttern und erziehen. Die sind dann fein raus und wir sind einfach Gebärmaschinen, oder was?» Sofia war selbst überrascht über die Heftigkeit ihrer eigenen Worte. Wo kam das jetzt plötzlich her? Sie hatte sich noch nie solche Gedanken gemacht, ausser über ihre eigene Geschichte damals. Barbara schaute sie verschüchtert an, was Sofia noch mehr in Rage brachte. Die hatte ja keine Ahnung! Ja, Sofia plagten Gewissensbisse, dennoch war sie immer noch erleichtert, Lorenzos Kind abgetrieben zu haben. Sie hoffte nur, dass es keine Folgen hatte. Sie wollte unbedingt noch Mutter werden. Doch ging das überhaupt? Mutter sein, Ehefrau und trotzdem unabhängig bleiben? Würde sie einen solchen Mann finden können? Hier sicher eher als in Italien, beruhigte sie sich.

Ein paar Wochen nach dem Gespräch mit Barbara ging Sofia am Kiosk der Opéra vorbei und blieb abrupt stehen. Das Manifest des *Nouvel Observateur* war erschienen. Es bestand aus über 300 Frauen, die zugaben: «Ich habe abgetrieben.» Darunter waren berühmte Persönlichkeiten wie Simone de Beauvoir, Françoise Sagan, Catherine Deneuve! Sofia war beeindruckt und fragte sich sofort, was wohl die Familien dieser Frauen, ihre Ehemänner, ihre Eltern dazu sagten. Sie war überzeugt, dass die Familien bis zu diesem Manifest nichts von den Abtreibungen gewusst hatten. Darüber sprachen Frauen nicht, oft nicht einmal untereinander. Das hatten sie vor diesem Artikel mit Sicherheit noch nie jemandem aus der Familie erzählt. Und was nützte das jetzt, wenn man es vor der ganzen Welt ausbreitete?

«Es nützt, weil damit erreicht werden soll, dass es endlich nicht mehr bestraft wird!», echauffierte sich eine Kollegin in der Parfümerie, als sie das Titelblatt in der Kaffeepause besprachen. «Hast du eine Ahnung, wie viele Frauen an einem solchen Eingriff sterben, weil es keine Ärzte sind, die ihn vornehmen? Oder wie viele danach nie wieder Kinder bekommen können? Die *Assemblée Nationale*[66] soll dieses unsägliche Verbot endlich aus dem Strafrecht nehmen! Simone Veil wird das durchkriegen, das sage ich euch!» Sie hatte sich richtig in Rage geredet, während Sofia immer stiller wurde. Sie hatte Glück gehabt, ihr Eingriff war vergleichsweise glimpflich verlaufen. Die Horrorstorys, die ihre Kolleginnen sich in der Pause erzählten, liessen Sofia erbleichen. Von viel Blut und unsäglichen Schmerzen war die Rede, schlechten Behandlungen, Entzündungen und gar Tod. Leicht panisch fragte sie sich, ob sie zu denen gehörte, die wegen dieses Eingriffs keine Kinder mehr haben könnten. Sollte das ihre Strafe sein? War es eben doch eine Sünde gewesen?

---

[66] Französisches Parlament

Kapitel 18

Sofia, März 1972

Die Musik war ohrenbetäubend. Sofia watete im dunklen Raum durch eine Wand aus Rauch, Schweiss und anderen undefinierbaren Ausdünstungen. Sie hielt den Atem an und stieg über Beine, Köpfe, sogar ein paar nackte Brüste konnte sie durch die Rauchschwaden erkennen. Raoul, der sie zu dieser Fete eingeladen hatte, lächelte sie etwas unsicher an. Hatte er gewusst, wie das hier zu- und herging? Als könnte er Gedanken lesen, zuckte er mit den Schultern und ging weiter. Sofia fiel auf, dass er sie an Lorenzo erinnerte. Auch wenn er vollkommen anders aussah – dunkle Locken, schwarze Augen und einiges grösser als Lorenzo. Sein Gang, seine Arroganz, die jedoch auf viel Unsicherheit schliessen liess, und sein unwiderstehliches Lächeln. Wieso fuhr sie auf solche Typen ab?

Ihr Magen wurde flau. Sie hätte keinen Whiskey trinken sollen. Sie war hier fremd, fehl am Platz. Sie mochte diese Hippie-Partys nicht. Die Drogen, der Alkohol, das alles sagte ihr einfach nichts. Sie fühlte sich unwohl, wollte nach Hause. Aber wohin? In ihr feuchtes Zimmer? Nach Turin? War das immer noch ihr Zuhause? Würde sie sich dort nach den Jahren im Ausland wieder heimisch fühlen? Sie wusste es nicht. Sie konnte sich aber nicht vorstellen, in Italien so eine Szenerie zu erleben. Schon der Gestank! Dreckige Füsse, fettige Haare. Dies und die Erinnerungen an Lorenzo, die sie nach bald fünf Jahren immer noch schwallartig einholten, schnürten ihr die Kehle zu. Sofia machte rechts um kehrt, liess Raoul einfach stehen und stolperte wieder nach draussen. Die Kälte war ein Schock, doch die Pariser Januarluft tat ihr gut. Sie stellte sich schwer atmend an die Wand und rutschte langsam runter, bis sie auf dem kalten Boden sass. Ihr Kopf brummte, ihr war schwindlig, sie legte ihre Stirn auf die Knie. Es fühlte sich an, als würde ihre Schädeldecke demnächst in tausend Teile zerbersten.

«Geht es dir nicht gut?» Eine männliche Stimme kam näher. Seinen leichten Akzent konnte sie nicht gleich verorten. Sophie antwortete nicht sofort, sie befürchtete, sich bei der ersten Silbe auf seine polierten Schuhe übergeben zu müssen, denn er stand jetzt direkt vor ihr. Langsam nur schüttelte Sofia ihren Kopf und blickte auf. Eine nackte Glühbirne verhinderte den Blick auf einen Mann, der im Gegenlicht stand. Er bückte sich zu ihr und sie bemerkte ein erkennendes Aufblitzen in seinen Augen. «Sofia, richtig?» Erstaunt nickte sie, immer noch sachte, um ihren Kopf nicht zu überfordern. «Wir kennen uns vom *Institut Catholique*, wir sind im selben Französischkurs.» Aha. Deshalb der Akzent, er war auch Ausländer. «Helmut», stellte er sich vor und blieb etwas verlegen vor ihr stehen. Er zündete sich eine Zigarette an, worauf Sofia angewidert den Kopf wegdrehte. Sofort warf er seine Zigarette hinter sich auf den Boden und trat sie aus. Sofia betrachtete seine Kleidung und wunderte sich. Bundfalte und Hemd. Wer trug heutzutage noch sowas? Alle anderen auf dieser Party – Sofia eingeschlossen – trugen Minirock oder Jeans, geblümte Oberteile oder Karomuster, aber sicher keine Bundfaltenhose mit sauberem Hemd. Sein Stil rührte sie. Seine blauen Augen und langen Wimpern waren im Gegensatz zu seiner Kleidung noch sehr kindlich – wie ein kleiner Junge, der sich als Mann verkleiden wollte; oder ein Teenager, der zu einer Konfirmation muss.

Sofia fröstelte, worauf Helmut ihr seine Anzugsjacke um die Schultern legte. Sie lächelte. Wie altmodisch! Doch sie musste zugeben, dass ihr das gefiel.

Kapitel 19

Sofia, April 1972

Der Mond schien erstaunlich hell durch das Dachfenster, als Sofia aufwachte. Der Wecker zeigte Viertel nach zwei. Sie waren in ihrer kleinen Kammer unter dem Dach eingeschlafen. Trotz der Jahre, die sie jetzt schon allein lebte, war sie immer noch peinlich berührt, einen Mann bei sich im Bett zu haben. Sie schaute Helmut von der Seite an und musste leise lachen. Er schlief wie ein Toter. Auf dem Rücken, mit gekreuzten Armen auf der Brust. Tief und fest. Und zufrieden, wie sie hoffte.

«Warst du schon mal richtig verliebt?», hatte er sie gestern Abend gefragt. Sein deutscher Akzent war noch nicht ganz verschwunden. Sofia wusste, wie sehr ihn das störte, er wollte doch so gerne klingen wie ein richtiger Franzose. Ihr Spaziergang der Seine entlang war durch einen Platzregen jäh unterbrochen worden. Beide hassten sie Regen und hatten unter einer Brücke Schutz gefunden. Dicht beieinander standen sie an der feuchten Wand, froh keinen Obdachlosen gestört zu haben. Helmut war über einen Kopf grösser als sie, das gab ihr ein Gefühl der Sicherheit. Sie fühlte sich bei ihm nicht klein, im Gegenteil. Für Helmut war sie die Grösste, das gab er ihr oft genug zu verstehen. In Italien waren die Männer alle klein gewesen, kaum grösser als sie selbst. Sofia hatte nicht gewusst, dass sie das störte, bis sie Helmut getroffen hatte. Dieser wartete immer noch auf ihre Antwort. «Ich weiss es nicht», musste sie gestehen und erzählte ihm in einem Anfall von Ehrlichkeit von Lorenzo. Und der Abtreibung. Helmut hörte gespannt zu. Ihre Angst, er könnte sie dafür verurteilen, verflüchtigte sich schnell. Er schien mitzufühlen. «Bereust du es?», fragte Helmut leise. «Nein», antwortete sie entschieden. «Liebst du ihn noch?», seine Stimme schwankte. Helmuts Auftreten hatte sich in den letzten Minuten verändert: vom selbstbewussten Dandy zum verliebten Teenager. Sofia fragte sich abermals, wie ernst es ihr mit ihm war, denn dass es ihm ernst war, daran hatte sie kaum mehr Zweifel. «Nein, schon lange nicht mehr.» Sie hoffte, auch diesmal entschieden zu klingen. «Er war ein arroganter Macho. Wenn ich das Kind behalten hätte, wäre ich jetzt Hausfrau und müsste ihn von vorne bis hinten bedienen.» Helmut lächelte. «Und das möchtest du nicht?» – «Auf keinen Fall!» Sofia rückte ein wenig von Helmut ab, der ihre Hand nahm und sie zu sich zog. «Was willst du dann?» – «Von einem Mann?» – «Ja. Auch. Von mir ...» Sofia war über seine Direktheit überrascht. Aber wenn sie schon hier waren, konnte sie auch gleich ehrlich sein. «Ich will eine Beziehung, in der ich kein Accessoire bin. Kein Dienstmädchen, kein

Betthäschen, aber auch keine Mutter für meinen Mann.» – «So so.» Helmut grinste schief. «Machst du dich über mich lustig?» – «Das würde ich nie wagen!», er lachte und zog sie an sich. «Warst du denn schon mal verliebt?», fragte jetzt Sofia und löste sich von ihm. «Nein.» Sie hob die Augenbrauen. «Bis jetzt nicht.»

Sofia verliess die Matratze auf dem Boden, die ihnen als Bett diente und machte Kaffee. Als der Duft das kleine Zimmer erfüllte, wachte Helmut auf und zog genüsslich die Luft ein. «Das riecht fantastisch!» Sofia reichte ihm eine kleine Kaffeetasse. «Mit Zucker und Milch.» Sie hatte beobachtet, wie er im Café seinen Kaffee trank und freute sich, als er zustimmend nickte. Nach dem ersten Schluck weiteten sich seine Augen. «Phu, der ist aber stark.» – «Ja, wie es sich gehört.» Sofia stellte ihre Tasse auf den Boden und kroch wieder ins Bett.

Kapitel 20

Sofia, Juli 1972

Sie sah ihren Vater sofort, als sie aus dem Zug stieg. Mit Sonnenbrille und Lederjacke sah er so gut aus wie eh und je. Die dunklen Haare hatten etwas mehr graue Strähnen, die Falten waren etwas tiefer, aber sein Lächeln war dasselbe geblieben. Warm, vertraut. Sofia rannte ihm entgegen und lehnte sich an ihn. *«Ciao papà!»* Er sagte nichts, drückte sie nur. Dann nahm er ihr Gesicht in seine beiden Hände: *«Fatti guardare!»*[67] Er schaute sie intensiv an, als wollte er prüfen, ob sie sich verändert hatte. Seine kleine Sofia. Genauso fühlte sich Sofia in diesem Moment, wie sein kleines Mädchen.

Sie fragte nicht nach ihrer Mutter. Ihr war klar gewesen, dass diese sie nicht abholen würde. Sie war sicher mit Kochen beschäftigt, da sie ja überzeugt war, Sofia sei nicht fähig, sich was Anständiges zu essen zu machen im fremden, wilden Paris. «Wo ist Ale?», fragte sie ihren Vater. *«In castigo»*[68], brummte der. Sofia musste grinsen. «Was hat er denn jetzt schon wieder angestellt?» – «Er war mit seinen Freunden hinter dem *castello*, obwohl er genau weiss, dass das gefährlich ist und er da nicht hindarf.» Sofia hakte sich bei ihrem Vater ein. Viel hatte sich also nicht verändert.

Das alte Stadtzentrum war berüchtigt. Die Mafia trieb da ihr Unwesen, Nachkommen der Südländer, die vor ein paar Jahren in Italiens Norden eingewandert waren. Alessandro und seine Freunde machten jeweils Mutproben daraus, dem *gelataio*[69], der nie ein Wort sprach, das Wassereis aus der Truhe zu stehlen. Einer der Jungs kaufte ein Eis und lenkte den Alten ab, die anderen machten sich an der Gefriertruhe zu schaffen. Sofia vermutete, dass dieser genau wusste, was abging, den Kindern aber den Spass nicht verderben wollte. Das war wohl seine soziale Ader.

Salvatore schaute Sofia lange an. «Du hast dich verändert.» – «Das sind nur die Haare, *papà*. Ich habe sie wachsen lassen.» – «Siehst gut aus.» Sein Blick deutete ihr jedoch auch das Aber an, dass unweigerlich danach kam. Sie trug ein langes, braunes Kleid und Türkis-Schmuck, den sie *«aux puces»*[70] ergattert hatte. Die Plateau-Sandalen fanden offenkundig auch nicht seine Bewunderung. Sofia ignorierte das und zog ihren Vater zum Parkplatz. Sein Cinquecento war frisch

---

[67] «Lass dich anschauen!»
[68] «Im Hausarrest.»
[69] Eisverkäufer
[70] Auf dem Pariser Flohmarkt

gewaschen, das erkannte Sofia sofort. Sie schmunzelte. Das Auto war sein ein und alles, er hegte und pflegte den kleinen weissen Wagen wie seinen Augapfel. Sie liess sich auf den roten Beifahrersitz fallen, während Salvatore ihr Gepäck im Kofferraum verstaute. Sie genoss die kurze Fahrt von der Porta Susa an mit Mohn gespickten Wiesen und Maisfeldern vorbei in die Vorstadt, die sie vor nun mehr drei Jahren verlassen hatte. Viel hatte sich nicht verändert, ein paar neue Mietshäuser hier und da, die Strassen schienen teilweise etwas ausgebessert und es waren bedeutend mehr Autos unterwegs als damals. Italien wandelte sich – ob zum Besseren, würde man noch sehen, aber Sofia interessierte sich nicht für Politik und hatte deshalb keinen Vergleich zu Frankreich. Hatte es in Italien auch Studentenunruhen gegeben wie im Rest Europas? Sie bezweifelte es. Italiener wussten, wie man streikt, *scioperi*[71] waren an der Tagesordnung. Aber protestieren? Eine Revolution? Das war ihnen dann doch zu anstrengend.

Sie fuhren den langen Corso Matteotti entlang. Sofia freute sich, dass sich in ihrem alten Quartier praktisch nichts verändert hatte. Das Valentino, in dem ihr Vater immer Boccia gespielt hatte, war noch immer voller Männer, die draussen rumstanden und ihren *aperitivo* tranken. Auch die *cremeria*, die Parfümerie und der Lingerieladen waren noch dieselben. Sie schaute die Menschen an, die in der Allee in der Mitte der Strasse unter den grossen Kastanienbäumen gingen, in der Erwartung, ein bekanntes Gesicht zu sehen. Manchmal sassen ihre *zia* Gelsomina und *zio*[72] Calogero Händchen haltend auf einer Bank, doch heute erkannte sie niemanden. Dann bogen sie rechts ab, in ihre Strasse.

Sie war lange nicht hier gewesen und hatte befürchtet, nach drei Jahren gar keine Lust zu haben, in der alten Heimat zu sein. Als sie aber das dreistöckige Gebäude sah, indem sie die ersten 20 Jahre ihres Lebens verbracht hatte, überkam sie ein vorfreudiges Kribbeln im Bauch. Sie liebte Paris, die Cafés, die Boulevards, ihren Job und seit neustem Helmut. Doch hier war sie daheim. Hier war sie die kleine Sofia, *la tempestata*[73], auch wenn genau dieser Spitzname sie vor ihrem Wegzug fürchterlich geärgert hatte. Wenn man sein Zuhause verlässt, wird man zur Fremden. Man muss sich an die neue Heimat gewöhnen, deren Regeln lernen, andere Sitten, Bräuche, anderes Essen. Ein Freund hatte mal gescherzt: «Heimat ist da, wo du weisst, wie der öffentliche Verkehr funktioniert.» Hier kannte Sofia alles: die Regeln, die Sprache, die Gewohnheiten. Die Kehrseite war, dass sie hier gleich wieder eine Rolle einnahm, die sie im

---

[71] Streiks
[72] Tante und Onkel
[73] Freches Mädchen

Ausland abgelegt hatte: die des schwarzen Schafs; der Tochter, die ihre Familie verlassen hatte. Sofia war gespannt, wie ihre Familie auf sie reagieren würde.

Salvatore stieg aus dem Auto und öffnete das schmiedeeiserne Tor zum *cortile*[74], in dem sie als Kind mit Barbara gespielt hatte. Hier waren sie mit dem Seil gesprungen, Fahrrad gefahren und hatten sich ihre ersten Liebschaften erzählt. Hier hatte sie ihrer Freundin auch von ihrer Abtreibung erzählt und sie damit geschockt. Die naive Barbara, die ihr dann doch nach Paris gefolgt war und seit Ewigkeiten darauf hoffte, dass der Mann, den sie liebte, sich endlich scheiden liess. Ha, von wegen braves Mädchen! Barbara hatte von Männern lange nichts wissen wollen. Sie hatte gearbeitet und ihre finanzielle Unabhängigkeit von ihrem strengen Vater genossen, der sie auch als Erwachsene immer noch mit dem Gürtel geschlagen hatte. Wenn er wüsste, was sie in Paris trieb, würde er das sicherlich auch heute noch tun. Sofia schaute ihren Vater an. Er hatte sie nie geschlagen. Die wenigen Ohrfeigen, die sie kassiert hatte, waren verdient gewesen beziehungsweise aus dem Affekt heraus passiert, weil sie frech gewesen oder zu spät nach Hause gekommen war. Ihr Vater war immer in Sorge um seine Tochter, nicht zuletzt, weil sie sich mit ihrem grossen Mundwerk gerne in Schwierigkeiten brachte.

Freudig lief sie ums Haus herum zum Haupteingang. Das Treppenhaus roch wie eh und je: nach feuchtem Keller, frischer Wäsche und Basilikum. Die unteren Ecken der Fenster waren angeschlagen, Sofia musste unweigerlich an ein Treibhaus denken. Auf den Treppen und Fenstersimsen standen reihenweise Töpfe mit Kräutern, die jedes Gericht ihrer Eltern verfeinerten. Im Hause Leone kochte auch der Vater, nicht nur die Mutter, wie sonst überall. Lucia kochte gut, aber Salvatore war eine andere Liga. Er wusste, wo es den besten Fisch gab, die kleinen Miesmuscheln oder die feinsten Pilze. Er verbrachte gerne Stunden in der Küche, um Neues zu probieren, und freute sich riesig, wenn die Kinder sich vor Genuss die Lippen leckten. Sofias Magen knurrte, sie vermisste die italienische Küche sehr. Selbst konnte sie leidlich kochen, tat es aber nicht besonders gerne. Sie hatte auch nicht vor, das zu ändern, bloss weil sie bald eine Ehefrau sein würde. Konnte Helmut kochen? Sie wusste es nicht, darüber hatten sie nie geredet. Es gab so viel anderes zu besprechen und meist assen sie sowieso auswärts oder ein Sandwich *jambon beurre*[75] vom *boulanger*[76].

---

[74] Hof
[75] mit Schinken und Butter
[76] Bäcker

In der Wohnungstür stand *mamma* und trocknete sich die Hände an ihrem grün-orangenen *grembiule*[77]. Es war dieselbe Schürze wie vor drei Jahren, als Sofia diese Wohnung verlassen hatte. Auch sie inspizierte ihre Tochter von oben bis unten. Die Missbilligung über Sofias Aufmachung stand ihr ins Gesicht geschrieben: «So kommst du daher?» Es war ein Gesichtsausdruck, den Sofia von früher kannte und so gar nicht vermisst hatte. Die Begrüssung war weniger herzlich als mit Salvatore, aber das war Sofia ebenfalls gewohnt. Ausserdem hatte es ihre Mutter immer eilig, weshalb sie auch gleich wieder in die Küche verschwand. «Wasch dir die Hände, wir essen gleich!» In dem Moment kam Alessandro aus seinem Zimmer, seine Augen leuchteten beim Anblick seiner grossen Schwester. *«Ciao ciccio*[78]*!»,* begrüsste ihn Sofia, umarmte ihn stürmisch und drückte ihm dicke Küsse auf die Wangen. Sie waren jetzt gleich gross, so sehr war der «Kleine» gewachsen. Alessandro wand sich aus ihrem Griff und schaute sie erwartungsvoll an: «Hast du mir was mitgebracht?» Sein Gesicht war verheult, was er zu verbergen suchte. Ein 13-jähriger Junge weinte schliesslich nicht. Die Pubertät holte ihn in grossen Schritten ein, seine prägnante Leone-Nase schien grösser, seine Arme waren zu lang, ein Flaum kündigte sich auf seiner Oberlippe an. Ihr kleiner Bruder wurde ein Mann. Sofia musste lächeln. «Natürlich!» Sie öffnete die grosse Handtasche und zog eine kleine Vinylplatte aus dem Innenfach: Jacques Dutronc, *Paris s'éveille*. Alessandro runzelte die Stirn. Er liebte Musik, Lucio Battisti, De Gregori, Led Zeppelin, aber von diesem Jacques (er sprach es «Dschaques» aus) hatte er noch nie gehört. «Du wirst es mögen, glaub' mir.» Sofia zwinkerte ihm zu und eilte ins Badezimmer, da Lucia bereits zum zweiten Mal aus der Küche gerufen hatte.

Zum Abendessen gab es *agnolotti*[79] und *alici in sugo*[80], Sofias Lieblingsspeisen – *mammas* Art, ihre Zuneigung zu zeigen. Sofia drückte sanft die Hand ihrer Mutter, als diese ihr den Teller füllte. *«Grazie, mamma.»* – «Iss auf, gleich kommen sie.» Sie. Die Familie. *La famiglia Brambilla*[81]*,* wie sie sie augenzwinkernd nannten. Lucia verdrehte die Augen, was ihrem Vater nicht entging. Alessandro schaute seinen Vater fragend an: «Muss ich im Zimmer bleiben?» Salvatore überlegte. «Nein, du darfst bei uns bleiben, aber du gehst früh ins Bett, *capito*?» Die ultimative Strafe für den kleinen Alessandro, wenn er vor

---

[77] Küchenschürze
[78] Kosename: Kleiner Dicker
[79] Turiner Ravioli
[80] Sardellen in Tomatensauce
[81] Ausdruck für eine grosse Familie

den anderen ins Bett musste, schliesslich gehörte er jetzt zu den älteren der Kinder.

Die gesamte Familie hatte praktisch zwei Generationen an Kindern geboren: die Nachkriegskinder, zu denen Sofia und die ersten Kinder von Calogero und Gelsomina gehörten. Und dann waren da die Nachzügler wie Alessandro und sein Cousin Mario, mit dem er die Liebe zur Musik teilte. Beide waren Jahre nach ihren grossen Geschwistern gekommen, als man sie nicht mehr erwartet hatte. Sofia hatte sich immer gewundert, dass ihre Eltern mit 40 überhaupt noch miteinander schliefen. Sie hatten nie sehr verliebt gewirkt, nicht wie Gelsomina und Calogero. Bei denen hatte es niemanden gewundert, dass da noch ein Kind gekommen war. Bei Lucia und Salvatore hingegen sehr. Sofia hatte nie gesehene, dass ihre Eltern sich küssten oder umarmten. Sie redeten miteinander, aber meist nur über alltägliche Dinge. Soweit es Sofia beurteilen konnte, waren sie zwar ein solides Paar, aber von Liebe war nicht viel zu spüren. Wobei sie ihren Vater sowieso im Verdacht hatte, während des Krieges nicht immer ganz treu gewesen zu sein. Er besass Fotos von damals, auf denen halbnackte afrikanische Frauen abgebildet waren. Seine Zeit in Afrika war offensichtlich nicht gerade langweilig gewesen. Aber darüber konnte und wollte Sofia nicht nachdenken. Männer waren keine Heilige, das hatte sie längst begriffen.

Kaum waren sie mit dem Hauptgang fertig, fragte Lucia: «Sofia, ziehst du dich noch um?» Wieder dieser Blick, der an ihrem Rock entlangglitt. Bevor Sofia verneinen konnte, klingelte es. Nach und nach kamen die Besucher in die kleine Wohnung. Ihrer *zia* Gelsomina kamen gleich die Tränen, als sie ihre Nichte sah. Sie war nahe am Wasser gebaut, ganz anders als Sofia und ihre Mutter. «*Miiii, che magra, ma mangi?*»[82] Sofia schmunzelte. Die Zia war immer darum besorgt, ob man genug ass. Was bei ihr nicht bezweifelt werden konnte, so rund wie sie war. *Zio* Calogero nahm sie herzlich in die Arme. «*Ma quanto sei bella!*»[83] Auf ihre Cousine und ihren Cousin freute sich Sofia besonders, sie war mit Emma und Totò aufgewachsen, sie waren wie Geschwister. Sofia hatte Totò als kleines Mädchen immer heiraten wollen und war untröstlich gewesen, als sie erfuhr, dass das nicht ging. Dadurch, dass ihre Eltern über Kreuz geheiratet hatten, waren da die exakt gleichen Gene vorhanden, was eine Hochzeit (und gar Kinder) natürlich auf keinen Fall zuliess.

Sofia genoss es, für kurze Zeit im Zentrum der Aufmerksamkeit zu stehen. Alle wollten wissen, wie Paris war, keiner von ihnen war je ausserhalb von Italien

---

[82] «Du bist so dünn, isst du denn auch?»
[83] «Was bist du schön!»

gewesen, ausser ihrem Vater und ihrem Onkel im Krieg. Sie stellten sich wahrscheinlich vor, sie wohne im Eiffelturm! «Wenn die wüssten, dass wir in einer *chambre de bonne* ohne eigenes Badezimmer hausen!», dachte sich Sofia und schmunzelte. «*E l'amore?*», fragte *zio* Calogero und zwinkerte ihr zu. Totò hatte gerade geheiratet und Emma hatte einen Sarden kennengelernt, mit dem sie ebenfalls ernste Pläne hatte. Für sie alle war es selbstverständlich, dass man heiratete und eine Familie gründete, doch niemand konnte sich Sofia ernsthaft als Ehefrau vorstellen. Oder gar als Mutter. Dafür war sie zu anders, zu rebellisch, zu modern. Doch Sofia sehnte sich nach einem Kind, nach einer eigenen Familie, in der sie ihre eigenen Regeln aufstellen konnte. Aber sie mochte ihren Cousins noch nichts von Helmut erzählen – aus Loyalität ihren Eltern gegenüber, schliesslich sollten es diese als erste erfahren. Aber auch weil sie wusste, dass es viele Einwände geben würde, Helmut war schliesslich kein Italiener.

Sie beobachtete ihre Familie, die sich um den Esstisch drängte. Es wurden die schönen Gläser aus der dunklen *cristalliera* aus poliertem Holz geholt, Flaschen wurden geöffnet, die *bignole*[84], die *zia* Gelsomina mitgebracht hatte, wurde ausgepackt. «*Sofia, come ti trovi a Parigi?*[85] Isst du auch gut? Gefällt dir deine Arbeit? Hast du Freunde?» Sofia erzählte und staunte immer wieder darüber, wie wenig ihre Familie wusste. Wie kleine Kinder staunten sie über die Metro, darüber, dass Sofia noch nie auf dem Eiffelturm gewesen war («Das machen nur Touristen») und dass sie nicht mehr jeden Tag Pasta ass.

Lucia schüttelte bei Sofias Erzählungen immer wieder leicht den Kopf. Sie hatte sich damals wohl dem Einverständnis von Salvatore beugen müssen, der ihrer einzigen Tochter erlaubt hatte, sie zu verlassen. Weil sie, wie sie sagte, ihrer Tochter mehr Freiheiten wünschte, als sie selbst gehabt hatte. Nur deshalb hatte sie wohl eingewilligt. Doch Sofia vermutete, dass ihre Mutter das mittlerweile bereute. Sie stellte sich wohl die üblichen Fragen: Was würde aus ihnen werden, wenn sie mal alt waren, ohne eine Tochter, die in der Nähe wohnte und sich kümmern würde? Dass Alessandro einmal nicht mehr hier bei ihnen wohnen würde, war für sie normal, aber die Tochter? Die hatte gefälligst bei ihren Eltern zu bleiben! Sofia kannte die Einstellung ihrer Mutter zur Genüge, und versuchte, ihren missbilligenden Blick zu ignorieren. Lucia hatte offenbar vergessen, dass auch sie ihre Mutter verlassen hatte. «Aber ich war wenigstens verheiratet!», wäre wohl ihr Argument gewesen.

---

[84] Typisch piemontesische Patisserie
[85] Wie lebt es sich in Paris?

Sofia fragte sich, wie sie jemals gedacht hatte, ihr Leben hier verbringen zu können. Sie schaute in die laute Runde. Alles war wie immer. Die Kinder, die auf dem Sofa sassen und bestimmt demnächst ins andere Zimmer gehen würden, um zu spielen. Sie fanden die Erwachsenengespräche langweilig, genauso wie sie selbst damals. Ihre Cousins und Cousinen stritten sich lauthals darüber, ob Andreotti einen guten Premier abgeben würde oder ob er genauso korrupt wäre wie all seine Vorgänger. Ihre *Zia* Gelsomina fächerte sich Luft zu und bat trotz der winterlichen Temperaturen darum, die Fenster zu öffnen. Die Wechseljahre setzten ihr sehr zu. Ihr Mann Calogero trank seinen Kaffee im Stehen stellte sich hinter seine Frau, um ab und zu die Diskussion zu kommentieren. Und natürlich war da Lucia, die still mit am Tisch sass, wenn sie nicht gerade in der Küche rumfuhrwerkte und wie ihr Bruder nur sporadisch etwas zum Gespräch beitrug. Sofias Vater war der Lebhafte, der Lustige, der seine politischen und sonstigen Ansichten vehement verteidigte. Es war laut. Wie immer lief der Schwarz-Weiss-Fernseher, der Ton gerade so laut, dass man einander noch knapp hören konnte. Alles wurde kommentiert: Pippo Baudos oder Mike Bongiornos Gäste wurden kritisiert, ebenso wie die Frisur von Mina, die Bewegungen von Adriano Celentano und: «Wer war diese Kleine schon wieder mit dem Minirock? Tsst, schämen sollte sie sich, so rumzulaufen!» Ihre Familie. Sie liebte sie alle heiss und innig und hatte sie fürchterlich vermisst.

Dennoch war sie froh, hier nach ein paar Tagen wieder wegzukommen. Es flossen Tränen, vor allem der kleine Alessandro war untröstlich, als seine grosse Schwester wieder gehen musste. Sie versprach, wiederzukommen, sicher an Weihnachten.

Sofia stellte sich vor, wo und wer sie heute wäre, wenn sie vor drei Jahren nicht nach England gegangen wäre. Sie würde dem *capo* immer dankbar sein dafür. Er hatte gewusst, dass sie hier nicht glücklich werden konnte. Hätte sie Lorenzo geheiratet? Ihn oder einen anderen, ja. Vermutlich hätten sie Kinder gehabt. Solche Familienessen hätte es jeden Sonntag gegeben, entweder bei ihren oder seinen Eltern. Oder mit allen zusammen. Die Frauen in der Küche, die Männer am Tisch, Kindergeschrei, Fernseher an, Sonntagsspaziergänge. In Paris vermisste sie das alles. Bis sie wieder ein paar Tage hier war.

Eigentlich war sie nach Turin gekommen, um ihren Eltern von ihrer bevorstehenden Hochzeit mit dem Deutschen zu erzählen. Doch irgendwie war es nicht dazu gekommen, die Stimmung zwischen ihr und ihrer Mutter war frostig geblieben. Sofia hatte schlicht keine Lust, sich den Fragen auszusetzen, die unweigerlich folgen würden. Sie fuhr also unverrichteter Dinge zurück nach Paris.

Kapitel 21

Martha, Juli 1972

Martha schnitt den Grünkohl in Stücke, während das *Kasseler*[86] im Ofen warmgehalten wurde. Helmut hatte ihr gesagt, er werde erst zwei Nächte bei Andreas verbringen, in dem herrschaftlichen Haus seiner Eltern, bevor er sie besuchen würde. Es versetzte ihr immer einen Stich, wenn Helmut von Andreas sprach. Einerseits, weil er lieber erst zu seinem Freund wollte. Andererseits hatte Helmut diesen fast nie mit nach Hause gebracht. Andreas' Familie war nach dem Krieg mit Süssigkeiten zu Geld gekommen und Helmut war offenbar lieber bei den «Bonzen» als in ihrer Sozialwohnung. Bei den Saubers lernte er Literatur und Wein kennen. Andreas war ein schlechter Schüler, weshalb seine Eltern keine Hoffnung hatten, dass er das Unternehmen je übernehmen würde. Er sagte immer – ganz ohne Neid –, sie hätten sich wohl eher einen Sohn wie Helmut gewünscht, intelligent und fleissig. Andreas' Leidenschaft war die Kunst, er zeichnete und malte leidenschaftlich. Martha mochte den jungen Mann, seine Freundschaft zu Helmut war ihr jedoch ein Rätsel.

Martha rieb sich die Hände an ihrer geblümten Schürze und setzte sich an den Küchentisch, um eine Zigarette zu rauchen. Sie wischte sich die Schweissperlen von der Stirn, der Besuch ihres Ältesten war für sie immer mit Anspannung verbunden. Sie hoffte inständig, er werde sich nicht wieder mit seinem Vater streiten. Meist ging es um Kleinigkeiten, aber manchmal auch um Politik. Helmut kam immer wieder auf die «Hitlerei» – wie er das «Dritte Reich» nannte – zurück und machte seinen Eltern Vorwürfe. Martha schüttelte diese Gedanken ab. Sie vermutete, Helmut habe ihr dieses Mal etwas Wichtiges zu sagen. Er kam nur noch selten in die westphälische Kleinstadt, die er so jung verlassen hatte. Sie musste sich eingestehen, dass sie ihn um seine Jugend beneidete. Sein Leben in Paris war bestimmt vollkommen anders als hier. Dort verspürte er sicherlich eine Freiheit, die er zuhause wohl nie erlebt hatte. Martha war klar, dass er damals froh gewesen war, in die Bundeswehr gekommen zu sein. Sogar da schien er sich freier zu fühlen als in seiner Familie.

Sie war auch nicht unglücklich darüber, dass die Kinder die enge Drei-Zimmer-Wohnung verlassen hatten. Sie fragte sich manchmal, wie sie damals zu siebt – damals noch mit ihrer Mutter Bertha und den zwei Schwestern – hier hatten leben können! Ihr kleinster, Moritz, hatte bereits mit 19 seine Freundin geschwängert. Ihre Tochter Erika hatte letztes Jahr den fleissigen Detlev geheiratet. Helmut war

---

[86] Gepökeltes Schweinefleisch

zwar der älteste, aber der letzte, der noch nicht vergeben war. Martha hoffte, dass er sie genau deshalb besuchte. Hatte er sich verliebt? Wollte er gar heiraten? Und wenn ja, warum? Pflichtbewusstsein? Hatte er am Ende auch eine Frau geschwängert? Martha zog heftig an ihrer Zigarette. Hoffentlich nicht! Sie mochte gar nicht daran denken. Ihr war Moritz schon peinlich gewesen. Oder ging es Helmut um Traditionen? Sie schmunzelte. Am Ende wollte er wohl schlicht keinen Ärger mit der Familie. Doch was konnte sie schon tun – auch wenn sie nicht einverstanden wäre? Eines wusste sie sicher: Wenn Helmut sich etwas in den Kopf gesetzt hatte, konnte ihn niemand davon abbringen. Aber heiraten? Sie war überzeugt gewesen, dass das Helmut zu traditionell war, zu bieder. Wer musste denn bitte heute noch heiraten? Die Zeiten hatten sich geändert, das sah Martha ein.

Es klingelte. Martha drückte ihre Zigarette aus und stand auf. Sie zog die Schürze aus, strich mit den Händen über ihren Rock und biss sich auf die Innenseite ihrer Wange. Es war gut, dass Hans noch unterwegs war und sie ein paar Minuten allein mit ihrem Sohn verbringen konnte. Sie drückte den Summer und zwei Stöcke unter ihr ging die Haustür auf. Helmut nahm immer zwei Stufen auf einmal. Sie konnte die Tränen nicht zurückhalten und war erleichtert, auch bei Helmut welche zu entdecken. Sie umarmten sich. Wie seine Freundin das wohl fand? Gefühlsbetonte Männer gefielen nicht allen Frauen. Für seinen Vater war Helmut auch deshalb nie Manns genug gewesen. Sein ältester Sohn spielte nicht Fussball, interessierte sich wenig für die Mechanik eines Autos – ihn interessierte vor allem das Design – und für Hans' Geschmack las er viel zu viel. Ausserdem mochte Helmut klassische Musik, was Hans gerne als «Lärm» bezeichnete. Zwei Welten. Martha hatte Helmut sein ganzes Leben lang überzeugen wollen, dass sein Vater trotz allem stolz auf ihn war, aber Helmut glaubte es ihr bis heute nicht. Auch sein Wegzug nach Paris hatte Hans wütend gemacht. «Was willst du denn bei den Franzosen? Die sind faul und können nix.» Auf diesem Niveau diskutierte Helmut nicht, weshalb er gar nicht erst darauf eingegangen war. Nach der Bundeswehr war er nicht mehr nach Hause gekommen, sondern direkt Richtung Frankreich getrampt, schliesslich war er volljährig gewesen und hatte nicht mehr um Erlaubnis bitten müssen.

Ihren Sohn wiederzusehen, entfachte unterschiedliche Gefühle in Martha. Sie wusste, wie ähnlich sie sich waren, aber genau das ärgerte sie manchmal auch. Er warf ihr vor, ihn mit ihren Tränen zu erpressen; ihn als Mutter verraten zu haben, weil sie sich nie auf seine Seite gestellt hatte, wenn er wieder mal mit seinem Vater gestritten hatte. Sie liebte ihren Sohn und war stolz auf ihn. Aber sie hatte nie gelernt, das zu zeigen. Wie auch? Hatte ihre Mutter ihr etwa gezeigt, dass sie

sie liebte? Oder ihr ruppiger Vater Joseph? Nein, das machte man damals einfach nicht. «Gut siehst du aus, Mutti.» Immer der alte Charmeur. Martha konnte vor Rührung kaum sprechen und zog ihn in die Wohnung. «Magst du was essen?» – «Nein, Mutti, lass uns auf Papa warten. Hast du ein Bier für mich? Und einen Kirschlikör für dich?» Helmut zwinkerte seiner Mutter zu. Martha freute sich, dass ihr Sohn ihre Vorliebe für ihr Lieblingsgetränk noch kannte und in einer Art verschworener Zweisamkeit mit ihr anstossen wollte. «Das Bier musst du dir im Keller holen. Nimm auch gleich noch ein Weckglas mit Kirschen mit.» Während Helmut die Treppe wieder runterging, öffnete sie die Schranktür der Wohnwand, welche die gesamte Seite des kleinen Wohnzimmers einnahm, holte eine Likörflasche, ein kleines und ein grosses Glas und stellte alles auf den kleinen Holztisch vor dem Sofa. Als Helmut zurück war, setzte er sich neben seine Mutter. Sein Blick fiel auf den Sessel, der für seinen Vater reserviert war. Einen kurzen Augenblick trübten sich seine Augen. Er nahm sein silbernes Zigarettenetui aus der Innentasche seines Sakkos, zündete erst ihr und dann sich selbst eine Zigarette an.

«Wie geht es dir?» fragte ihn Martha und nahm einen Schluck. «Ganz gut, Mutti, ich habe eine gute Stelle und Französisch kann ich jetzt auch fast fliessend.» – «Du warst schon immer sprachbegabt», sagte Martha mehr zu sich selbst als zu ihrem Sohn. «Und wie geht es euch?» Sie und Helmut telefonierten regelmässig und sie erzählte sich auch viel und gerne, aber sich Auge in Auge zu unterhalten, war doch etwas ganz anderes; als würden sie einander hier auf dem Sofa eher anvertrauen, wie es ihnen wirklich ging. «Ach Junge, gut, denke ich. Wie du weisst, hat Moritz seine Christiane geheiratet … naja, er musste halt.» Helmut wusste, dass Martha ihre Schwiegertochter nicht mochte, Moritz war ihr Jüngster und die voreheliche Schwangerschaft hatte ihr einen gewaltigen Strich durch die Rechnung gemacht. Mit 19 heiraten zu müssen, war nicht Marthas Auffassung einer vernünftigen Lebensplanung, und christlich war es schon gar nicht. «Aber Erika ist sehr glücklich mit ihrem Detlev!» Martha strahlte und hoffte, Helmut würde sich auch freuen. Helmut und Detlev, das ewige Thema. Helmut fand den Schwager dumm und arrogant und behauptete, er behandle seine Schwester wie seine Bedienstete. «Bist du sicher, dass sie glücklich ist, Mutti? Spricht er immer noch mit Erika, als wäre sie zurückgeblieben?» Martha merkte, wie die Wut in Helmut aufstieg. Er hatte mit seiner Schwester nie viel anfangen können, aber Detlev ging ihm aus irgendeinem Grund komplett gegen den Strich. Er stand auf, sah aus dem Fenster und Martha spürte, wie er versuchte, sich zu fassen. «Mutti, ich habe jemanden kennengelernt.» Martha setzte ihr Glas auf den Tisch und schaute Helmut aufmerksam an. «In Paris?» – «Ja, wo denn sonst?»

Immer diese patzigen Antworten! Wieso brachte sie Helmut mit der kleinsten Bemerkung immer gleich auf die Palme? Martha seufzte.

«Eine Deutsche?» Sie musste einfach fragen. Fremde Kulturen fand sie auf Reisen interessant, aber in der eigenen Familie? «Sie ist Italienerin.» Helmut beobachtete sie. «Dann ist sie ja wenigstens katholisch.» Martha nahm ihr Glas wieder in die Hand und nippte zufrieden daran. Helmut lachte laut auf. «Ist das dein Ernst? Du hast kein Problem damit, dass sie Ausländerin ist? Dass sie kein Deutsch spricht? Eine vollkommen andere Kultur hat?» – «So anders ist ihre Kultur nicht, wenn sie katholisch aufgewachsen ist. Eine Sprache kann man lernen und, naja, es war eigentlich immer klar, dass du nie hier in Deutschland dein Glück finden würdest. Ich weiss nicht, was ich falsch gemacht habe, aber seit du lesen kannst und von fremden Ländern gehört hast, willst du hier weg. Da kann man nichts machen. Ich hoffe, du bist glücklich mit ihr, das ist doch alles, was zählt.» Sie zuckte mit den Schultern und nahm einen Zug von ihrer Zigarette. Sie war mit sich und ihrem Sohn zufrieden. Martha hätte Helmut gerne umarmt, aber sie nickte ihm nur wohlwollend zu. Als Helmut sich wieder setzte, nahm er ihre Hand in seine. «Schön. Das freut mich. Ich werde sie fragen, ob sie mich heiraten will. Aber es wird kein Fest geben, wir werden die Hochzeit ganz klein halten.» – «Aber kirchlich, oder?» – «Ja, Mutti», erwiderte Helmut ungeduldig. Martha vermutete, dass weder er noch seine Sofia etwas mit der Kirche am Hut hatten, ihre Eltern aber nicht enttäuschen wollten. Hörte man jemals auf, das Kind seiner Eltern zu sein? Ihnen gefallen zu wollen? Auch sie kannte das, diese Angst, Bertha zu enttäuschen. Die nie endende Furcht, den Erwartungen der Eltern nicht zu entsprechen, anders zu sein, als erwartet. Martha kannte niemanden, dem das egal war. Also machte man Kompromisse, manche mehr, manche weniger.

Helmut hatte bei seinem Wunsch, Bielefeld zu verlassen, keinen Kompromiss gemacht. Aber ob er sich zum Beispiel getraut hätte, eine Muslimin zu heiraten? Eine Jüdin? Martha bezweifelte es. Auch wenn sie und Hans trotz beschämender Hitlervergangenheit sicherlich keine Judenhasser gewesen waren. Sie kannten keine Juden, die sie hätten hassen können! Dennoch musste Martha sich eingestehen, dass sie alles mitgemacht hatte, was man von ihr erwartet hatte. Selbst als sie nach dem Krieg die schrecklichen Bilder aus den Konzentrationslagern gesehen hatte, hatte Martha nicht glauben wollen, dass das wirklich passiert war. Sie musste zugeben, dass sie das Thema dann einfach verdrängt hatte, schliesslich hatte sie nach dem Krieg genug eigene Sorgen gehabt. Für Helmut war es eine Schande, die er ihnen nie würde verzeihen können. Er hatte schon oft Diskussionen mit Martha darüber gehabt. Diese endeten unweigerlich damit, dass sie sich verteidigte: «Du verstehst das nicht, du warst ja nicht dabei.» Nein, Helmut verstand es nicht. Er verstand nicht, wie es damals gewesen war. Sie hatten es nicht kommen sehen. Und es war auch nicht alles schlecht gewesen …

Er glaubte ihr nicht, dass sie nichts gewusst hatten: von den Konzentrationslagern und den systematischen Vernichtungen. Es glaubte ihr nicht, dass sie bis zum Kriegsende nie etwas von Dachau oder Auschwitz gehört hatten – von Gaskammern schon gar nicht. «Ihr habt einfach nichts wissen wollen!», war Helmut überzeugt. Martha versicherte ihm, dass Hitler ihnen ein besseres Leben versprochen hatte, was sie ja auch gehabt hatten, bevor die Alliierten sich eingemischt hatten und der Krieg verloren war. «Aber Mutti, man sperrte Homosexuelle weg, behinderte Kinder wurden umgebracht, Juden deportiert. Und das willst du alles nicht gewusst haben?» Helmut wurde bei solchen Diskussionen immer laut und brachte Martha zum Weinen. Sie musste gestehen, dass sie das manchmal absichtlich tat, weil Helmut sich dann schlagartig beruhigte. Er wollte sie nicht absichtlich verletzen, das wusste sie. Aber wenn Martha weinte, wurde wiederum Hans fuchsteufelswild und bezichtigte seinen Sohn der Arroganz! «Was glaubst du eigentlich, wer du bist? Du verwöhnter Bengel hast keine Ahnung, was es heisst, Hunger zu leiden und sich nichts mehr leisten zu können. Wir haben immer gut für dich gesorgt und das ist nun der Dank dafür? Dass du deine Mutter zum Weinen bringst? Schäm dich!»

Bei einem Besuch ein paar Jahre zuvor, hatte Hans Helmut nach einer solchen hitzigen Diskussion ohrfeigen wollen. Doch Helmut hielt seinen Arm fest: «Du wirst mich nie wieder schlagen, nie wieder!» Er hatte vor Wut gezittert. Am Ausdruck in Hans' Gesicht erkannte Martha, dass seine Worte das erwünschte Ergebnis erzielten. Sie war sich sicher, dass Hans seinen Sohn nie wieder anfassen würde. Helmut war damals 18 und wollte sich das nicht mehr gefallen lassen. Ausserdem war er mittlerweile grösser als sein Vater, wenn auch nicht stärker. Helmut war nicht der Schlägertyp. Nicht einmal mit seinem kleinen Bruder hatte er sich je geprügelt, den ignorierte er die meiste Zeit. Moritz war fünf Jahre jünger und vollkommen anders. Er liebte Sport und hasste die Schule. Helmut liebte die Schule, er las, seit er die ersten Buchstaben gelernt hatte. Sein Lieblingsbuch war ein Weltgeschichtsatlas, den ihm seine Grossmutter Bertha geschenkt hatte. Darin lernte er alles über fremde Länder, deren Geschichte, Kultur und Politik. Helmut war fasziniert. Und tat seither kund, dass er die Welt sehen wollte.

Reden konnte Helmut vor allem mit seiner Grossmutter Bertha – er wurde in der Familie gerne als «Omakind» bezeichnet – und bevor sie starb, erzählte sie Martha, dass Helmut wie viele seiner Generation diese Schuld empfand, die man als deutsches Nachkriegskind mit sich trug – für die Grausamkeiten des «Dritten Reichs». Für Hitler. Für die Denunzianten. Für die eigenen Eltern. Helmuts Generation demonstrierte für den Frieden, gegen Krieg generell und insbesondere den in Vietnam. Sie wollten ein vereintes Europa, eine friedliche Welt, in der nie wieder Krieg herrschen sollte. Und es empörte ihn, dass seine Eltern Hitler immer noch verteidigten. Am meisten hasste er es, wenn Martha ihm versicherte, es sei nicht alles schlecht gewesen. «Hitler hat viel für sein Volk getan.» – «Was für eine bescheuerte Ausrede!», empörte er sich dann jedes Mal.

Martha riss sich von ihren negativen Gedanken los und schenkte sich nochmal nach. «Grossartig, dann kommen wir nach Paris!» Sie freute sich über jede Gelegenheit, zu reisen. Das hatte Helmut offenbar von ihr geerbt. «Mutti, ich weiss noch nicht, ob Sofias Eltern kommen können. Sie sind nicht wohlhabend und können sich die Reise vielleicht nicht leisten. Vielleicht heiraten wir im kleinen Kreis. Lass' uns damit warten, einverstanden?» Martha war enttäuscht. Aber sie insistierte nicht. «Ich hoffe, du wirst mit deiner Sofia so glücklich wie ich mit deinem Vater.»

Kapitel 22

Sofia, August 1972

Sofia beobachtete, wie sich Helmut sich auf die Terrasse des Irish Pubs setzte und die Beine übereinanderschlug, die in den neuen Jeans steckten, die sie ihm gekauft hatte. Sie hatte ihn nicht davon abbringen können, eine Falte in die Hose zu bügeln, aber immerhin trug er in seiner Freizeit keine Anzughosen mehr – oder Krawatte. Er bestellte sich gerade ein Bier bei einem offensichtlich gelangweilten *garçon*. Eine Gewohnheit, die er sich erst in der Bundeswehr in Rammstein angewöhnt hatte, wie er ihr gestand, denn eigentlich trank er nicht. Sie wusste, warum er sich heute wieder eins bestellte: Für das Essen reichte sein Geld einfach nicht. Ein Bier, und vielleicht ein Zweites, würde ihn satt machen, so viel hatten sie in der kurzen Zeit in Paris gelernt. Sofia mochte jedoch kein Bier. Wenn sie pleite war, ernährte sie sich einfach von Baguette.

In ihrer Vorstellung wären sie viel lieber in eines dieser schicken Cafés oder mondänen Brasserien gegangen, in denen sie seltsame Sachen servierten wie *cervelle*[87] und Froschschenkel. Doch sie landeten meist in Pubs, von denen es in Paris ebenfalls wimmelte. Hier war das Bier billig und man konnte lange sitzen, ohne von einem Kellner missbilligend angeschaut zu werden, weil man nicht genug konsumierte. Helmut hatte es Sofia bald nach ihrem ersten Treffen gestanden: Er war arm. Seine Kleidung schlotterte, so sehr hatte er abgenommen, seit er hier lebte. In seiner Wohnung gab es, wie bei Sofia auch, keine Küche. Helmut hatte nur einen Campingkocher, auf dem sich nichts Richtiges zubereiten liess, ausser Gulasch aus der Dose. Sofia schauderte es bei jeglichem Gedanken an solches Fertigessen. «Aber ich vermisse überhaupt nichts!», hatte er ihr strahlend versichert. «Weder die Leberwurstbrote meiner Mutter noch die leckeren Mahlzeiten der US Airforce in Ramstein.» Er hatte ihr gesagt, in Paris atme er richtig gehend auf. Als hätte er sein ganzes Leben bis jetzt unter Wasser gelebt und die Luft angehalten.

Anders als für Sofia, die nie einen Gedanken ans Auswandern verschwendet hatte, bis sich ihr die Gelegenheit geboten hatte, war diese Stadt Helmuts Traum gewesen, seit er zum allerersten Mal als Teenager durch Frankreich gereist war. Auf jener Reise hatte er sich 1964 in eine Pariserin verliebt und Französisch gelernt, wie er Sofia augenzwinkernd erzählte. Die lange Brieffreundschaft danach hatte ihm ihr Land und ihre Heimatstadt nähergebracht und in ihm den Wunsch gepflanzt, in Frankreich zu leben. «Als ich während der Bundeswehrzeit

---

[87] Kalbshirn

mit Karl nach Westen getrampt bin, wusste ich bereits, dass ich nie wieder in der miefigen Kleinstadt in Nordrhein-Westphalen leben würde. Ich will andere Länder entdecken, Sprachen lernen, die Welt sehen, allem voran Europa.» Er klang, als stünde ihm das alles zu. «Dieser Kontinent ist so reich an allem: Kultur, Kulinarik, Literatur. Alles, was Menschen zu Menschen macht und sie von Tieren unterscheidet. Europa lebt endlich in Frieden, wir können überall hin, ist das nicht fantastisch?» Sofia genoss seine Begeisterung und seine Vision. Selbst hatte sie sich noch nie solche Gedanken gemacht, sie lebte im Hier und Jetzt. Aber Helmut vermittelte diese unerschütterliche Zuversicht, die ihr selbst manchmal fehlte: «Alles wird gut und die Welt hat auf uns gewartet.»

Obwohl er am Place de la République nur ein winziges Zimmer bewohnte, sei er so glücklich wie noch nie in seinem Leben, betonte er regelmässig. Seine blauen Augen glänzten, als er ihr erzählte, er gehe in dieser Stadt nie denselben Weg zweimal. «Ich liebe es, durch Paris zu spazieren. Immer entdecke ich etwas Neues: die vielen kleinen Araberläden. Die Märkte auf den kleinen Quartierplätzen. Einmal habe ich eine Cabaret-Tänzerin in voller Schminke bei einem Chinesen sitzen sehen. Morgens um vier! Ich bin mir aber nicht sicher, ob sie wirklich eine Frau war.» Sofia musste lachen. Das war Paris. Diese Frivolität, die sie so aus ihrer jeweiligen Heimat nicht kannten. Paris hatte nicht Biederes oder Verklemmtes an sich, hier gab es einfach alles: von Nonnen bis zu Transvestiten, Geschäftsmänner, Prostituierte, Strassenmusiker und sonstige Künstler.

Auch Sofia erlebte kaum einen Tag, an dem sie nicht irgendetwas sah, dass sie sich nie hätte vorstellen können. Auch sie konnte endlich sie selbst sein, ohne dafür verurteilt zu werden. Doch sie musste sich eingestehen, dass ihr Pariser Ich nicht dasselbe war wie ihr Turiner Ich, heute noch. Wenn sie ihre Familie in Italien besuchte, realisierte sie, dass sie damals ein Stück von sich dort gelassen hatte. Dieses fand sie jedoch sofort wieder, wenn sie dort war. Dasselbe galt andersrum, wenn sie wieder in Paris war. Ihr Pariser Ich war eine offene, lockere Frau, die Regeln brach, die sie zu Hause ohne Zweifel befolgt hätte. Kaum war sie jedoch in Turin, wurde sie wieder zur Tochter und eine Tochter hatte sich zu benehmen. Sie mochte ihr Pariser Ich definitiv mehr als ihre italienische Identität. Doch manchmal überforderte sie die gewonnene Freiheit. Wie erfand man die eigenen Regeln? Was war richtig und was falsch? Und war alles, was man daheim nicht gemocht hatte, grundsätzlich schlecht? Oder sollten sie vielleicht doch was davon mitnehmen?

Genauso erging es auch Helmut. Er hatte sich vorgenommen, hier erfolgreich zu werden, «Karriere zu machen», wie er es nannte. Auch darüber hatte Sofia nie nachgedacht. Beruf, Karriere, das war für sie ein Mittel zum Zweck, schliesslich musste man Miete bezahlen und essen. Sofia wollte einfach glücklich sein. Oder zumindest mit ihrem Leben zufrieden, egal, wie dieses aussah. Sie hatte keinen Plan. Helmut schon: «Ich will endlich das Leben leben, für das ich vorbestimmt bin. Kein Mief, keine kleinbürgerlichen Eltern, die sich nach Zeiten sehnen, die es Gott sei Dank schon lange nicht mehr gibt.» Er hatte Sofia von seiner Mutter erzählt, ihrer Flucht aus Ostpreussen – welches Sofia auf keiner Karte hätte zeigen können – und ihrer Sehnsucht nach der alten Heimat, auch ein Vierteljahrhundert später noch. «Ich habe die alten Geschichten so satt», gestand Helmut ihr, als sie über ihre Familien sprachen. Sein ganzes Umfeld war zu Hause ostpreussisch geprägt: Der Bäcker kam aus der alten Heimat, gekocht wurde ausschliesslich ostpreussisch und die Frauen sprachen untereinander im Dialekt. «Ich fühle mich weder als Westphale noch als Ostpreusse, ich war ja nie in der ‹alten Heimat› und nachdem, was ich gehört habe, will ich da auch nicht hin. Aber Bielefeld ist eben auch nicht mein Zuhause. Vielleicht muss ich mir meine Heimat einfach selbst suchen.» Jetzt wollte er nach vorne schauen, mit der Zeit gehen, von Frieden statt von Krieg reden, von Gewonnenem statt von Verlust.

Sofia und er sprachen halb Englisch, halb Französisch miteinander. Lustig – oder eben nicht – wurde es, wenn sie die sprachlichen Nuancen des anderen nicht verstanden. Sofia merkte, dass Witz, Ironie und Sarkasmus sehr viel mit der eigenen Kultur und Sprache zu tun hatten. Es war schwer, zu streiten, wenn einem das richtige Wort nicht einfiel. Man lief Gefahr, viel heftiger zu klingen, als beabsichtigt. Es fehlte der Feinschliff bei einer Fremdsprache – vom Humor ganz zu schweigen. Helmut erschien ihr vielleicht deshalb so streng, mit seinen Mitmenschen, aber auch mit sich selbst. Sofia lachte ihn manchmal regelrecht aus, weil er so ein *secchione*[88] war. Das fing im Französischunterricht an. Er regte sich täglich über Mitstudenten auf, die zu spät kamen. Auch unfreundliche Kellner, schlechte Autofahrer und Menschen mit einer politischen Gesinnung, die rechts der Mitte war, konnten ihn wütend machen. Und dieser Wut verschaffte er dann laut und heftig Luft, was Sofia oft peinlich war.

Trotz schlechter Sprachkenntnisse fühlten sich aber beide in dieser lauten, schmutzigen, arroganten Stadt sofort daheim. Nicht einmal ihre Freunde in der «Heimat» vermissten sie besonders. Helmut hatte schnell neue Freunde gefunden, er hatte noch nie Probleme damit gehabt, Menschen kennenzulernen. Sofia war

---

[88] Streber

da schüchterner, aber unter Eingewanderten fiel es auch ihr einfacher. Helmut und Sofia fühlten sich den anderen «Abtrünnigen» zugehörig. Die Freunde, mit denen sie sich im Pub trafen, waren alle Ausländer: Italiener, Deutsche, aber auch Türken, Afrikaner und Asiaten. Das entsprach genau ihrem Sinn nach Internationalität. Helmut liebte es, sich mit anderen Studenten über Politik auszutauschen und aus deren persönlichen Erfahrungen zu lernen. Sofia hörte interessiert zu, verstand aber zu wenig davon, als dass sie sich hätte beteiligen können. Sie neckte Helmut oft damit, dass er «referierte» und sie an ihren Priester in Turin erinnerte. Helmut gestand Sofia, dass er anfangs befürchtet hatte, bei den Franzosen als Deutscher unbeliebt zu sein. Dass die unrühmliche Geschichte seines Landes die Franzosen abschrecken würde, mit ihm zu verkehren. Er hatte mit dummen Sprüchen oder gar offenen Anfeindungen gerechnet. Doch auch die Pariser Jugend schien die Vergangenheit vergessen zu wollen. Nach den 68er Unruhen wollten alle nur noch in Frieden zusammenleben, zusammenarbeiten und gemeinsam eine lebenswerte Zukunft aufbauen.

Eines verstand Sofia indes nicht. Helmuts Generation waren doch die Kinder des Wirtschaftswunders. Sie wusste, wie ihr Vater die Deutschen bewunderte, ihren Willen, ihr kriegsversehrtes Land möglichst schnell wieder aufzubauen. Doch Helmut erklärte ihr, seine Generation sei eben auch die der «Kinder der Schuld». «Aber ihr wart im Krieg ja noch nicht mal geboren!», entrüstete sich Sofia. Helmut hatte doch keine Schuld an Hitler und seinen Gräueltaten! So wie Sofia nichts mit Mussolini zu tun hatte! «Aber meine Eltern waren Nazis, wenn auch passiv. Sie haben sich nie aktiv gegen das Regime gewehrt. Sie machten den ganzen Mist mit, wie die meisten Eltern meiner Freunde. Es wurde nicht darüber geredet: nicht über die Lügen, die man ihnen damals aufgetischt hatte. Nicht über die Rassengesetze, welche Juden, Homosexuelle, Sinti und Roma und sonstige Minderheiten verfolgten. Auch nicht über die medizinischen Versuche an Kindern, die Vergasung von Behinderten oder die Zwangssterilisationen.» Das Wort Konzentrationslager sei keinem je über die Lippen gekommen. Helmuts hellblaue Augen verdunkelten sich bei diesem Gespräch. «Und dafür schäme ich mich.» Sofia musste sich eingestehen, dass sie kaum Bescheid wusste, was in Italien zu der Zeit geschehen war. Ihr Vater war auch Faschist gewesen, unter Mussolini. Hatte er auch Schuld auf sich geladen? Passiv oder gar aktiv? So hatte Sofia die Sache nie gesehen. Krieg war Krieg, da musste man durch, die gewöhnlichen Bürger konnten ja nichts dafür. Oder vielleicht doch?

Einzig die Flucht aus dem Osten sei bei den Kramers Thema gewesen, meinte Helmut. *Das* Thema, wie Helmut ihr augenrollend erzählte. «Es kam mir manchmal vor wie eine weitere Flucht vor den selbstverschuldeten Zuständen, die nach Hitlers Wahl im Land herrschten. ‹Wir Deutschen waren auch arm dran!›, heulte meine Mutter, wenn ich sie auf die Missstände damals ansprach. Dann hielt ich halt die Klappe.» Sofia merkte Helmut an, wie schwer ihm dies gefallen sein musste. «Jetzt bin auch ich geflüchtet. Genau davor: vor der Schuld, vor der Verarbeitung, die nicht stattfindet, vor ehemaligen Nazis, die heute wieder in die Gesellschaft integriert sind, als Anwälte, Ärzte und Lehrer arbeiten, ohne jemals für ihre Taten belangt zu worden zu sein. Als wäre nie was gewesen!» Es nahm ihn sichtlich mit. «Und dann habe ich dich kennengelernt. Du hast mich an Claudia Cardinale in *Spiel mir das Lied vom Tod* erinnert.» – «Und du mich an Clark Gable!», erwiderte Sofia schmunzelnd. Seine blauen Augen blitzten zufrieden. «Mir gefiel, dass du keines dieser kichernden Mädchen bist, die verlegen zu Boden schauen, wenn man sie anspricht. Du hast mir bei dieser unsäglichen Party direkt in die Augen gesehen.» – «So, dass *du* vor Verlegenheit beinahe anfingst zu kichern und verlegen zu Boden schauen wolltest.» Sofia machte sich gerne lustig über Helmut, aber sie merkte an seinem Stirnrunzeln, dass er das nicht gewohnt war.

Sofia stand immer noch an der Ecke beim Pub und beobachtete diesen Mann, in den sie sich damals so unverhofft verliebt hatte. Helmut zündete sich gerade eine Zigarette an. Er rauchte Filter. Die Gauloises der Franzosen waren ihm zu stark, aber ein Mann, der was auf sich hielt, rauchte. Doch Sofia wusste, dass er den Rauch gar nicht richtig einzog. Sie fand das rührend. Helmut hatte ihr vor ein paar Tagen erzählt, dass er bereits mit 14 Jahren angefangen hatte zu rauchen: «Als ich meinen Internatsfreunden – meine ‹Jüngern›, wie ich die Jungs insgeheim nannte – beim Bach hinter dem düsteren Haus, in dem unsere Schlafsäle lagen, Anweisungen gab. Ich hatte Curd Jürgens in *Des Teufels General* gesehen und war sehr beeindruckt gewesen. Mit der Zigarette im Mundwinkel stellte ich mir vor, ich sei Harras. Die Zigarette hatte ich meinem Vater in den Ferien aus seinem Arbeitskittel gestohlen.» Sie hatten auf der Matratze auf dem Boden in Helmuts Zimmer gelegen. Es war stickig, der Sommer heiss. Sofia schloss die Augen. Helmut sprach jetzt leiser: «Dafür habe ich Prügel kassiert. Wie immer in solchen Fällen.» Sofia öffnete die Augen und schaute Helmut von der Seite an. Sein Blick war der eines Kindes, seine langen Wimpern hinterliessen feine Schatten auf seinen Wangen. Sie nickte. Schläge hatten auch ihre Freundinnen von ihren Vätern kassiert, Barbara war regelmässig von ihrem Vater mit dem Gürtel traktiert worden. Ihrem *papà* war hingegen nur wenige Male die Hand ausgerutscht, er glaubte nicht an diese Art von Erziehung. Sie legte Helmut eine Hand auf den Arm, damit er weiterredete. «Das war, was mein Vater unter ‹Erziehung› verstand, schon immer. Nicht, dass er mich beim Klauen erwischt hätte, Vati ging einfach davon aus, dass ich es gewesen sein musste.» Helmut machte eine Pause. «Und Mutti hat ihn nicht davon abgehalten. Das tat sie nie.» Sofia strich ihm über sein dichtes, braunes Haar. «Ich habe meine Mutter einmal darauf angesprochen, wieso sie mir in solchen Situationen nie beistand. Sie meinte nur: ‹Du wirst eines Tages ausziehen. Aber mit Vati werde ich noch lange zusammenleben. Da werde ich mich doch nicht gegen ihn stellen!› Die Front, die meine Eltern bildeten, war für uns Kinder undurchdringlich. Wir hatten oft das Gefühl, überflüssig zu sein.» Die Traurigkeit in Helmuts Blick rührte Sofia fast zu Tränen. «Nur bei meiner Oma Bertha fühlte ich mich wirklich wohl. Sie war die Einzige, die an mich glaubte, die mich dabei unterstützte, mehr zu wollen. Sie war stolz auf mich, glaube ich.»

Sofia hatte ihren Kopf auf Helmuts Schulter gelegt. Ihre Eltern waren anders als seine. Eine Front bildeten sie schon gar nicht, im Gegenteil. Lucias und Salvatores Ehe schien Sofia eine Zweckgemeinschaft, sie fragte sich oft, ob überhaupt Liebe mit im Spiel war. Aber auch Helmuts Eltern hatten offensichtlich eine seltsame Art des Eheverständnisses. Was wohl eine gute Ehe wirklich ausmachte? Würden sie es besser machen? Auf jeden Fall anders, hatte Sofia entschieden. Schliesslich liebte sie Helmut, dessen war sie sich sicher!

Als Sofia ihren Beobachtungsposten verliess und sich Helmuts Tisch näherte, erhellte sich dessen Gesicht. Wie immer stand er sofort auf, küsste sie und hielt ihr den Stuhl hin. Das war doch schon mal ein guter Anfang, dachte Sofia zufrieden und bestellte sich eine *menthe à l'eau*[89].

---

[89] Wasser mit Minzsirup

Kapitel 23

Sofia, Oktober 1972

Sofia schnaubte und wischte sich zum wiederholten Mal die Fransen aus der Stirn. Was für eine doofe Idee, ausgerechnet vor ihrer Hochzeit eine neue Frisur auszuprobieren! Sie schwitzte und war gereizt. Das Zugabteil war so eng, dass Helmut sich an ihr vorbeizwängen musste, um ihre Koffer rauszubugsieren. Sofia hatte im Nachtzug von Paris nach Turin kein Auge zugetan. Aber nicht etwa, weil es ihre Hochzeitsnacht war, da war im Sechser-Schlafwagen sowieso nicht an Intimität zu denken gewesen. Vielmehr hatte Sofia Angst gehabt, bestohlen zu werden. Sie schämte sich dafür, dass sie ausgerechnet in ihrer Heimat Diebe befürchten mussten. Das war in Helmuts Heimatland bestimmt nicht so. In Deutschland waren die Menschen ehrlich und arbeitsam. Italiener hingegen waren korrupt, kriminell und betrogen, wo sie konnten. Nicht einmal die Carabinieri waren ehrlich, gerade die nicht. Wurde man auf der Strasse angehalten, reichte ein 10'000-Lire-Schein, um einer Busse zu entgehen. Was für ein Klischee! Es ärgerte Sofia, dass sie nicht die Grösse besass, drüberzustehen. Helmut fand es amüsant. Für ihn war alles, was ein Land von Deutschland unterschied, Folklore. Und deshalb etwas Schönes. Italiener waren eben Lebemänner und nicht so biederernst wie die Deutschen. Daran gab es in seinen Augen nichts auszusetzen. Auch jetzt war er gut gelaunt und freute sich offensichtlich darauf, Sofias Familie kennenzulernen. Seine gute Laune nervte Sofia erst recht.

Papà holte sie am Bahnhof ab. Sofia war zuversichtlich, dass Salvatore und Helmut sich mögen würden. Er war keiner dieser Väter, die ihre Töchter vermeintlich beschützen wollten, indem sie ihnen einen möglichst gefügigen und den Schwiegervater fürchtenden Mann wünschten. Salvatore wusste, dass Sofia einen eigenen Kopf hatte und ihre Liebschaften ihn nichts angingen. Er hatte auch nie Anstalten gemacht, ihr diesbezüglich etwas vorzuschreiben. Zu sehr hatte er damals unter der Fuchtel seiner eigenen Mutter gelitten, für die seine Frau Lucia bis heute ein Dorn im Auge geblieben war.

Salvatore hatte Sofia am Telefon erzählt, dass die Abneigung zwischen den zwei Frauen sich verstärkt hatte, seit *nonna* Lina ebenfalls in Turin lebte. Im Moment beherbergte Sebastiano sie wieder. Noch. «Bald sind wir wieder dran.» Salvatore klang resigniert. Die drei Geschwister reichten sich die Alte abwechselnd herum und ihm graute es davor, an der Reihe zu sein. Nicht zuletzt wegen der Art, wie Lina Lucia behandelte. «Deine Mutter ist für sie nicht gut genug und das lässt *nonna* sie jeden Tag spüren. *Mamma* wehrt sich nicht, abends aber macht sie ihrem Ärger Luft», erklärte er Sofia und seufzte. Lucia werde dann ungewohnt laut: «Was denkt deine Mutter eigentlich, was ich bin? Ihre *serva*[90]? ‹Tu dies, mach das. Das machst du falsch, dein *sugo* schmeckt nicht, wieso hast du deine Tochter ins Ausland gehen lassen? Und, und, und.› Bin ich etwa eine schlechtere Mutter als sie?» Sofia verstand Lucias Verärgerung, doch ihr war ebenso klar, dass ihr Vater nichts dagegen tun konnte. Natürlich wies er seine Mutter ab und zu in die Schranken, aber sie war nunmal seine Mutter. Was hätte er denn tun sollen? Es war viel besser gewesen, als sie noch in Sizilien gelebt hatte und sie sich alle nur einmal im Jahr sehen mussten. Auch wenn sie dann dramatisch wurde und ihren Sohn jedes Mal unter Tränen darum bat, sich endlich um sie zu kümmern und nach Hause zu kommen.

Auf dem Parkplatz war es heiss, die Sonne schien auch Anfang Oktober noch grell und Sofia setzte sich ihre grosse Sonnenbrille auf. Sie entdeckte ihren Vater. Er lehnte an seinem Cinquecento. Sie winkte ihm müde zu. «Da ist er», sagte sie zu Helmut, der sofort mit grossen Schritten auf Salvatore zuging. Dieser war zwar einen Kopf kleiner als sein Schwiegersohn, aber nicht minder selbstsicher. Die Männer schüttelten sich freundlich die Hand, während Sofia sie beobachtete. Sie wusste, dass Helmut eine gewinnende Art hatte, sie selbst hatte sich in dieses schiefe Lächeln verliebt. Und auch ihr Vater schien diesen ihm vollkommen unbekannten 25-Jährigen auf Anhieb sympathisch zu finden. Wenngleich er etwas überrascht gewesen war, als Sofia im telefonisch angekündigt hatte, dass sie sich einen Deutschen zum Heiraten ausgesucht hatte. «Ich will keinen Italiener, *papà*, tut mir leid. Ich habe keine Lust, den Rest meines Lebens in der Küche zu verbringen. Deutsche Männer sind moderner und ihre Frauen auch. Helmut würde mich nie so einschränken wie einer von hier.»

Nachdem Sofia ihren Vater lange umarmt hatte, stiegen sie in den weissen *Cinquecento*, Salvatores ganzer Stolz. Sofia hatte damit Autofahren gelernt und hing genauso an dem Auto wir er, der ihn hegte und pflegte, als sei er eine sensible Orchidee. Sie musste lachen, als sich der grossgewachsene Helmut wie ein Klappmesser zusammenlegte, um auf den Rücksitz zu passen. Helmut gab sich Mühe, dies alles normal zu finden, doch Sofia wusste, dass sein Vater Hans – seit Kurzem ihr Schwiegervater – in Deutschland einen Mercedes fuhr. Alt und gebraucht, aber immerhin grösser als diese Sardinenbüchse. Sofia schämte sich dennoch nicht für den Wagen. Nicht mehr. Sie hatte ihre Kindheit und Jugend damit verbracht, sich für ihre Herkunft, ihren sozialen Status zu schämen. In Turin waren sie *terroni* gewesen, die Ungebildeten mit der dunkleren Haut und dem

---

[90] Magd

südländischen Akzent. Als Arbeiter hatten sie anfangs in Baracken leben müssen, mit einer Stehtoilette 200 Meter entfernt. Sofia erinnerte sich an den Gestank, nach Fäkalien, Schweiss und Schimmel. Sie und ihre Freundinnen hatte keine *mamma*, die immer zu Hause war, wenn sie von der Schule zurückkamen. Sie hatte früh lernen müssen, für sich selbst zu sorgen; und als sie älter war, auch für ihren kleinen Bruder Alessandro: ihn in die Krippe bringen, später von der Schule abholen, abends ins Bett legen, füttern, Windeln wechseln, verarzten, wenn er sich wieder mal die Knie aufgeschürft hatte. Und dies alles unter den skeptischen Augen der Turiner, die nur den Kopf schüttelten. Sie wusste, dass Helmut ihre Kindheit verstand. Er und seine Familie hatten ähnliches erlebt. Sie gehörten ebenfalls nicht dazu, nicht an den Ort, an den es sie verschlagen hatte. Ihre Familien lebten nicht freiwillig als Fremde im eigenen Land.

Anders war das bei ihr und Helmut. Sie waren auf ihre Art ebenfalls geflüchtet, aber nicht vor Krieg und Hunger; nicht aus wirtschaftlichen oder politischen Gründen, aber dennoch aus einer Not heraus. Es war die Not, diesem Gefühl des Fremdseins zu entfliehen, des Nicht-dazu-Gehörens zu diesem Land, zu ihrer Familie. Sie wollten etwas Eigenes aufzubauen, eine eigene Heimat kreieren, eine neue Identität finden. Lucia hatte es nicht verstanden. Als Sofia ihren Eltern am Telefon gebeichtet hatte, dass sie nicht mehr nach Hause kommen würde, war ihre Mutter wütend geworden: «Was ist denn da so viel besser, in deinem ach so tollen Paris? Sind wir dir nicht mehr gut genug?» – «*Mamma*, hier gehen die Leute auf die Strasse, damit sich die Dinge ändern! In Italien bleibt immer alles beim Alten!» Sofia verdrehte die Augen, ihre Mutter würde es ja sowieso nicht verstehen. «Auch in Italien werden wir moderner, die Studenten haben in Turin auch demonstriert!», Lucias Befriedigung über ihren Konter konnte Sofia durch die Leitung spüren. «Ja, um dann nach Hause zu gehen und sich von ihrer *mamma* bekochen und die Wäsche waschen zu lassen! *Bella roba!*[91] Wünschst du dir denn nicht mehr für mich, *mamma*? Für mein Leben? Soll ich denn für meinen Mann die *serva* spielen, wie alle Frauen bei euch? Ich will mehr!» Sofia war richtig ausser Puste geraten und spürte ihren Herzschlag im Hals. «Und was soll das sein?» Lucia klang jetzt ängstlich, als wüsste sie, was kommt. «Ich will tun können, was ich will, ohne jemanden um Erlaubnis bitten zu müssen, ohne, dass die halbe Verwandtschaft zuschaut! Und vor allem will ich keinen Mann, den ich den Rest meines Lebens bedienen muss! Du weisst genau, dass das bei euch so ist!» Lucia verstummte. «Bei euch.» Sofia stellte erstaunt fest, dass sie sich selbst

---

[91] «Na, bravo!»

offensichtlich nicht mehr zugehörig fühlte. Aber wenn sie keine Italienerin wie ihre Mutter mehr war, was war sie dann?

Mittlerweile schien Lucia sich mit dem Vagabundenleben ihrer Tochter abgefunden zu haben. Einzig die Empörung über Sofias heimliche Hochzeit vor ein paar Tagen hatte sie nicht einfach so schlucken können: «Eine Tochter lädt ihre Eltern doch zur Hochzeit ein. Was sollen die Leute denken?! Dass du uns nicht dabeihaben wolltest, das denken sie! Schämst du dich für uns? Was ist das für ein Mann, der es zulässt, dass seine Zukünftige ohne Familie heiratet?» Sofia hatte ihr erklärt, dass auch Helmuts Eltern nicht dabei gewesen waren: «Es waren nur unsere Trauzeugen in der Kirche.» – «Immerhin habt ihr kirchlich geheiratet», Salvatore grinste Sofia von der Seite an. «Du bist also doch nicht so unkonventionell, wie du immer behauptest.» Sofia war ihrem Vater dankbar, dass wenigstens er es akzeptierte, ohne zu zetern. «Nur, damit Helmuts Eltern Ruhe geben», erklärte sie. «Na, für uns sicher nicht», erwidert er. *Io me ne frego*[92], ob ihr in die Kirche geht oder nicht. *Mamma* hingegen …» Sofia konnte sich ihre empörte Mutter bildlich vorstellen, wie sie sich mit dem Taschentuch die Schläfen tupfte und die Hände rang. Da waren sie auch schon bei ihrem alten Zuhause angekommen. Sofia hoffte, dass Lucia sich mittlerweile von ihrem Schock erholt hatte und Helmut genauso herzlich empfangen würde wie ihr Vater.

---

[92] «Mir ist das egal»

Kapitel 24

Sofia, 1973

Sofia hatte Helmut rausgeschickt. Sie wollte auf keinen Fall, dass er sie in diesem Zustand sah. Sie lag im von ihrem Schweiss feucht gewordenen Laken in einem Pariser Krankenhaus und fühlte sich wie ein gestrandeter Wal. Die Schwangerschaft war schlimm genug gewesen: die Übelkeit, die Wasserablagerungen und Helmuts schiefe Blicke, die besagten, sie habe wohl wieder zugenommen. Sein Stirnrunzeln, wenn sie viel ass, weil sie dauernd Hunger hatte. Sein Augenrollen, wenn sie schon wieder neue Kleider brauchte. Da musste sie ihn nicht auch noch im Kreisssaal dabeihaben.

Sie lasen in dieser Zeit beide Mario Puzos *Der Pate* und Helmut machte keinen Hehl daraus, dass er Angst hatte, Sofia würde nach der Schwangerschaft nie wieder so aussehen wie vorher – wie das offenbar bei italienischen Frauen der Fall war, wenn man dem Schriftsteller Glauben schenkte. Ja, Sofia hatte zugenommen. Jetzt war sie nicht nur klein, sondern auch rund. Eine Kugel. Sie litt darunter, dass ihr auf der Strasse niemand mehr hinterherpfiff. Sie fühlte sich fett, aufgedunsen und die Enge in der Metro morgens war nicht zuletzt der Grund für ihre tägliche Übelkeit. Wie in Jacques Dutroncs Lied *Il est cinq heures, Paris s'eveille* schickte sie Helmut regelmässig frühmorgens los, um ihr Kaki zu kaufen, auf die sie im letzten Drittel ihrer Schwangerschaft unbändige Lust verspürte. Helmut sträubte sich nicht, er fand das amüsant und hatte so das Gefühl, auch ein bisschen etwas zum guten Verlauf von Sofias Schwangerschaft beizutragen.

Ihre Freunde hatten entsetzt reagiert, als das Paar verkündet hatte, ein Kind zu erwarten. Nicht wegen Helmut, dem trauten sie die Vaterschaft durchaus zu. Aber Sofia? Die freiheitsliebende, grossmäulige Sofia, die gerne unterwegs war und tat, was sie wollte? Sie sollte Mutter werden? Verantwortung für ein Baby übernehmen? Das sollte wohl ein Witz sein! Sofia zweifelte selbst gewaltig an diesem Vorhaben. Ja, sie hatte unbedingt ein Kind gewollt, aber ihr gefiel vor allem die Idee von einem Baby – das Anziehen, Wickeln, Schmusen, Füttern. Eine Puppe halt. Wenn sie jedoch über die eigentliche Verantwortung nachdachte, die eine Mutterschaft mit sich brachte, wurde ihr schlecht. Wie sollte sie ihr Kind vor der Welt beschützen können? In ihrem Bauch war es sicher, er bot ihm Schutz, aber sobald es draussen wäre, könnte ihm alles Mögliche passieren! Wie würde Sofia dieses Kind vor den täglichen Gefahren bewahren können? Sie tröstete sich damit, dass sie immer nicht allein mit ihrem Kind war, so wie ihre Single-Freundin Angelina in Italien. Helmut würde sicherlich ein guter Vater werden, er freute sich riesig auf sein Kind. Er hoffte auf eine Tochter, denn er hatte Angst, mit einem Sohn genauso viele Fehler wie sein eigener Vater zu machen.

Sofias Zimmernachbarin nickte ihr von schräg gegenüber zu. Die Wehen liessen bei beiden noch auf sich warten. «Ihr erstes Kind?», fragte sie Sofia. «Ist es so offensichtlich?» Sofia grinste schief und band sich ihren Pferdeschwanz neu. Die Frau lachte: «Das kann man wohl sagen! Machen Sie sich keine Sorgen, wir Frauen sind dafür gemacht. Uns haut so schnell nichts um, auch wenn es sich jetzt gerade so anfühlt.» – «Genau», Sofia zwinkerte ihr zu, «von wegen schwachen Geschlechts.» Sie mussten beide lachen. «Bei mir ist es das Dritte. Man gewöhnt sich daran. Aber ich bin froh, dass mein Mann nicht dabei sein will. Der soll mich bitte schön nicht so sehen!» Sofia nickte. Helmut hatte zwar protestiert, als Sofia ihn rausgeschickt hatte, aber sie wusste, dass er insgeheim froh war, nicht mitansehen zu müssen, wie sie litt, schrie und sich von den Hebammen anschnauzen lassen musste. Tatsächlich gingen die französischen Hebammen und Ärzte nicht zimperlich mit den Gebärenden um.

Später, als Sofia in den Wehen lag, überraschte sie die Heftigkeit des Schmerzes. Er war so plötzlich und intensiv, dass sie Angst bekam, etwas stimme nicht mit ihr. Sie lag nun bereits seit 20 Stunden hier und konnte nicht mehr. Ihr kamen die Tränen, vor Frust, vor Schmerz. Sie war überzeugt, es nicht zu schaffen. Das Baby würde in ihr sterben und sie gleich mit. Panik erfasste sie. Bei der nächsten Wehe fauchte die ebenfalls übermüdete Hebamme Sofia an: «Wenn Sie nicht sofort aufhören zu schreien, schiebe ich das Bett in den Gang und sie gebären ihr Kind draussen!» Sofia hielt immer noch viel auf ihr Aussehen. Sie hatte sich für das Krankenhaus geschminkt und frisiert. Doch jetzt war der Kajal verschmiert und ihre Haare klebten an ihrem Kopf. Schlimm genug, dass ihr Mann sie bereits so gesehen hatte, aber Fremde im Krankenhauskorridor? Auf keinen Fall. Sie versuchte, leiser zu stöhnen, und hoffte nur noch, dass es endlich vorbei sein würde.

Zu Hause wartete Lucia darauf, dass Helmut ihr endlich die frohe Nachricht überbrachte. Sie war erst am Abend zuvor aus Turin eingetroffen und nachts waren auch schon die Wehen losgegangen. Sie hatte während Sofias Schwangerschaft mit Ratschlägen nicht gespart. Die gesamte Palette an abergläubischen Ritualen hatte diese über sich ergehen lassen müssen. «Iss nicht dies, tu nicht das, fass das nicht an, trage dies nicht.» Sizilien war die Insel der *scaramanzia*[93] und Sofia konnte nicht anders, als sich ebenfalls an diese Glaubenssätze zu halten. So öffnete sie nie einen Schirm im Haus, legte keinen

---

[93] Aberglaube, Beschwörung der guten Geister.

Hut aufs Bett, das wiederum nie in Richtung Tür zeigen durfte. Spiegel, die kaputt gingen, bedeuteten sieben Jahre Pech und verschüttetes Salz ebenfalls, ausser man warf sich eine Prise davon über die linke Schulter. In Bezug auf die Schwangerschaft war der Aberglaube noch absurder: Sofia durfte die Füsse nicht überkreuzen, sonst würde sich die Nabelschnur um den Hals des Babys legen. Es bringe auch Unglück, wenn eine kinderlose Frau sie berührt, weshalb Lucia Sofias Freundschaft zu Barbara skeptisch beäugte. Ein Aberglaube kam ihr immerhin entgegen: «Wenn du deinen Gelüsten nicht nachkommst, wird das Baby Flecken im Gesicht haben!» Sofia glaubte nur bedingt an diese Dinge, nutzte die letzte Aussage aber gerne aus. Helmut hatte sich oft und gerne darüber lustig gemacht. In seinen Augen war all das totaler Humbug. Kaputtlachen konnte er sich darüber, dass Männer sich an die Hoden fassen mussten, wenn ein Leichenwagen vorbeifuhr. Frauen, die dafür nicht ausgestattet waren, riefen hingegen ihren Männern und Söhnen zu: *«Toccati le palle!»*[94], wenn sie einen Leichenwagen sichteten. Sizilianer akzeptierten den Tod nicht als etwas, das zum Leben gehörte. Anders als in anderen Kulturen, war der Tod *immer* ein Drama. Auch bei fast 100-Jährigen oder Schwerkranken. Ausserdem war es ihnen enorm wichtig, wo und wie diese Toten dann begraben wurden. Helmut verstand das nicht: «Wenn du tot bist, bist du tot.» – «Wenn dich deine Mutter hören könnte!», erwiderte Sofia stets lachend.

«Madame Kramer, *votre mari est là!*[95]» Benommen schaute Sofia in Helmuts feuchte Augen. Er strahlte sie an, um sogleich etwas angeekelt das verschrumpelte Etwas zu betrachten, das in ihren Armen lag. Sofia war fix und fertig, blickte ihn unsicher an und hielt ihm das Baby entgegen. Helmut nahm das Bündel und fragte die Krankenschwester besorgt: «Ist es gesund?» – «Oh ja, alles dran, 3,8 Kilo, 53 Zentimeter. Ihre Tochter ist kerngesund, ich gratuliere!» Eine Tochter. Helmut kamen schon wieder die Tränen, verlegen wandte er sich ab. Sofia hatte wenig Verständnis für emotionale Männer. Sie hatte ihm gestanden, dass sie vor ihm noch nie einen Mann hatte weinen sehen. Doch sie spürte, dass sie in ihrem Gefühl, ihrer Zuneigung verbunden war: Sie hatten beide sofort das Bedürfnis, ihr Kind für immer zu beschützen.

Helmut konnte es kaum erwarten, seine Tochter allen vorzustellen. Sofia schaute immer noch verunsichert. «Geht es dir nicht gut?», fragte Helmut sie besorgt. Sofia machte ihren Sorgen Luft: «Ich habe Angst. Können wir das? Wir wissen doch absolut gar nichts über Babys! Und wenn wir was falsch machen und

---

[94]«Fass dir an die Eier!»
[95] «Ihr Mann ist da!»

sie dadurch in Gefahr bringen?» Ihre Stimme klang immer panischer. Helmut drückte ihre Hand und setzte sich auf den Bettrand. «Wir sind ja nicht die ersten mit einem Neugeborenen. So schwer wird es nicht sein», versuchte er sie zu beruhigen. «Ausserdem ist deine Mutter jetzt da, die hat bestimmt einen Rat für uns.» Er zwinkerte ihr zu und Sofia rollte die Augen. Da fiel Helmut ein, dass er seine Schwiegermutter informieren musste. Sie hatten immer noch kein Telefon zu Hause, er würde nach Hause fahren müssen, um der frisch gebackenen *nonna* die frohe Botschaft zu verkünden. Seine Eltern würde er aus einer Telefonzelle von unterwegs anrufen.

Ein paar Tage später wurde Sofias Zimmergenossin aus dem Krankenhaus entlassen. «Machen Sie sich nicht zu viele Sorgen. Babys brauchen nicht viel, Sie schaffen das!» Helmut sass neben Sofia und lächelte. «Das hat meine Mutter auch zu mir gesagt, als ich sie gestern anrief.» Doch als Helmut und Sofia wieder allein waren, fragte er: «Was heisst, Kinder brauchen nicht viel? Uns hat es auch nie an etwas gefehlt, meine Eltern haben für die Familie gesorgt. Mein Vater war ein Arbeitstier, der sich für nichts zu schade war. Von Anfang an – schon bevor es uns Kinder gab –, hat er sich um Mutti, ihre Schwestern und meine Oma gekümmert. Wir hatten immer warme Kleider, genug zu essen und ein Dach über dem Kopf. Aber genügt das, damit ein Kind glücklich aufwächst?» Helmut verfiel in Grübeleien, wie so oft, wenn es um seine Eltern ging. Er hatte Sofia gegenüber schon oft erwähnt, dass er sich mehr gewünscht hätte: mehr Zuneigung, mehr Zuhören, mehr Zugehörigkeit. Als Kind fühlte er sich wie etwas, das zu funktionieren hatte. Brav sein, strebsam, anständig und gottesgläubig. Was er wollte, seine Wünsche, seine Träume hatten kaum jemanden interessiert. Würde, könnte er es anders, *besser* machen als seine Eltern? Hätten diese es besser können sollen? Besser wissen müssen? Er hob den Kopf und nahm Sofias Gesicht in die Hände. «Ich verspreche, es besser zu machen. Auf jeden Fall anders. Ich werde für unsere Familie arbeiten, für uns aufkommen, euch alles geben, was ich kann. Aber vor allem will ich meine Tochter lieben und es ihr auch zeigen. Ich wünsche mir eine bessere Beziehung zu diesem Wesen, als ich es zu meinen Eltern hatte.» Liebevoll schaute er zu der schlafenden Mathilde, die neben ihnen in der Spitalwiege lag.

Kapitel 25

Sofia, 1974

Sofia funkelte ihren Mann wütend an. «Das ist nicht dein Ernst!» Sie standen in der Filiale der Kantonalbank und Helmut hatte ihr gerade übersetzt, dass es für sie in der Schweiz nicht möglich war, alleine ein Bankkonto zu eröffnen. Als Frau. Ohne Einverständnis ihres Ehemannes. Sofia tippte genervt mit ihrem rot lackierten Zeigefingernagel auf das Formular. *«Je ne suis pas un enfant!»*[96], blaffte sie den zusehends eingeschüchterten Mann an, der sich seit Minuten kaum mehr traute, Sofia direkt anzusehen. Ein Kunde am Schalter neben ihr schüttelte den Kopf, was Sofia mit einem strengen Blick konterte. Der Mann schaute wieder starr geradeaus. Wo war sie nur gelandet? Was war das für ein Land, das erst kürzlich das Stimmrecht für Frauen eingeführt hatte? In Italien war dieses genauso alt wie sie selbst. 1946 hatten sie darüber abgestimmt. Ob Lucia auch dabei gewesen war? Danach hatte sie sie nie gefragt. Was dachten sich diese Schweizer eigentlich dabei, 1974 die Hälfte der Bevölkerung immer noch wie kleine Kinder zu behandeln? Unmündig, nicht fähig, ihre eigenen Entscheidungen zu treffen?

«Wofür haben wir Frauen denn gekämpft?», empörte sie sich in Helmuts Richtung. «Gekämpft?», erwiderte er belustigt. «Wo hast du denn gekämpft?» Sofia schnaubte verärgert. Doch Helmut hatte recht, sie selbst war nie auf die Strasse gegangen. In Italien waren Frauen rechtlich den Männern gleichgestellt gewesen. Glaubte sie zumindest. Sie selbst hatte einen guten Job gehabt und war, seit sie 16 war, nie mehr abhängig von jemandem gewesen. Damit würde sie doch jetzt nicht anfangen! Wofür hatte sie einen modernen Mann geheiratet, der sich hütete, ihr Vorschriften zu machen? Sie hatte einen Führerschein, eine Ausbildung und jetzt wollte sie ein eigenes Bankkonto. Das war doch nicht zu viel verlangt! Sie reichte Helmut mit spitzen Fingern das Formular, das er als ihr Ehemann mitunterschreiben musste. Sofia schüttelte den Kopf und schob dem Beamten, der schon langsam Schweissränder unter den Armen bekam, das Papier zurück. Dass er aussah wie eine jüngere Version von James Schwarzenbach, kam ihm nicht gerade zugute. Noch so einer, der sie über alle Massen ärgerte. Dem Politiker war es zu verdanken, dass viele Schweizer die Ausländer ablehnten. Dabei konnten Italiener diesem Rassisten noch was über Würde und Anstand beibringen! Die Schweiz sollte besser dran sein, ohne die Migranten, die halfen, dieses Land überhaupt zu zivilisieren? Dass sie nicht lachte!

---

[96] «Ich bin doch keine Kind!»

Natürlich wusste sie, dass es in ihrer Heimat nicht unbedingt besser war als in der Schweiz. Offiziell waren Frauen zwar gleichberechtigt, aber im realen Leben? Noch lange nicht! Dennoch vermisste sie ihre Heimat, sie vermisste die Menschen, ihren Humor, diese Lockerheit, die ihr nirgends je wieder begegnet war. Nicht in England, nicht in Frankreich und schon gar nicht in der Schweiz. Sie vermisste ihre Freunde in Paris und Turin, ja sogar ihre Familie fehlte ihr manchmal. Hier fand sie einfach keinen Anschluss. Die Schweizer waren verschlossen und skeptisch gegenüber Fremden, was dieser Schwarzenbach schamlos ausnutzte. Sie waren selten weltoffen, kannten kaum fremde Sprachen. Zugegeben, sie, Helmut und Mathilde wohnten auf dem Land, in den Städten war das sicher auch in der Schweiz anders. Hier auf dem Land ergossen sich die Frauen, mit denen sie ab und zu einen Kaffee trank, in «Ahs» und «Ohs», wenn Sofia erzählte, wo sie schon überall gelebt hatten. Das höchste der Gefühle war für sie Lausanne, «die Stadt», wie sie sie nannten. Für Sofia war Lausanne ein Schweizer Dorf, verglichen mit den Städten, die sie kannte. Sie hatte grosse Bedenken, dass ihre Tochter hier aufwachsen sollte, unter diesen «Bauern». Aber Helmut hatte eine hervorragende Stelle bekommen, Sofias *capo* aus Turin hatte sie ihm besorgt.

Paris zu verlassen, hatte sie fast zerrissen. Natürlich hatten sie in der Schweiz eine viel grössere Wohnung. Auch würde Mathilde hier viel mehr Möglichkeiten haben, draussen zu spielen. Es war grün und die Luft war frisch. Aber die pulsierende Grossstadt für dieses Kaff einzutauschen, war für Sofia die schwerste Entscheidung ihres Lebens gewesen. Auch weil die meisten ihrer Freunde in Paris waren, sie bauten sich ihr Leben weiterhin dort auf. Barbara war jetzt offiziell mit dem Vater ihrer Au-pair-Kinder zusammen, sie würden bald heiraten. Ihre Schulfreunde vom *Institut catholique* hatten sich ebenfalls fest in Paris niedergelassen, ausser Giovanni, der war zurück in Rom. Bei seiner *mamma*. Sofia schmunzelte und seufzte gleichzeitig beim Gedanken daran, was sie hinter sich gelassen hatte.

Der Bankangestellte beeilte sich jetzt, Sofias gewünschte Papiere fertigzumachen, um sie verabschieden zu können. Helmut stand hinter ihr und drückte ihr beruhigend die Schulter. Sofia wusste, dass es seine Art war, sich zu entschuldigen. Dafür, dass Männer die Welt regierten; dass sie in der Schweiz gelandet waren; dass sie nicht wie die Prinzessin behandelt wurde, für die sie sich gerne hielt. Es war zugleich aber auch eine beruhigende Geste. Er wusste, dass Sofia jederzeit wie ein Rakete abgehen konnte. Sie musste lächeln. Sofia mochte es, dass Helmut solchen Respekt – oder war es Angst? – vor ihr hatte. So liess er sie mit all ihren Macken gewähren. Er wusste, mit ihr umzugehen. Sie kriegte meist, was sie wollte – und war gleichzeitig froh, einen Mann zu haben, der für sie sorgte. Zu ihren Bedingungen.

Sofia war selbst überrascht gewesen, dass sie nach Mathildes Geburt nie wieder das Bedürfnis gehabt hatte, arbeiten zu gehen. Ihre kleine Tochter einer fremden Person zu übergeben, kam für sie nicht infrage. Sie wollte sich selbst um das kleine Bündel kümmern, ging vollkommen in ihrer Mutterrolle auf. Dass sie in der Schweiz weder einen Arbeitsvertrag noch ein Bankkonto ohne Einverständnis des Ehemanns erhielt, hatte ihr Helmut erst gestern gestanden. «Deshalb werde ich morgen mitkommen und unterschreiben», hatte er ihr zähneknirschend erklärt.

Endlich war der Schalterbeamte mit dem Papierkram fertig. Sie konnten die kleine Bankfiliale endlich verlassen. «Champagner?», schlug Helmut vor, um seine Frau aufzumuntern. Er hatte ihr schon vor dem Bankbesuch versprochen, im schönsten Restaurant der Walliser Kleinstadt zu Mittag zu essen. Sofia schnaubte und wollte widersprechen. Helmut zwinkerte ihr zu und wie immer verfehlte sein verschmitzter Blick seinen Effekt nicht. Sie hakte sich bei ihm unter: «Aber wenn du jetzt denkst, ich würde dich einladen, weil ich ein eigenes Konto habe, hast du dich geschnitten!» Helmut musste laut lachen, auf sowas wäre er gar nicht erst gekommen.

Kapitel 26

Lucia, 1976

Salvatore war tot. «Nach langer Krankheit» dahingerafft. So oder ähnlich würde es am Anschlag neben der Kirche stehen. Darüber sein Bild, das er kurz nach ihrer Ankunft in Turin vor 30 Jahren beim Fotografen Sartori hatte machen lassen. Darauf sah er aus wie seine Tochter – mit dem dunklen Haar, der matten Haut und den dunkelbraunen Augen, die immer etwas spöttisch schauten. Als wäre es ihm egal, was andere dachten, als könnte er niemanden richtig ernst nehmen. Lucia hätte es gerne gesehen, wenn wenigstens ihr Mann und ihre Tochter sie ernster genommen hätten. Doch sie hatte gelernt, dass das Leben einfacher war, wenn man sich in sein Schicksal fügte.

Alessandro war nach der Beerdigung direkt nach Hause gegangen, sass seither in seinem Zimmer und klimperte auf seiner Gitarre. Lucia hatte keine Ahnung, wie sie ihren 19-jährigen Sohn erreichen konnte. Er hatte immer mit Salvatore geredet, wenn etwas gewesen war. Er war die Person, zu der die Kinder gingen, wenn sie Sorgen hatten. Lucia war der Trauer ihres Sohnes gegenüber sprachlos. In ihrem Innersten wusste sie, dass sie sich mehr um ihn kümmern sollte: ihn trösten, in den Arm nehmen, mit ihm über seinen Vater reden, die Erinnerungen zusammen aufleben lassen. Doch sie konnte nicht. Sie brachte es nicht über sich, Salvatores Namen überhaupt laut auszusprechen, geschweige denn über ihn zu reden. Sie hatte Angst. Angst vor der Zukunft ohne Ehemann. Angst, finanziell schlechter dazustehen. Das hatte sie ja bei der eigenen Mutter erlebt. Ausserdem fürchtete sie Alessandros Fragen. Ob sie seinen *papà* geliebt habe, zum Beispiel. Er vergötterte seinen Vater und hatte nie sehen wollen, dass auch dieser Fehler hatte. Dass er, wie alle anderen Männer auch, seine Frau unter der Fuchtel hielt, sie rumkommandierte und ihr nie erlaubt hatte, selbstständig zu sein.

Hatte sie Salvatore geliebt? Hatte er sie geliebt? Sie wusste es schlicht nicht, bezweifelte, überhaupt von jemandem je aufrichtig geliebt worden zu sein. Ihr Vater hatte ihr seine Zuneigung gezeigt, auf seine Art. Ihr Bruder ebenfalls. Von ihrer Mutter hatte sich Lucia stets distanziert, zu gross war die Scham über das Zusammenleben mit dem Schuster gewesen. Und Salvatore? Es hatte sich halt so ergeben. Nicht zuletzt, weil Calogero mit Gelsomina geflirtet hatte und sie viel zusammen unterwegs waren. Es schien so einfach, fast logisch, dass sie und Salvatore ebenfalls zusammenfinden sollten. Aber Liebe? Was für ein grosses Wort, so dramatisch! Liebe war etwas für reiche Leute, für Träumer, die sich das leisten konnten. Die sich keine Sorgen um ihr tägliches Einkommen machen mussten. Die schon so viel besassen, dass sie Zeit fanden, sich über die Liebe Gedanken zu machen. Ihr Sohn Alessandro war noch jung und hatte keine Ahnung von diesen Dingen. Sein Vater fehlte ihm, er und seine Schwester waren am Boden zerstört. Was machte das aus Lucia? Das Überbleibsel? Sie zweifelte keine Sekunde daran, dass es beiden Kindern lieber gewesen wäre, wenn sie statt Salvatore gestorben wäre. All die Jahre, die sie für Sofia und Alessandro gesorgt, gekocht, Wäsche gewaschen, geputzt, Kleider geflickt hatte, waren nichts gegen Salvatores verrückte Geschichten und lustigen Ausflüge, die er mit ihnen unternommen hatte. Auch tot stand er immer noch auf dem Podest im Wettrennen, wer der bessere Elternteil ist. Lucia wäre es auch lieber gewesen, vor Salvatore zu sterben. Dann würde sie jetzt nicht jeden Morgen beim Aufwachen diese Panik ergreifen, die nicht mehr wegging, bis sie abends einschlief. Und dies gelang ihr nur dank den Schlafmitteln, die ihr der *dottore* verschrieben hatte. Am liebsten wäre sie den ganzen Tag im Bett liegen geblieben, hätte die Decke über den Kopf gezogen und gewartet, bis … Ja, bis was? Es gab so viel zu tun! Die Rechnungen, die Hypothek, ihre Rente – all diese Sachen, von denen sie keine Ahnung hatte. Dafür war Salvatore zuständig gewesen und er hatte ihr nie zeigen wollen, wie das ging. So stellte sie zusammen mit Sofia und Helmut dann auch fest, dass sie noch weniger Geld hatte, als vermutet. Sie schämte sich. Dafür, um Hilfe bitten zu müssen. Dafür, kein Geld zu haben. Lucia hatte es zugelassen, wie ein Kind behandelt zu werden. Wieder mal war sie froh, ihrer Tochter eine Ausbildung ermöglicht zu haben, die sie davor bewahren würde, in diese Abhängigkeitsfalle zu tappen. Lucia legte sich ins Bett und zog die Decke über den Kopf. Morgen war auch noch ein Tag.

Kapitel 27

Sofia, 1978

Sofia schnürte den Abfallsack zu und stellte ihn seufzend ins Treppenhaus. Hoffentlich würde Helmut daran denken, ihn gleich mitzunehmen, sonst würde sie wieder Probleme mit der Frau des Hauswarts haben. «Wir sind hier nicht in Italien», hörte sie mehrmals die Woche, wenn sie wieder etwas «falsch» gemacht hatte: die Wäsche zu spät aus der Waschküche geholt hatte, die falschen Abfallsäcke gekauft, das Auto zu lange vor dem Haus geparkt, um die Einkäufe auszuladen.

Es waren Sommerferien und die fünfjährige Mathilde langweilte sich. Sie waren vor ein paar Wochen erst in die Deutschschweiz gezogen. Die Kleine sprach die Sprache nicht, kannte hier niemanden und klammerte sich deshalb an ihre Mutter. «Geh doch raus, du findest bestimmt Kinder zum Spielen.» Sofia nervte es, wenn ihre Tochter sich nicht selbst beschäftigte. Sie gehörte nicht zu den Müttern, die sich mit ihren Kindern hinsetzten und spielten. So gerne sie Mathilde als Baby hundertprozentig betreut hatte, so sehr sehnte sie sich jetzt nach einer Arbeit, bei der sie das Haus wenigstens für ein paar Stunden verlassen konnte.

Helmut drängte sich an ihr vorbei und knallte die Wohnungstür hinter sich zu. Gestern hatten sie wieder gestritten. Weil sie in dieses Land gekommen waren, in dem Sofia sich fremd fühlte. Und weil man ihr jeden Tag zu verstehen gab, dass sie nicht hierhergehörte. «Aber du wolltest doch in die Schweiz!», hatte Helmut ihr zum x-ten Mal an den Kopf geworfen. «Du wolltest näher an Turin sein, wegen deiner Familie. Hamburg war dir zu weit weg!» Natürlich wusste Sofia, dass er recht hatte. Sie wusste selbst nicht, was mit ihr los war. Sie hatte auch in England erst einmal kein Wort verstanden, aber da war es ihr egal gewesen. Damals hatte sie eine Aufgabe gehabt, sie war zur Schule gegangen, hatte in der Cafeteria gearbeitet und später als Au-pair Kinder betreut. Hier führte sie das Leben einer gelangweilten Hausfrau und fühlte sich eingesperrt. War es das jetzt? Was war mit der Freiheit passiert, die ihr so wichtig erschien? War ihr Leben wirklich so viel anders als jenes ihrer Mutter? Und dazu noch an einem Ort, an dem sie niemanden kannte? Weder in England noch in Frankreich hatte sie das Gefühl gehabt, nicht dazuzugehören. Aber hier, in diesem Kaff bei Zürich, merkte sie jeden Tag, dass sie Ausländerin war. Sie war unerwünscht, man hatte sie nicht eingeladen, hier zu sein. Für Helmut war es einfacher, er sprach Deutsch. Die Schweizer gaben sich sogar Mühe, ihm in seiner Sprache zu begegnen. Sofia sprach zwar zwei Landessprachen, aber das schien die Zürcher nicht zu beeindrucken.

Mathilde war schon lange wach, nächste Woche begann der Kindergarten und sie wurde zunehmend nervös. «Holst du mir Zigaretten vom Kiosk?», bat Sofia sie und drückte ihr einen Fünfliber[97] in die Hand. Die Kleine rümpfte die Nase, zog aber ihre Schuhe an. Sofia war erleichtert, sie für kurze Zeit aus dem Haus zu wissen. Sie war sich sicher, dass Mathilde schnell Freunde finden würde. Das Mädchen war sehr offen und gesprächig, mit ihren Sommersprossen und ihre Stupsnase schien es für sie immer ein Leichtes, andere Kinder kennenzulernen. Und das Sprachproblem würden sie bei ihr bald lösen können. Der hiesige Kindergarten bot Extrastunden für ausländische Kinder an, die Deutsch lernen mussten. Sie stand am Fenster und schaute ihrer Tochter nach, als diese Richtung Quartierskiosk trottete. Sie durfte sich auf diesen Botengängen immer etwas Süsses kaufen, nur deshalb spielte Mathilde jeweils den Kurier. Sofia war zwar entsetzt über die Auswahl an scheusslichen Gummisüssigkeiten am Kiosk, aber sie war noch im Morgenmantel und würde so sicher nicht selbst raus gehen. Sie war mehr als einmal entrüstet gewesen, andere Hausfrauen zu sehen, die ungewaschen und unfrisiert das Haus verliessen. Schweizerinnen schminkten sich nicht einmal, um einkaufen zu gehen! Wie konnte man sich nur so gehen lassen? Sofias Eitelkeit hatte trotz Mutterschaft und Hausfrauendasein nicht nachgelassen. Sie achtete mehr denn je darauf, gut auszusehen, schliesslich wollte sie sich nicht blamieren. Und ihren Mann auch nicht.

Sofia stand immer noch in Gedanken versunken am Fenster, als Mathilde wieder Richtung Wohnung zurückging. Ein Mädchen sass im Gras hinter dem Haus und Sofia sah, wie Mathilde sich ihm schüchtern näherte. Ihre Tochter war nie kontaktscheu gewesen, doch diese Situation war neu für sie. «Wie soll ich andere Kinder denn ansprechen, wenn die kein Französisch können?», hatte sie Sofia gefragt. «Mit Händen und Füssen», hatte Sofia lapidar geantwortet. Der Plan schien aufzugehen. Mathilde strahlte die Fremde herzlich an und diese bedeutete ihr, sich neben sie zu setzen. Sofia fiel ein Stein vom Herzen. Schweizer waren also doch nicht alle so verschlossen, wie sie befürchtet hatte. Zumindest Kinder nicht. Die beiden Mädchen verbrachten den Rest des Vormittags damit, sich mit Händen und Füssen und verlegenem Kichern zu verständigen.

Wie Mathilde später ihrer Mutter erzählte, war die gleichaltrige Hannah Ungarin, ihr Vater war 1956 als junger Mann in die Schweiz gekommen. Mathilde schien mit Hannah etwas zu verbinden, das sie mit den Schweizer Kindern nicht

---

[97] Schweizer 5-Franken-Münze

gemein hatte: Die Freundinnen gehörten irgendwie nicht hierher und mussten sich dennoch mit ihrem Zuhause abfinden. Wobei Hannah wenigstens in der Schweiz geboren war. Anders war das bei Anita, die Mathilde ebenfalls bald schon mit nach Hause brachte und verkündete: «Das ist meine neue Freundin Anita, sie kommt aus Afrika!» Ihre Sommersprossen tanzten vor Aufregung. Anita hatte eine südafrikanische Mamma und einen Schweizer Papa. Sie waren in die Schweiz gekommen, weil Schwarze und Weisse in ihrem Land nicht heiraten durften. Mathilde fragte ihre Mutter abends erstaunt: «Wieso interessierte es den Präsidenten, wer wen liebt, Mamma? Du bist doch Italienerin und Papa Deutscher, ist das auch nicht erlaubt?» Ihre grün gesprenkelten Augen blickten Sofia verwirrt an. Sofia hatte schon von der Apartheid gehört, aber ihr politisches Interesse für Afrika hielt sich in Grenzen, weshalb sie Mathilde zu Helmut schickte, der ihr das lang und breit erklären würde.

Sofia machte sich einen frischen Kaffee. Der Geruch, der aus der Mokka stieg, erinnerte sie immer noch an ihr Zuhause und die kleine Küche in Turin. Sie war froh, die Enge verlassen zu haben, doch sie vermisste ihre Familie. Der gestrige Streit mit Helmut war wieder mal ausgeartet, doch sie wusste, dass Helmut recht hatte. Er fühlte sich hier wohl, er hatte eine spannende Stelle gefunden in einer Chemiefirma. Er reiste viel und Sofia war mit Mathilde oft allein. Doch sie war es gewesen, die nach Zürich hatte kommen wollen. So sehr sie sich gewünscht hatte, woanders als in Italien glücklich zu werden, so sehr musste sie Turin regelmässig besuchen können. Seit ihr Vater tot war, brauchte *mamma* sie mehr denn je. Salvatore hatte immer den gesamten Papierkram organisiert und nun war Lucia völlig aufgeschmissen. Helmut hatte sich sehr grosszügig gezeigt und Lucia finanziell unterstützt. Es ärgerte Sofia dennoch, dass das Geld von ihm kam und sie ihrer eigenen Familie nicht unter die Arme greifen konnte. Ohne Job war sie in genau die Abhängigkeit geraten, die sie immer verabscheut hatte. Doch wie sollte das gehen mit einem Kind? In der Schweiz kamen die Kinder mittags immer noch zu Mamma nach Hause, so etwas wie eine Mensa gab es in der Schule nicht. Die Ausnahme war Mathildes einzige Schweizer Freundin im Dorf. Entgegen den gängigen Gepflogenheiten war Lucie das einzige «Schlüsselkind» im Quartier. Ihre Eltern waren viel unterwegs, sie bekam jeweils einen *Fünfliber* [98] fürs Mittagessen zugesteckt. Als Sofia das erfuhr, war sie entsetzt, und ab da ass Lucie fast täglich bei den Kramers zu Mittag.

Sofia nahm einen Schluck von dem starken Kaffee und spürte, wie ihre Lebensgeister langsam erwachten. In letzter Zeit hatte sie grösste Mühe, morgens

---

[98] Schweizer Fünf-Franken-Münze

aus dem Bett zu kommen. Am liebsten hätte sie sich die Bettdecke einfach über den Kopf gezogen und wäre liegengeblieben. Seit Salvatores Krankheit fühlte sie sich allein. Sie musste sich eingestehen, dass er der einzige Mensch gewesen war, der sie je verstanden hatte. Und akzeptiert hatte. Sie vermisste ihn fürchterlich und verbrachte den Tag mit Träumereien, wie sie damals am Meer Muscheln gesammelt oder zusammen im Valentino Boccia gespielt hatten. Ihr Bruder litt ebenfalls sehr unter dem Verlust des Vaters und Sofia wusste, dass Lucia so mit sich selbst beschäftigt war, dass sie Alessandro regelrecht vernachlässigte. Sie telefonierten zwar regelmässig miteinander – und gaben dabei ein Vermögen aus –, doch es war nicht dasselbe, wie ihren Bruder im Arm zu halten. Alessandro war jetzt 21 und quälte sich durch sein Studium, das ebenfalls Helmut bezahlte.

Helmut wurde deswegen von Lucia vergöttert. Es war richtig peinlich, wie sich ihre Mutter aufführte, wenn Sofia mit ihm nach Turin kam. Ihm wurde der rote Teppich ausgerollt und sie und Alessandro traten vollkommen in den Hintergrund. Es gab nur zu essen, was Helmut mochte. Wenn er Siesta hielt, mussten alle still sein und neben Mathilde schien er die einzige Person zu sein, dem Lucia Aufmerksamkeit schenkte. Wenn Sofia es wagte, etwas gegen ihn zu sagen, verdrehte Lucia die Augen und schaute ihrer Tochter missbilligend an. Wie Sofia diesen Blick hasste! Er besagte: «Du undankbares Kind, sei froh, dass du einen gefunden hast, der sich um dich kümmert.» Sofia wusste, dass Helmut verrückt nach ihr war. Doch die Leidenschaft, die sie füreinander empfanden, war manchmal unerträglich. Die Emotionen kochten hoch, sie wurden laut, Sofia schmiss in ihrer Wut mit Gegenständen nach ihm und wusste im Nachhinein nicht mal mehr, worum es bei dem Streit gegangen war. Wollte sie ihn verlassen? Wäre sie allein denn besser dran? Und was würde die Familie sagen? Ihre Mutter würde es ihr nie verzeihen, wenn sie ihren Mann verliess, so viel war sicher.

Als Mathilde ein paar Wochen später zum Mittagessen nach Hause kam, brachte sie aufgeregt einen Zettel vom Kindergarten mit. Die Kindergärtnerin Frau Meyer wollte mit den Kindern eine Schifffahrt auf dem See und eine anschliessende Wanderung unternehmen. «Ich war noch nie auf einem Schiff!», rief Mathilde aufgeregt. Ihr Vater hatte zu oft dieselbe Horrorstory von seiner Mutter gehört: von der «Steuben», die in den Wellen der Ostsee versunken war. Er hatte deshalb grossen Respekt vor dem Wasser und hatte es bisher vermieden, mit seiner Tochter aufs Wasser zu gehen. Mathilde hatte den See, an dem sie wohnten, deshalb bisher nur vom Ufer aus bewundern können. Stirnrunzelnd las Sofia den Brief, der für sie etwas kryptisch anmutete:

Liebe Eltern

Am 21. September gehen wir auf Schulreise. Diese findet bei jedem Wetter statt. Folgendes sollte ihr Kind mitbringen:

- Regenjacke

- Wanderschuhe

- Wurst

- Trinkflasche

Sofia machte diese Liste nervös. Eine Regenjacke? Bei Regen ging man doch nicht aus dem Haus, wieso sollten die armen Kinder auf ein Schiff und dann noch laufen bei Regen? Wanderschuhe? Was sollte das sein? Sie hoffte, die Lehrerin meine nicht diese «Behindertenschuhe» mit dicker Sohle und hohem Schaft. Wurst, ok, aber was für eine? In der Schweiz gab es so viele! Auch die Trinkflasche war ihr suspekt. Stattdessen würde sie Mathilde zwei kleine Trinkpäckchen Orangensaft mitgeben. Bei den Würsten entschied sie sich für zwei dieser dünnen, braunen, die Helmut ins Gulasch schnitt. Die schienen ihr weniger fettig als die dicken Würste.

Mathilde war die ganze Woche aufgekratzt, so sehr freute sie sich auf ihre erste Schulreise. Die anderen Kinder schienen das schon zu kennen, sie hatten sogar spezielle Schuhe dafür. Sofia ging mit Mathilde ins Einkaufszentrum, weigerte sich aber, die braunen, hohen Wanderschuhe zu kaufen. «Die sind so hässlich, das tun wir dir nicht an!» Mathilde verdrehte die Augen. Sofia machte sich oft Sorgen, dass Mathilde wie die hiesigen Kinder werden könnte, die barfuss rumliefen, kaum dass die Sonne schien. Deren Mütter schienen sich nicht sonderlich um ihr Äusseres zu sorgen. Mathilde schien die Naturverbundenheit der Schweizer hingegen zu gefallen. Sie liebte es, draussen zu sein und scherte sich nicht um ihre Kleider. Aber Turnschuhe mussten für diesen Ausflug genügen, Sofia musste Grenzen setzen.

«Na, wie war's?», fragte Helmut seine Tochter, als er und Sofia sie nach der Schulreise abholten. Mathilde wackelte mit dem Kopf: «Ganz ok.» Auf dem Heimweg erzählte sie dann, der Tag habe toll angefangen. Sie waren zum See gewandert und hatten das Schiff bestiegen. Mathilde war noch nicht oft am See gewesen und sie erzählte, wie ihr das Wasser, auf dem die morgendliche Sonne glitzerte, das wogende Schilf und vor allem die süssen Enten, die sie mit Brotstückchen füttern durften, gefallen hatten. Mittags hatten sie auf der anderen Seeseite ein Feuer gemacht – auch das hatte Mathilde noch nie getan – und hatten ihr Mittagessen ausgepackt. «Die Würste der anderen Kinder waren viel dicker als meine!», entrüstete sie sich. «Sie waren entweder weiss und lang oder braun und kurz. Die Kinder spiessten sie auf selbst geschnitzte dünne Äste und hielten sie übers Feuer.» Mathilde schaute Sofia wütend von unten an. «Meine Würste waren so dünn, ich konnte sie nicht aufspiessen. Und die Jungs haben mich ausgelacht und riefen: ‹Wienerli kann man doch nicht bräteln!›». Mathilde hatte sich jetzt in Rage geredet, Sofia sah aus dem Augenwinkel, wie Helmut kurz davor war, loszuprusten. Sie verstand, wie sich ihre Tochter fühlte. Mathilde schämte sich. Dafür, dass sie nicht gewusst hatte, was der «richtige» *Z'mittag*[99] war. Auch dafür, dass sie keine Trinkflasche mitgegeben hatte, in die Frau Meyer den mitgebrachten Hagebuttentee hätte giessen können. Stattdessen hatte Mathilde dagesessen mit ihren – offenbar nicht regelkonformen – Orangensaftpäckchen und hätte am liebsten geweint. Alle anderen schienen die Regeln zu kennen, die Codes, die für ein Kind in der Schweiz selbstverständlich waren. Nur sie nicht. Und ihre Mutter offenbar auch nicht. «Und was hast du am Ende gegessen?» Sofia war entsetzt beim Gedanken, dass Mathilde den ganzen Tag mit leerem Magen zugebracht haben könnte. «Lucie hat mir eine von ihren Würsten aufgespiesst.» Mathilde schien zufrieden.

---

[99] Schweizerdeutsch für Mittagessen

Kapitel 28

Sofia, 1979

Auf der Fahrt durch die verschneiten Alpen zog Sofia gelangweilt an ihrer Zigarette und blies den Rauch gegen die Fensterscheibe. Sie fuhren über den San Bernardino und es war ihr viel zu kalt, um das Fenster auch nur einen Spalt breit runterzukurbeln. Wie sie diese Kälte, den Schnee und den Nebel hasste! Sie schaute den vorbeiziehenden Bergen und Seen nach, während Simon & Garfunkel im Radio den Klang der Stille besangen. Mathilde sass aufgeregt hinter ihr: «Ich bin sicher, dass ich dieses Jahr die Candy-Puppe vom *babbo natale*[100] bekomme! Ich wünsche sie mir schon so lange!» *Candy* war ihre absolute Lieblingsserie, aber es gab sie nur in Italien zu sehen, wie auch *Magnum, Happy Days* und *Arnold*. Sobald sie das Auto bestiegen hatten, konnte Mathilde nicht mehr aufhören, alles zu loben, was es in Italien gab und in der Schweiz nicht. Die Schweiz schien noch hinter dem Mond zu leben, was moderne Popkultur anbelangte. Sofia schmunzelte. Es war kein Wunder, dass ihre Tochter lieber bei ihrer *nonna* als zu Hause war. In Turin durfte Mathilde jeden Nachmittag Kindersendungen schauen und dabei alles Erdenkliche naschen, was ihre *nonna* ihr heimlich zusteckte.

Weihnachten in Italien war auch für Sofia etwas Besonderes. Die ganze Familie feierte mit, die Zweieinhalb-Zimmer-Wohnung von *zia* Gelsomina und *zio* Calogero war zum Bersten gefüllt und roch köstlich nach piemontesischen Spezialitäten. Am meisten freute sie sich immer über die *agnolotti*, diese gab es in der Schweiz nämlich nirgends zu kaufen. Darüber beklagte sich Sofia jedes Jahr. «Was ist das für ein Land, in dem man nicht mal anständige Pasta kaufen kann?» Pasta, Kaffee, das Gemüse, das Wetter, die Mode … Sofias Lächeln erstarb. Die Schweiz deprimierte sie zuweilen sehr, gerade, wenn sie auf dem Weg in ihre Heimat war. Sie hatte diese Heimat verlassen wollen, war nach London und Paris gereist … und jetzt? Sie sass in einem Kaff fest, konnte die Sprache nicht und sehnte sich nach Turin und ihrer Familie. Da war es wieder, dieses fehlende Stück von ihr, dass sie in Turin gelassen hatte und erst wiederfand, wenn sie zurück war.

Manchmal wagte es ihr Bruder Alessandro, die Schweiz zu kritisieren. Dann wiederum reagierte Sofia genauso vehement, als wenn jemand in der Schweiz an ihrem geliebten Italien herumnörgelte. Sie und Helmut hatten sich dieses Land zwar nicht völlig freiwillig ausgesucht, aber im Vergleich zu Italien funktionierte

---

[100] Weihnachtsmann

die Schweiz wenigstens. Ausserdem waren sie hier zu etwas Geld gekommen, was in ihren Heimatländern alles andere als sicher gewesen wäre. Bei der Turiner Familie galten Helmut und Sofia Kramer deshalb als reich – mit ihrem Audi, Sofias Designer-Garderobe und Helmuts teuren Schuhen. *«Gli svizzeri»*[101] waren offensichtlich wohlhabend. Die Kramers liessen sie in dem Glauben, wieso sollten sie sie aufklären? Helmut mochte es, wenn man seinen Wohlstand überschätzte, und Sofia war sowieso seit Kindesbeinen überzeugt, einen höheren Status verdient zu haben. Weniger gefiel Sofia hingegen, dass man sie in ihrer Heimat als «svizzeri» bezeichnete, während sie in der Schweiz eine Ausländerin war. Wo gehörte sie hin? Je älter Sofia wurde, desto weniger konnte sie diese Frage beantworten.

«Ich freue mich so auf *nonna*, *zio* Calogero, *zia* Gelsomina und die Cousins!», rief Mathilde gerade von der Rückbank, auf der sie sich häuslich eingerichtet hatte, als müsste sie dort ihre Ferien verbringen. Sofia fasste nach hinten und drückte die kleine, schwitzige Hand. Obwohl Mathilde – anders als zuhause in der Schweiz – in Turin nicht einmal ein eigenes Zimmer hatte, war die kleine Wohnung, in der Sofia aufgewachsen war, ihr zweites Zuhause. Mathilde wollte immer länger bleiben, als es die Schweizer Schulferien erlaubten. Weihnachten in Turin bedeutete für ein Kind viel essen, viel lachen, Tombola spielen und am Weihnachtsmorgen im Pyjama Geschenke auspacken, während Mamma und Papa noch müde an ihrem *caffè* nippten. All das vor einem Plastik-Christbaum, dessen farbige Lichterketten frenetisch blinkten. Um sich dann tags darauf bei einem anderen Verwandten zu treffen, viel zu essen, zu lachen und *scopa*[102] zu spielen. «Was magst du am liebsten an den Weihnachtsferien bei *nonna*?», fragte Helmut seine Tochter, nicht zuletzt, um sich die Wartezeit im Stau am San Bernardino zu vertreiben. Die Antwort kam wie aus der Pistole geschossen: «Silvester!» Helmut und Sofia schauten einander erstaunt an. «Nicht die Geschenke?» – «Doch, die auch. Aber an Silvester geht ihr weg und ich bin allein mit *nonna*.» – «Na, vielen Dank!», erwiderte Helmut belustigt. «So meine ich das nicht», beschwichtigte Mathilde ihn. Sofia wusste genau, was sie meinte. Ihre Mutter Lucia liebte es, Zeit mit ihrer einzigen Enkelin zu verbringen. So wie es ihr Vater Salvatore geliebt hatte, mit Mathilde zu spielen. Es machte Sofia traurig, dass sich ihre Tochter nie an ihren Nonna erinnern würde, weil sie einfach zu klein gewesen war, als er starb. Sofia schnippte ihre Zigarette aus dem Auto und drehte das Radio lauter. Francesco de Gregori sang *Viva l'Italia*.

---

[101] Die Schweizer
[102] Italienisches Kartenspiel

Nach den Weihnachtstagen, die sie wie immer mit viel Essen und noch mehr Familie verbracht hatten, machten sich Helmut und Sofia an Silvester auf den Weg, um mit Sofias alten Freunden in einer Disco zu feiern. «Geht endlich und geniesst es. Mathilde und ich haben zu tun.» Lucia zwinkerte ihrer Enkelin verschwörerisch zu und schloss die Türe unmissverständlich hinter deren Eltern. Sofia atmete aus. Es kam nicht oft vor, dass sie ihre Tochter in fremder Obhut liess, aber sie wusste, dass Mathilde diese Abende bei ihrer *nonna* sehr genoss. Sie wusste, dass sie der Augapfel ihrer Grossmutter war und alles bekam, was sie wollte. Schokolade zum Abendessen? Kein Problem, *cicciotta*[103]! Länger aufbleiben? Oh ja, wir schauen zusammen *Raffaella Carrà*[104]! Gruselige Geschichten erzählen? Klar, am liebsten mit der Böse-Wolf-Stimme, die Lucia trotz ihrer Zierlichkeit erschreckend überzeugend hinbekam. «Ich wünschte, *nonna* würde bei uns leben», hatte die Kleine ihr gestanden. Sofia stellte sich Mathilde vor, wie sie sich im grossen Ehebett an ihre *nonna* schmiegte. Das Zimmer roch im Winter nach Kerzenwachs und den Mandarinenschalen, die Lucia auf den Heizkörper legte. «*Nonna* riecht immer so gut!» – Chanel No. 19, das Sofia ihr regelmässig mitbrachte. Die rauen Hände ihrer Mutter. Diese Hände, die für alle kochten, wuschen, putzten. Die das Gesicht ihrer Enkelin zärtlich in den Handflächen bargen oder ihre Wangen kniffen. Diese Arbeiterinnenhände, trocken, rissig, grob und zärtlich zugleich. Die Art, wie Lucia Mathilde über den Kopf strich, erinnerte an einen Hund, der beruhigt werden musste. Und das tat es auch, Mathilde schlief normalerweise sehr schnell ein.

Sofia war kaum je in diesen Genuss gekommen. Früher hatte Lucia keine Zeit für solche Zärtlichkeiten gehabt. Sie stellte sich vor, dass Mathildes Kopfhaut prickeln musste, wenn Lucia mit regelmässigen Bewegungen über die Haare strich. Die Zuneigung ihrer Mutter war ihr nur in kleinsten Dosen zuteilgeworden. Sie konnte sich eigentlich nur an einen einzigen Abend erinnern, an dem ihre Mutter länger an ihrem Bett geblieben war. Sofia hatte damals die Windpocken gehabt und war zwei Wochen von der Schule weggeblieben. Sofia hatte die Gelegenheit sofort genutzt: «*Mamma*, was hast du als Kind in Sizilien gemacht? Gab es da auch Springseile?» Lucia hatte gelächelt und aus dem Fenster geschaut. «Nein, sowas hatten wir nicht. Aber wir hatten ein Mädchen, die besass eine Puppe mit einem hübschen Porzellangesicht. Mit der wollten wir alle spielen, aber sie liess uns nicht, aus Angst, wir würden die Puppe kaputt machen.» – «Hattest du selbst denn keine Puppe?» Sofias fiebrige Augen hatten ihre Mutter gross angeschaut. Lucia hatte den Kopf geschüttelt. «Damals hatten nicht alle Kinder

---

[103] Kosename: Kleine Dicke
[104] Berühmte italienische Moderatorin in den 1970ern und 1980ern

so viele Spielsachen wie ihr heute. Mein Bruder hatte einen Ball, der ihm jedoch gestohlen wurde. Ich besass einen Bären, den meine *mamma* mir genäht hatte.» Ihr Blick hatte sich getrübt. «Wart ihr … arm?» Sofia hatte sich kaum getraut, dieses Wort auszusprechen. Sie kannte niemanden, der arm war. Arme Leute kannte sie nur aus ihren Büchern, sie waren nicht in ihrer Welt zuhause. Aber sie wusste, dass ihre *mamma* einen Krieg erlebt hatte, und Menschen im Krieg waren nicht reich. Das hatte Sofia ebenfalls aus Büchern erfahren. «Als ich klein war, nicht.» Lucia hatte lange gebraucht, um zu antworten. «Aber als mein Vater starb – da war ich zwölf –, hatten wir plötzlich nichts mehr.» Sofia hatte sie fragend angeschaut. «Mein Vater hatte eine Firma, die mit seinem Tod an seine Partner ging. Niemand dachte daran, meiner Mutter genügend Geld zu geben, damit wir normal weiterleben konnten. Das war auch der Zeitpunkt, als wir vom Dorf in die Stadt ziehen mussten, damit meine Mutter arbeiten konnte.»

Sofia wusste, dass auch sie als Baby woanders gelebt hatte, aber sie konnte sich nicht erinnern. Für sie war diese Wohnung das einzige Zuhause, das sie je gekannt hatte. Sie konnte sich damals nicht vorstellen, wie es wäre, ihre Freundinnen verlassen zu müssen und an einem fremden Ort zu leben. «Hattest du in der Stadt auch Freundinnen, mit denen du spielen konntest?» – «Ja, aber es war nicht mehr dasselbe.» Lucia hatte aufgehört, Sofias Kopf zu streicheln. Der Moment war vorbei. Nicht einmal ihr *Ninna nanna, ninna ho* hatte sie gesungen. Sofia hatte sich wieder einmal gefragt, ob sie etwas falsch gemacht hatte.

Als Sofia und Helmut nach Mitternacht zurückkamen, sass Lucia häkelnd in ihrem Sessel. Im Fernseher lief noch die Silvester-Sendung mit Mike Bongiorno. *«Ma mamma, non dormi?»*[105], fragte Sofia besorgt. «Nein, ich habe auf euch gewartet. Jetzt kann ich ins Bett gehen.» Sofia nahm die kleine Frau in den Arm. Vielleicht war da doch mehr Zuneigung, als Lucia zeigen wollte. Oder konnte.

---

[105] «Aber *mamma*, schläfst du nicht?»

Kapitel 29

Sofia, 1985

«Chhhh!» Mathilde stand vor ihrer Mutter und machte ihr den Ton vor, der tief aus dem Hals kam. «Ggghhhh!», versuchte Sofia den Laut zu wiederholen. Sie bemerkte Mathildes Schmunzeln, während sie selbst alles andere als amüsiert war. «Chuchichäschtli!» Sofia verwarf die Hände: «Nein, sowas sage ich nicht. Das ist doch keine Sprache! Und dann auch noch Dialekt! Das ist ja wie bei den Bauern!» Schnaubend stand sie auf und stöckelte auf ihren hohen Absätzen in die Küche, wo sie energisch die Mokka aufschraubte und sich den x-ten Kaffee des Tages zubereitete. Sie hätte sich gerne eine Zigarette angezündet, aber es hätte ihre Regel gebrochen, nie vor zwölf Uhr zu rauchen. «Das machen nur Prostituierte», hörte sie ihren Vater sagen. Sofia sog den Geruch des Kaffeepulvers genüsslich ein.

Gestern hatten sie und Helmut den Elternabend besucht, wo Sofia wie immer nichts verstanden hatte. Doch Mathilde war es wichtig gewesen, ihre Mutter dabei zu haben. Sofia vermutete, dass die Kleine befürchtete, ihre Mamma auszuschliessen. Sofia hatte indes den Abend damit verbracht, den zwei Klassenclowns dabei zuzusehen, wie sie sich Farbstifte in Ohren und Nasenlöcher steckten, während die Lehrer den interessierten Eltern die Sekundarschule zu erklären versuchten, die demnächst beginnen sollte.

Sofia schaute aus dem Fenster, ein Sommergewitter braute sich zusammen, die ersten schweren Tropfen klatschten bereits auf den Asphalt. Der Geruch von heissem, aber nassem Strassenbelag war für Sofia typisch schweizerisch. Sie zündete sich jetzt doch eine Zigarette an, seit Neustem rauchte sie die schlanken Vogue. Wenigstens etwas, das ihrem Leben einen mondänen Anstrich gab. Ihre Welt war nicht grösser, sondern im Gegenteil kleiner geworden. Sie beschränkte sich auf dieses Dorf, diese Wohnung, ihren Mann und ihre Tochter. Viel mehr war da nicht. Wütend wischte sie sich die Tränen weg.

Sofia ging seit ein paar Wochen in eine Sprachschule nach Zürich, wo sie zusammen mit anderen Ausländern aus Spanien, Portugal, der Türkei und ein paar Franzosen versuchte, der Sprache Goethes mächtig zu werden. Sie empfand Deutsch aber zu keiner Sekunde als literarisch, sondern nur als kompliziert, unverständlich und grob. Die vielen Konsonanten – die oftmals auch noch nacheinander kamen – bereiteten ihr Schwierigkeiten und sie konnte es in den

Pausen kaum erwarten, ihr geliebtes Italienisch oder Französisch zu sprechen. Das war in Paris so viel einfacher gewesen! Französisch war dem Italienischen so nahe, dass es sich kaum wie eine Fremdsprache angefühlt hatte. Sie hatte damals sehr schnell begonnen, französische Literatur zu lesen, Filme zu schauen und sogar mit ihren italienischen Freunden sprach sie bald nur noch Französisch. Wieso war das hier so schwer?

Die mittlerweile zwölfjährige Mathilde hatte hier Freunde gefunden und sprach fliessend den hiesigen Dialekt. Helmut hatte seine Arbeit, die Kollegen und seinen Sport. Sofia hatte ebenfalls Anschluss gefunden, doch waren ihre Bekannten – Freundinnen mochte sie die Frauen, mit denen sie ab und zu Kaffee trank, nicht nennen – ausschliesslich *romandes*[106] oder Französinnen. Dennoch gehörte Sofia nicht dazu, drehten sich ihre Gespräche doch ohne Ausnahme um Kinder und Haushalt. Literatur, Theater oder Musik waren diesen Frauen fremd. Kurz: Sofia langweilte sich zu Tode. Italienerinnen suchte man vergeblich unter ihren Bekannten. Sofia hatte sich bewusst dagegen entschieden, mit ihren Landsleuten zu verkehren. Zunächst, weil sie sich möglichst schnell integrieren wollte. Doch nach und nach hatte sie auch festgestellt, dass die hier eingewanderten Italiener nicht «ihre Leute» waren. Oft waren es Bauern oder Arbeiter aus Süditalien, die sich hier nicht wirklich eingliedern wollten, weiterhin ausschliesslich sizilianisch oder kalabrisch sprachen und nur in die Schweiz gekommen waren, um ein paar Jahre zu arbeiten, nach Italien zurückzukehren und sich dort für immer niederzulassen. Die meisten bauten sich mit dem Geld, das sie in der Schweiz verdienten, ein Haus in der Heimat.

Sofia war sich hingegen sicher, nie wieder in Turin leben zu wollen. Oder überhaupt in Italien – so sehr es ihr manchmal fehlte. Italien ging vor die Hunde. Mafia, Korruption, die ganze Politik war marode. Was gab es da für sie? Die Kinder wurden verwöhnt, die Frauen nach wie vor wie Haushälterinnen gehalten und die Männer betrogen sie dabei auch noch. «Bring mir bloss keinen Italiener nach Hause!» Mathilde war noch klein und brachte noch gar keinen nach Hause, dennoch hatte ihre Mutter ihr das schon oft gesagt. Mathilde würde es später verstehen. Sofia hatte ihrer Tochter auch verboten, zu erzählen, dass sie sizilianische Wurzeln hatte. «Ich bin *torinese*!», stellte sie jeweils mit erhobenem Kinn fest, wenn sie nach ihrer Herkunft gefragt wurde. Als wäre das etwas Besseres, als Sizilianerin zu sein. Als *terroni* waren Sofia und ihre Eltern damals beschimpft worden – wie Sofia das gehasst hatte! Und heute ertappte sie sich dabei, dass sie genau dasselbe mit den Italienern in der Schweiz tat. War sie etwas

---

[106] Schweizerinnen aus dem französischsprachigen Teil des Landes

Besseres als diese Menschen? War sie nicht genau wie die arroganten *torinesi* damals, wenn sie ihre Wurzeln derart verleugnete? Und wie würde sich ihre Mutter Lucia fühlen, wenn sie das wüsste?

Sofia staunte immer wieder darüber, wie anders Mathilde auf ihre gemischte Herkunft reagierte als sie selbst. Scham kannte sie diesbezüglich keine. Im Gegenteil. Stolz erzählte die Kleine jedem, der es hören wollte, dass sie halb Deutsche, halb Italienerin sei. Sie war zwar ebenfalls Ausländerin, aber Sofia war überzeugt, dass niemand ihrer Tochter das Gefühl des Nicht-dazu-Gehörens gab. Sie war keine Aussenseiterin. Mathilde fühlte sich hier genauso daheim wie in Italien oder in Paris bei ihrer Patentante Barbara – nicht zuletzt, weil sie alle Landessprachen fliessend sprach. Einzig in Deutschland empfand sie keine Heimatgefühle, hatte sie ihr einmal erzählt. «Da fühlt es sich nicht so sehr wie ein Zuhause an», waren ihre Worte gewesen. Mathilde hatte weder einen Akzent, noch sah man ihr an, dass sie nicht von hier war. Sie schien sich nirgends fremd zu fühlen, fehl am Platz oder nur geduldet.

Zumindest bis zu dem Tag, als sie zum ersten Mal als «Nazi» bezeichnet wurde. Das blökte ihr jener dumme Kerl hinterher, der sie regelmässig auf dem Nachhauseweg abpasste, um ihr die Schuhe zu klauen oder die Mantelknöpfe abzureissen. Offensichtlich hatte er ein Problem mit Mathilde, wobei ihre grosse Klappe natürlich nicht half. Davon war Sofia überzeugt. Mathilde war ausnahmsweise sprachlos gewesen und nach Hause gerannt, weil sie keine Antwort auf die Beleidigung hatte. Kaum sass sie abends am Esstisch, platzte sie mit der Frage heraus: «Papa, was ist ein Nazi?» Helmut liess die Zeitung sinken und schaute erst Mathilde und dann Sofia entsetzt an: «Wieso fragst du mich das?» Beherrscht und konzentriert faltete er die Zeitung zusammen und verschränkte seine Hände. Er kaute auf der Innenseite seiner Wange und wartete mit gerunzelter Stirn auf Mathildes Antwort. «Man hat mich in der Schule heute so genannt. Ich weiss aber nicht, was es bedeutet.» – «Wer war das?» Helmuts unterdrückte Wut war spürbar, Sofia nahm einen grossen Schluck Wein. Es war nicht das erste Mal, dass Helmut bei diesem Thema wütend wurde. «Der Köppel», gab Mathilde leise zu, wohlwissend, dass ihr Vater es sowieso aus ihr herausbekommen hätte. «Kleines Arschloch!», zischte Helmut und setzte sich wieder. Er holte tief Luft und sah Mathilde aus seinen stahlblauen Augen an. «Magst du dich an die Serie *Holocaust* erinnern, die wir vor Kurzem geschaut haben? Die Männer in Uniform, die die vielen Menschen verhaftet haben? Das waren Nazis.» Mathilde sah ihren Vater verständnislos an. «Er nennt dich so, weil du Deutsche bist», erklärte er knapp. «Aber das ist doch schon so lange her, Papa! Da warst ja nicht mal du geboren!» Mathilde verstand gar nichts. Helmut nickte.

«Ja, das ist schon lange her. Das war vor meiner Geburt. Aber die Nazis waren eben sehr schlimme Menschen, weshalb man sich noch heute daran erinnert. Das ist auch gut so. Aber dumme Leute wie dieser Köppel bringen alle Deutschen immer noch mit den Nazis in Verbindung.»

Helmut faltete die Zeitung wieder auf und las weiter. Fertig erklärt. «Aber wir sind auch Schweizer, oder Papa?» Die Zeitung senkte sich wieder und jetzt schaute Helmut überrascht. «Nein, wie kommst du darauf?» – «Na, weil wir hier wohnen!» Helmut schüttelte den Kopf. «Nein, die Nationalität hat damit nichts zu tun. Du und ich, wir sind Deutsche, Mamma ist Italienerin. Wir haben keinen Schweizer Pass und den werden wir wohl auch nie kriegen.»

Nach dem Abendessen setzten sich die drei vor den Fernseher und Sofia rechnete schon damit, mit einem Buch früh ins Bett zu gehen. Dienstagabend war Krimiabend und sie fand die deutschen Serien wie «Derrick» und «Der Alte» deprimierend. Bevor Helmut sich aufs Sofa setzte, drückte er auf die 1. Das war der Schweizer Sender, den sie kaum je schauten. Sofia mochte am liebsten den welschen und Helmut das Erste und Zweite Deutsche Fernsehen. Auf dem Deutschschweizer Sender schauten sie eigentlich ausschliesslich den Wetterbericht. «Heute Abend läuft ein Schweizer Film, den wir uns unbedingt ansehen sollten.» Sofia rümpfte die Nase. «Einen Schweizer Film? Warum?» Sie hielt nicht viel vom Schweizer Kulturschaffen und betonte das auch gerne. Für sie gab es neben italienischer und französischer eigentlich keine ernstzunehmende Kultur. Ob Filme, Literatur oder Musik, ihr kam nichts ins Haus, das nördlich der Alpen kreiert worden war. «Dieser Film hat Preise gewonnen und soll wirklich gut sein. Ausserdem geht es um Ausländer in der Schweiz, wir sollten uns das ansehen.»

Wider Erwarten verbrachten sie einen sehr lustigen Abend. Auch wenn die Geschichte der zwei Beamten, die Ausländer einbürgern mussten, eher traurig war. Aber Sofia und Helmut klopften sich mehr als einmal lachend auf die Schenkel – «Genau so ist es!» – als beispielsweise der Abfallsack nicht die richtige Farbe hatte. Als die deutsche Familie das Fondue vermasselte, kringelte Helmut sich vor Lachen. Sofia fand *Die Schweizermacher* dennoch nicht ganz so witzig wie Helmut. Sie fühlte mit der ausgegrenzten Balletttänzerin allzu sehr mit. Seit sie in der Schweiz war, schämte sich Sofia wieder – wie damals als Kind, weil sie aus dem Süden kam, weil sie eine *terrona* war. Heute, weil sie wieder mal nicht hierher gehörte, in dieses Land, dass sie zwar aufgenommen hatte, sie aber auch sofort wieder ausspucken konnte, wenn es ihm passte. Eine Einbürgerung kam aber nicht infrage. Dazu hätte sie ihre Italienische Nationalität abgeben müssen. Und das nur um zu einem Land zu gehören, in dem sie aufgrund ihrer Andersartigkeit, ihres Akzents doch nie ganz daheim sein würde.

Die Mokka gurgelte, Sofia schenkte sich den Espresso ein. Der Parkplatz vor dem Haus begann, sich wieder mit Autos zu füllen. Die Väter kamen nach Hause zum Mittagessen. Ihr blieb das heute erspart, Helmut war für ein paar Tage geschäftlich unterwegs. Mit ihrer Tasse in der Hand ging Sofia zurück zu Mathilde, die am Esstisch sass und ihre Hausaufgaben machte, obwohl sie eigentlich noch krank war. Seufzend setzte sie sich an den Tisch. «Kukikaschti?» Mathilde lächelte und drückte ihre Hand. «Fast.»

Kapitel 30

Lucia, 1991

Nun war Sofia also geschieden. Wieso musste ihre Tochter so eigensinnig sein? Lucia sass am Küchentisch. Es war noch derselbe wie damals, als sie und Salvatore hier eingezogen waren, aus Formica mit abgerundeten Ecken, bei denen die oberste Schicht abblätterte. Auch sonst hatte sich die Küche kaum verändert seit den 1950ern, bis auf den grossen Kühlschrank, der gerade prall gefüllt war. Sie schälte Kartoffeln für Sofia und Mathilde, die heute Abend eintreffen würden. «*Nonna*, du machst die allerbesten Bratkartoffeln, die es gibt!» Lucia musste schmunzeln. Das, was sie laut ihrer Enkelin am besten kochte, war etwas typisch Deutsches. Ihre Enkelin und ihre Tochter würden Ostern in Turin verbringen, wie jedes Jahr. Nur dass sie ohne Helmut kommen würden, wie schon seit der Trennung vor zwei Jahren. Lucia vermisste Helmut. Seine Herzlichkeit ihr Gegenüber, seine Grosszügigkeit. Er hatte ihr einmal gestanden, dass er sich bei ihr viel wohler fühle als bei seiner eigenen Familie in Deutschland. Deshalb hatte er sie wohl auch *mamma* genannt.

Sie musste zugeben, dass sie sich für die Scheidung ihrer Tochter schämte. Nur *puttane* liessen sich scheiden! Lucia befürchtete, dass früher oder später über Sofia gelästert werden würde, schliesslich hatte sie das schon oft bei anderen Frauen erlebt. Scheidung. Ein Wort wie eine Ohrfeige. Was hatte Sofia bloss gefehlt in ihrer Ehe? Hatte sie etwa nicht alles gehabt, was eine Frau sich wünschen konnte? Ihr Mann liebte sie, dessen war sich Lucia sicher. Er verdiente gut, war ein guter Vater. Sofia hatte es ihr nicht erklären können, nur ein lapidares «Das kann nicht alles gewesen sein» hatte sie über ihre Lippen gebracht. Was dachten sich diese jungen Frauen eigentlich? Natürlich hatten sich die Zeiten geändert: Frauen waren nicht mehr so abhängig von ihren Männern, wie Lucia es gewesen war. Auch sie war nicht immer glücklich gewesen in ihrer Ehe, auch sie hatte sich manchmal gefragt: «War das alles, was das Leben zu bieten hat?» Aber eine Ehe einfach so wegzuwerfen? Helmut hatte seine Frau nicht einmal geschlagen! «Ist das wirklich der Standard, nach dem du eine gute Ehe definieren willst?», hatte Sofia geschnaubt, als Lucia sie darauf aufmerksam gemacht hatte. «Willst du denn wie ich allein alt werden?», hatte Lucia entgegnet. Sie machte sich ernsthafte Sorgen deswegen. Selbst empfand sie sich zwar nie als einsam, aber sie war verunsichert, so ganz ohne Salvatores Halt. «Wer sagt denn, dass ich allein bleibe?» Lucia hörte ihre Tochter förmlich durch die Telefonleitung grinsen. «Ich bin erst 45, vielleicht finde ich einen neuen Mann.» Immer diese

Provokationen! Lucia schüttelte den Kopf und war sich sicher, dass Sofia dies ebenfalls durch die Leitung spüren konnte. Wie konnten sich Mutter und Tochter so gut kennen und trotzdem so wenig verstehen? «*Mamma*, mach dir keine Sorgen, mir geht's gut. Helmut und ich verstehen uns trotz allem. Schliesslich haben wir eine Tochter, daran wird auch die Scheidung nichts ändern.»

«Aber bitte sag den *parenti*[107] hier nichts.» Lucia hatte die Worte schnell und abgehackt vorgebracht, als steckten sie seit Langem in ihrem Hals und hatten rauspreschen wollen. «Aha, daher rührt deine Sorge! Es geht dir nicht um mich, sondern darum, was die Leute denken. Naja, das ist ja nichts Neues.» Augenrollen bei Sofia, dessen war sich Lucia sicher. «*Mamma*, Helmut ist zwei Jahre lang nicht mehr nach Turin mitgekommen, meinst du nicht, die Familie hat schon längst begriffen, was los ist?» Die Trennung war in Turin nie thematisiert worden. Helmut musste einfach immer «arbeiten», wenn sie gefragt wurden, wieso er nicht dabei war. Besonders Mathilde schien es unangenehm sein, die Familie belügen zu müssen. Sie war das nicht gewohnt. Aber Sofia kannte das Spielchen und Lucia konnte auf ihre alten Tage nicht plötzlich die Regeln ändern. «Mag sein, dass sie etwas vermuten. Aber es ihnen auf die Nase binden müssen wir deshalb noch lange nicht!» Seit Salvatore gestorben war, übte Lucia sich darin, bestimmt aufzutreten. Ihre Meinung zu sagen. Auch wenn es ihrer Tochter nicht passte. «Wie du meinst.» Lucia konnte durch die Leitung hören, dass Sofia traurig geworden war und den Kopf hängen liess. Aber daran konnte sie jetzt auch nichts ändern.

---

[107] Verwandte

Kapitel 31

Sofia, 1994

Sofia stand in der Zimmertür und schaute in den fast leeren Raum. Die Herbstsonne blendete sie durch das schmutzige Fenster, sie hielt sich die Hand vor die geschwollenen Augen. Mathilde hatte nicht alles mitgenommen, einiges stand noch in ihrem alten Kinderzimmer. «Ich kaufe mir ein neues, grösseres Bett. Der Schreibtisch und das Bücherregal sind mir auch zu kindlich.» Damit war die Sache besiegelt gewesen. Nun standen die unerwünschten Möbel da, wo sie die letzten 18 Jahre gestanden hatten. Ihr Bett war immer noch mit dem hellrosa Laken bezogen, die Schlümpfe-Kleber an der Seite und an der Wand jetzt unübersehbar.

Mathilde hatte all ihre Bücher und Schallplatten mitgenommen und ziemlich sicher auch ein paar, die Sofia gehörten. Simon & Garfunkel wahrscheinlich. Wo die Stereoanlage mit CD-Player gestanden hatte, war jetzt eine rechteckige weisse Fläche an der Wand. Die Panasonic-Anlage war ein Geschenk von Sofia zu Mathildes 18. Geburtstag gewesen. An dem Tag war Mathilde völlig durch den Wind gewesen, weil ihr damaliger Freund am Abend vorher Schluss gemacht hatte. Idiot! An der Wand, an der der Kleiderschrank gestanden hatte, sah man jetzt die alten Klebstreifen und Löcher, die Mathilde schon lange hätte entfernen oder flicken sollen. Der Schreibtisch war vollkommen leergeräumt, die oberste Schublade stand noch offen, auf der Ablage schimmerte eine Staubschicht rund um die Schreibablage, die bis heute morgen noch darauf gelegen hatte. Überhaupt lagen überall Staubflusen rum. Sofia nahm sich vor, heute noch gründlich zu putzen.

So aufgeräumt hatte Sofia das Zimmer ihrer Tochter seit Jahren nicht gesehen. Und auch damals war es nur ordentlich gewesen, wenn sie es für Mathilde aufgeräumt hatte. Sie kämpfte wieder mit den Tränen. Die Septembersonne bildete Streifen auf dem lackierten Parkett, die Storen waren noch halb runtergelassen. Mathilde hatte es heute Morgen offenbar eilig gehabt, wegzukommen. Ihre Freunde waren mit zwei Autos angefahren und hatten ruckzuck alles eingepackt. Ohne die altrosa Vorhänge, die ihre *nonna* ihr noch genäht hatte, sah das Zimmer kahl aus. Die Teenie-Idole waren schon lange Postern von Ausstellungen, Filmen und Tänzern gewichen, die aber jetzt ebenfalls fehlten. Sofia räusperte sich, das Geräusch hallte im Raum. Mathildes Geruch hing noch in der Luft: CK One, der momentane Trend. Ihre Tochter hatte sie verlassen. Sofia war jetzt allein.

«Jetzt kannst du endlich deine Freiheit geniessen, Mamma!» Mathilde hatte sich sichtlich gefreut, auszuziehen. Und sie hatte anfangs versucht, Sofia ebenfalls dafür zu begeistern. Vergeblich. Sofia nahm Mathilde den Auszug übel. Ihre Tochter hatte keine Rücksicht auf sie genommen, sie hatte eilig das Weite gesucht. Hals über Kopf. Sofia ballte ihre Hand zur Faust. Mathilde hatte das sicherlich schon länger geplant, doch sie hatte ihre Mutter erst damit konfrontiert, als alles schon beschlossene Sache war. Als der Mietvertrag bereits unterschrieben war. «Es ist nur 20 Minuten entfernt!», hatte Mathilde ihr aufgesetzt fröhlich mitgeteilt. Sofia hätte sich für ihre Tochter freuen sollen. Mathilde war 22 Jahre alt, hatte einen Job, seit Neustem sogar einen Kleinwagen, auf den sie mächtig stolz war. Mathilde war erwachsen geworden. Unabhängig. Vor Sofias Augen hatte sie sich zu dieser erstaunlich selbstbewussten Frau entwickelt, die ein gutes Umfeld hatte und ihre Eltern respektierte. Mehr konnte sich eine Mutter eigentlich nicht wünschen. Sofia selbst hatte damals nicht so viel vorzuweisen gehabt, als sie nach Cambridge gezogen war – nicht materiell, und schon gar nicht emotional. Sie hatte kaum etwas besessen, schon gar keine Sicherheit, wohin ihr Leben gehen würde. Sie hatte im Gegensatz zu Mathilde nicht gewusst, was sie wollte … vom Leben, von sich selbst. Sie hatte nur gewusst, wovor sie floh. Ob Mathildes Wegzug auch eine Flucht war? Floh sie vor ihr, Sofia? Vor ihrer Trauer, ihrer Wut? Sofias Arbeitgeber hatte vor kurzem Konkurs angemeldet, ihr Lohn der letzten drei Monate stand noch aus. Helmut hatte sich definitiv aus ihrem Leben verabschiedet und Freunde hatte Sofia in der Schweiz seit der Scheidung praktisch keine mehr.

Sie legte sich zwei Tabletten in die Hand und spülte sie mit dem mittlerweile kalten Kaffee runter. Antidepressiva. Der Arzt hatte ihr empfohlen, Sport zu treiben und vielleicht zu meditieren. Sofia verdrehte die Augen. Als ob ihr ein wenig Rumrennen und Atmen helfen könnten. Letzte Woche hatte sie versucht, ihr Gedankenkarussell mit Cognac zu betäuben. Doch alles, was das bewirkt hatte, war, dass sie auf dem Sofa eingeschlafen und mit schrecklichen Kopfschmerzen mitten in der Nacht aufgewacht war. Sie mochte einfach keinen Alkohol. Seit dem Abend in Paris, als sie Helmut auf dieser furchtbaren Party kennengelernt hatte, hatte sie nie mehr starken Alkohol getrunken.

Helmut, schon wieder Helmut! Sie schien seit ihrer Scheidung vor zwei Jahren mehr an ihn zu denken als all die Jahre zuvor. Sie waren gescheitert. Die grosse Liebe, die sie beide zu empfinden glaubten, hatte nicht gereicht – nicht für den Alltag, nicht für das Leben. Ihre Meinungsverschiedenheiten waren über die Jahre immer niederträchtiger geworden. Beleidigungen, Verletzungen bis hin zu Handgreiflichkeiten hatten ihre Ehe zerstört. Irgendwann gab es kein Zurück mehr. Zwar war es Sofia gewesen, die die Scheidung gewollt hatte, doch nach ein paar Monaten hatte sie es sich anders überlegt. Vergeblich. Helmut hatte genug gehabt von Sofias Wankelmütigkeit. Sturer Bock! Wann war ihnen die Liebe abhandengekommen? Diese wahnsinnige Leidenschaft, die sie in Paris empfunden hatte? Es war keine langsame Entwicklung gewesen, nicht wie Sand, der einem durch die Finger rinnt. Eher wie ein Erdbeben, das einen Graben im Boden hinterlässt. Ein Riss in der Landschaft, den sie nie wieder zu reparieren vermochten.

Sofias Gewissen plagte sie mehr als alles andere. Die letzten Jahre waren für ihre Tochter anstrengend gewesen. Die vielen Streitereien, das Hin und Her zwischen ihr und Helmut. Ihre Verbitterung ihrem Ex-Mann gegenüber. Ihre Trauer, ihre Depression. Mathilde hielt es mit ihr offensichtlich nicht mehr aus und das war kaum verwunderlich. «Ich mag nicht mehr zwischen euch stehen, Mamma. Es ist eure Ehe und es ist auch eure Scheidung. Bitte lasst mich aus dem Spiel!» Da war Mathilde 17 gewesen. Sofia hatte damals nicht bemerkt, wie ihre Tochter litt, wenn sie vergeblich versuchte, den Streit zwischen den Eltern zu schlichten. Später floh sie dann immer wieder zu ihrem Freund und kam über Nacht nicht nach Hause. Sofia und Helmut waren zu sehr mit sich selbst beschäftigt gewesen, hatten kaum Rücksicht genommen – nicht aufeinander, aber auch nicht auf ihre Tochter. Wie hatten sie nur so egoistisch sein können?

Mathilde war sensibel, zu sensibel vielleicht. Sofia empfand Mathilde als harmoniesüchtig, doch wer konnte ihr das verübeln? Ihre Ehe mit Helmut war nach Mathildes Geburt alles andere als harmonisch gewesen. Auch Sofia sehnte sich nach Ruhe, aber sie konnte ihre Wut – auf ihr Leben, auf Helmut, auf Mathilde – nicht unterdrücken. Die Tatsache, dass sie in diesem Land war, das ihr einfach kein Glück brachte, machte es noch schwerer. Sie jammerte oft, sie wolle weg, aber wohin? Zurück nach Italien? Auf keinen Fall! Sie hatte keine Lust auf die Familie, die ihre Scheidung verurteilte und kein Verständnis dafür haben würde, dass Sofia nun auch noch ihre Tochter «hatte gehen lassen». Was wussten die schon vom modernen Leben? Doch als Mathilde sie heute Morgen mit ihrem Blick angefleht hatte, ihr diesen neuen Lebensabschnitt doch bitte, *bitte* zu gönnen, hatte Sofia ihr den Gefallen nicht tun können. Sie brachte es nicht über sich, so zu tun, als würde sie sich für Mathilde freuen. Was würde sie denn jetzt mit sich anfangen?

Wenn man nicht da lebt, wo man aufgewachsen ist, hat man wenig Freunde. Das hatte sie schnell gemerkt und bei all ihren Bekannten gesehen, die nur vorübergehend an einem Ort wohnten. Die Kindheitsfreunde waren weit weg und lebten mit anderen Kindheitsfreunden ein Leben, das ihr fremd war. In der Schweiz hatte Sofia niemanden, aber auch in Italien nicht mehr. Ausserdem ging ihre Familie davon aus, dass Sofia sich für etwas Besseres hielt, weshalb sie niemand mehr anrief, um einfach ein wenig zu plaudern. Neue Freunde hatte sie in den Jahren in der Schweiz kaum gewonnen und die wenigen, die sie gehabt hatte, standen ihr nicht nah. Diese Beziehungen waren oberflächlich geblieben: Mütter aus dem Quartier, deren Kinder mit Mathilde in die Schule gegangen waren. Arbeitskolleginnen, mit denen sie keine gemeinsamen Interessen teilte. Und der Rest waren vor allem Helmuts Freunde gewesen, die jetzt natürlich zu ihm hielten. Ihre einzige Freundin war Barbara und die war in Paris geblieben, bei ihrem Mann und dessen Kinder.

Als Mathilde Sofia ihren Wegzug eröffnet hatte, hatte diese ihre Mutter angerufen, in der Hoffnung auf ein wenig Trost. Doch Lucia machte ihr nur Vorwürfe, dass sie nun auch noch Mathilde «gehen lasse». «Aber *mamma*, ich war doch im selben Alter, als ich nach England ging!», verteidigte Sofia sich. «Du hast mich nicht allein gelassen, ich hatte noch deinen Vater und deinen Bruder!» – «Aber als Alessandro ging, warst du auch allein!» Doch das war wohl nicht dasselbe. «Alessandro ging, um zu heiraten, nicht aus einer Laune heraus.» Da war sie wieder, die einzig gültige Erklärung für den Auszug von zu Hause: Heirat. *Bambini.*[108] Ausserdem machte Alessandro sowieso immer alles richtig. Zwar hörte Sofia in Lucias Stimme immer noch Verbitterung darüber, dass sie verlassen worden war, aber ihr kleiner Bruder hatte es wenigstens «richtig» gemacht. Nicht wie sie damals.

Sofia war trotz allem stolz auf ihre Tochter, auch wenn sie das jetzt noch nicht zugeben konnte. Gerade weil sie ohne Hilfe auszog. Sie würde die Miete mit ihrem eigenen Gehalt bezahlen, sich ein neues Leben einrichten, ohne fremde Hilfe. Sofia hatte mittlerweile begriffen, dass die Enge und Kontrolle, die sie in Italien empfunden hatte, von ihren Eltern nicht böse gemeint gewesen war. Lucias Angst, Sofia würde wegen ihres Charakters nie einen Mann finden, war keiner Kontrollsucht entsprungen, sondern Besorgnis. Aus ihrer Erfahrung hatte ein Mann schlicht Sicherheit für die Frau bedeutet. «Die Zeiten sind anders, *mamma*, heute ist eine Ehe kein Muss mehr.» Lucias Seufzer am anderen Ende der Leitung sagte mehr als jede Schimpftirade. Sofia hatte Helmut verlassen und Lucia nahm es ihrer Tochter immer noch übel. In ihren Augen lag die Schuld klar bei Sofia. Dass Sofia mehrfach versucht hatte, Helmut zurückzugewinnen, konnte Lucia nicht wissen. Sofia hatte ihr das – wie so vieles – nicht erzählt.

---

[108] Kinder

Sofia setzte sich auf den Balkon, obwohl es noch kühl war. Auf dem Bahngleis, unweit ihrer Wohnung, lag noch Morgennebel, aber die Sonne kämpfte sich schon durch, auch wenn sie noch nicht wärmte. Für Sofia war der Herbst das Beste an der Schweiz. Die drückende Wärme und die Insekten verabschiedeten sich. Von den goldenen bis roten Farben konnte sie nie genug kriegen und das Allerbeste: der Geruch! Feuchte Erde, Feuer (irgendwer schien immer irgendwo was zu verbrennen) und die frische Luft, die Sofia in tiefen Atemzügen einsog und als reinigend empfand. Sie trank den letzten Schluck Kaffee. Er war mittlerweile kalt und schmeckte bitter. Gerade, als sie sich einen frischen machen wollte, klingelte das Telefon. Eine unbekannte Nummer. «Mamma, ich bin's! Alles ok?» Mathilde klang aufgeregt. Sofia liess die Schultern hängen. «Naja, immer noch so wie vor einer Stunde, als du losgefahren bist. Wie soll es mir schon gehen?» Sie seufzte – sogar für ihre Verhältnisse etwas zu theatralisch. Sofia wusste, dass sie unfair war. Und unreif. Sie starrte aus dem Küchenfenster, die aufsteigende Sonne blendete sie. Mathilde holte am anderen Ende der Leitung tief Luft: «Magst du heute auf einen Kaffee vorbeikommen? Ich habe mir eine Mokka gekauft, wie deine! Dann siehst du mal die Wohnung.» Es war verrückt, dass eine junge Frau immer noch klingen konnte wie das Kind, das sie mal gewesen war – wenn sie ihrer Mutter eine Zeichnung zeigen wollte; oder den Roman, den sie als Maturarbeit geschrieben hatte. Mathildes Stimme klang stolz und voller Vorfreude. Es schwang aber auch ein verzweifeltes Flehen mit, nach Wohlwollen, nach Zuneigung.

«Ich soll aufs Land fahren?», Sofia schnaubte verächtlich und hasste sich sofort dafür. «Komm schon, es ist ja nicht weit von Zürich!» So schnell gab Mathilde nicht auf. «Wieso kommst du nicht zu mir?», Sofia klang ein wenig versöhnlicher. «Aber Mamma, es geht doch darum, dir die Wohnung zu zeigen!» Sofia wusste, dass Mathilde gerade die Augen verdrehte. «Ich will deine Wohnung nicht sehen, tut mir leid.» Da. Sie hatte es gesagt. Sofia schloss die Augen in Erwartung von Mathildes Reaktion. «Dann nicht.» Mathilde legte auf. «Wie ihr Vater», dachte Sofia.

Alles, was Sofia je gewollt hatte, war eine offene, ehrliche Beziehung zu ihrer Tochter – nicht so wie ihre zu Lucia, in der nie über Wichtiges gesprochen wurde –, eine Beziehung ohne Tabus und Schweigen. Wieso fiel ihr das jetzt so schwer? Wieso war sie so egoistisch? Sie hätte doch froh sein sollen, dass Mathilde in diesem Land Fuss gefasst hatte, dass sie die Schweiz, Zürich, als ihre Heimat betrachtete. Sofia machte sich gerne lustig über Mathilde: «Du bist eine richtige kleine Schweizerin! Obrigkeitshörig, pünktlich, korrekt. Ein richtiger

Tüpflischiisser[109]!» Doch eigentlich freute sie sich, dass ihre Tochter jene Heimat gefunden hatte, die ihr selbst verwehrt geblieben war, aus sprachlichen und so vielen anderen Gründen. Mathilde kannte keine Heimatlosigkeit, das Fehlen eines Zuhauses. Für Sofia war Heimat gezwungenermassen immer da gewesen, wo ihre Liebsten waren. Aber was, wenn die Liebsten nicht bei dir bleiben? Wenn sie dich verlassen, weil sie allein ein besseres, freieres Leben führen können? Wieso versagte Sofia ausgerechnet jetzt, wo sie ihre Tochter dabei unterstützen sollte, unabhängig zu werden? Sie fiel Mathilde in den Rücken und schämte sich dafür. Jetzt, wo sie das wurde, was Sofia immer hatte sein wollen: unabhängig.

Als Mathilde klein gewesen war, war sie einmal weinend nach Hause gekommen. Sie war gehänselt worden, weil ihre Mutter nicht richtig Deutsch sprach. Daraufhin hatte sie den Übeltäter geohrfeigt und war nach Hause gerannt. Sofia musste schmunzeln: Wie die Mutter so die Tochter … Dennoch musste sie Mathilde fragen: «Schämst du dich dafür, dass ich kein Schweizerdeutsch spreche?» Sofia hatte Angst vor der Antwort gehabt. Schliesslich hatte sie sich nie sonderlich Mühe gegeben, es zu lernen. «Das ist eine Bauernsprache», war ihre Ausrede gewesen. In Wirklichkeit war es ihr aber einfach viel zu schwer und so hatte sie sich an die Nicht-Schweizer gehalten, um nicht mit diesem Mangel konfrontiert zu werden. Mathilde hatte damals den Kopf geschüttelt: «Nie», und hatte ihre Mutter fest umarmt.

War Sofia am Ende neidisch auf ihre Tochter? Eifersüchtig? Darauf, dass Mathilde jung und frei war? Und dann kam ihr ein Gedanke: War sie am Ende wie ihre Mutter? Ächzend stand sie auf, ging langsam zum Telefon und drückte die Rückruftaste. Eine fremde Frauenstimme ging ran. «Ist Mathilde zu Hause?», fragte Sofia verhalten. Zuhause. Mathilde hatte ein neues Zuhause, eines ohne Sofia. Wieso tat das so weh? «Mamma?» Sofia hörte Angst in Mathildes Stimme. «Alles ok?» – «Mathilde, wann soll ich da sein? Und was soll ich mitbringen? Süsses oder Salziges?»

---

[109] Zürichdeutsch für Pedant

Kapitel 32

Sofia, 2001

Sofia liess sich aufs Sofa sinken, ihre Perücke noch in der Hand. Entsetzt und gebannt schaute sie auf den Bildschirm, auf dem Menschen verstaubt und sichtlich verwirrt den Kameras entgegenliefen, während Enya *Who can say?* sang. Diese Bilder liefen seit heute morgen in Endlosschlaufe. Als ein Körper gefilmt wurde, der aus dem Fenster sprang, rannte sie ins Badezimmer und erbrach sich. Wann würden diese Anfälle endlich aufhören? Wie sollte sie so die Hochzeit ihrer Tochter überstehen? Und ihrem Ex vor Augen treten? Diese Krankheit hatte sie kalt erwischt.

Mathilde war mit Laurent auf Reisen gewesen, als Sofia wegen einer vermeintlichen Blasenentzündung zum Arzt ging. Dann die Diagnose: Ovarialkarzinom. Eierstockkrebs. Sie hätte erwartet, es schlüge wie eine Bombe ein. So war es aber nicht. Es fühlte sich eher so an, als würde ihr ein Teppich ganz langsam unter den Füssen weggezogen. Sie hatte nicht sofort verstanden, geschweige denn akzeptiert, dass sie todkrank war. «Frau Kramer, haben Sie verstanden, was ich Ihnen gesagt habe?», der Onkologe schaute sie unsicher an. Trotz all der Jahre in der Schweiz, hatte sie ihren italienischen Akzent nicht verloren, woraus viele schlossen, dass sie schlecht Deutsch verstehe. Doch sie hatte sehr wohl verstanden. Akustisch. Sprachlich. Aber der Sinn des Satzes – «Es ist Krebs» – wollte sich ihr nicht erschliessen. Also war sie erstmal nach Hause gefahren und hatte ein paar Zigaretten geraucht. «Ha! Wenn es Lungenkrebs wäre, das hätte wenigstens eine gewisse Logik gehabt!» Sie hatte am nächsten Tag wieder ins Krankenhaus gehen müssen, für weitere Tests und Abklärungen, was jetzt passieren würde. Sie hatte sich ins Bett gelegt und den Fernseher eingeschaltet: eine Talkshow auf Canale 5. Sie hatte etwas gebraucht, wofür man das Hirn nicht benötigte, etwas zum Abschalten. Chirurgisch manipulierte Blondinen hatten sich etwas erzählt, dem Sofia nicht hatte folgen können. Sie hatte den Fernseher wieder ausgeschaltet und ihre Augen geschlossen.

Was würde jetzt mit ihr passieren? Was würde die Chemo mit ihr machen, würde sie ihre Haare verlieren, abnehmen? Würde sie noch arbeiten können? Sollte sie Mathilde anrufen und deren Reise unterbrechen? Lucia informieren? Nein. Das war das Einzige, was sie mit Sicherheit gewusst hatte: Lucia würde sie erst einmal nichts sagen. Nicht, solange sie sich nicht sehen konnten. Sie wusste, dass ihre Mutter schon beim Wort Krebs zusammenbrechen würde. Salvatore war daran elendig «verreckt», Sofia würde ihrer Mutter diesen Kummer nicht zumuten. Nicht nach ihrer Scheidung, die für Lucia bereits eine Zumutung gewesen war.

Sofia wachte schweissgebadet auf, offenbar war sie auf dem Sofa eingeschlafen. Sie hatte geträumt, barfuss durch einen Tunnel zu irren. Kurz bevor sie aufwachte, sah sie den Ausgang, aber überall waren Papierschnipsel, die durch die Luft flogen, sodass man nichts sehen konnte. Irgendwo weinte jemand. Sie öffnete die Augen und realisierte, dass es Mathilde war, die weinend vor dem Sofa stand. «Was ist das bloss für ein Jahr Mamma, wieso geschehen all diese Dinge?» Mathilde setzte sich zu Sofia, die schnell ihre Perücke wieder anzog. Sie mochte es immer noch nicht, sich ohne zu zeigen. Sie streichelte Mathilde über den Kopf, als wäre sie wieder ihr Baby. Das war sie, würde sie immer bleiben. Deshalb war es einfach nicht richtig, dass Mathilde das mit ihr durchmachen musste – die Arztbesuche, Spitalaufenthalte, Chemotherapie. Mathilde litt mit ihr, fuhr sie zu ihren Terminen, machte ihr zu essen, wenn sie es selbst nicht konnte. Und jetzt noch diese Attacke auf die USA, die sie alle bis ins Innerste erschütterte.

Sie würde es sich nie verzeihen, dass sie Mathilde und Laurent damals aus den Ferien nach Hause geholt hatte. Sie war mit der Diagnose total überfordert gewesen. Und so allein. Mit wem hätte sie auch darüber sprechen können? Mit ihrer Mutter konnte sie es nicht, mit Helmut wollte sie nicht, schliesslich waren sie getrennt und er nicht mehr für sie zuständig. Die einzige Freundin, die sie noch hatte, war Barbara, aber der schien das Thema Krebs unangenehm zu sein oder sie hatte Ratschläge, die Sofia nicht hören wollte: Sie solle das Rauchen aufgeben beispielsweise. Aber dafür war es jetzt nun wirklich zu spät.

Auf dem Weg ins Badezimmer riss sich Sofia die Perücke wieder vom Kopf. Im Spiegel betrachtete sie ihren kahlen Schädel. Sie hatte gewusst, dass ihr die Haare ausfallen würden. Was man ihr nicht gesagt hatte, war, dass auch Wimpern und Augenbrauen dran glauben mussten. Sie fand sich hässlich. Ein Zombie. Deshalb vermied sie normalerweise den Blick in den Spiegel, wenn es nur ging.

Als ihr vor ein paar Wochen die erste Strähne ihrer dunklen Haare ausgefallen war, war sie allein zu Hause gewesen. Sie hatte den Atem angehalten und sich verstohlen umgeschaut. Sie fühlte sich, als hätte man sämtliche Luft aus ihr rausgelassen, wie ein schlaffer Luftballon. Lange hatte sie diese Strähne in ihren Fingern angeschaut, hatte sprachlos ihr dunkles, stumpf gewordenes Haar studiert, das wie ein totes Insekt in ihrer Hand lag. Wie lange es wohl dauern würde, bis alle Haare ausgefallen wären? Konnte sie überhaupt noch aus dem Haus, ohne überall büschelweise Haare liegen zu lassen? Eine Perücke hatte sie bereits gekauft. Zwei sogar, aber die erste war aus Echthaar gewesen, was ihr schon beim Gedanken daran, sie aufzusetzen, Schauer über den Rücken gejagt hatte. Ausserdem war das Haar glanzlos und viel zu lang gewesen. Die zweite Perücke war künstlich, günstiger und viel schöner, auch wenn sie sich damit wie eine Puppe fühlte. In den 1960ern hatten sie alle Perücken getragen, weil das damals Mode war. Aber es war etwas ganz anderes, wenn man eine tragen musste, weil man sonst nackt war. Denn ja, ohne Haare war sie nackt, entblösst. Und entstellt.

Sofia hatte an jenem Tag auf dem Badewannenrand gesessen, als sie den Schlüssel in der Haustüre hörte. Mathilde besuchte sie zu jener Zeit täglich. Sofia hatte verzweifelt zu Mathilde hochgeschaut. «Mamma?» Die «Kleine» schaute sie verängstigt an, sie hatte dauernd Angst um Sofia … um ihre Psyche mehr als um ihren Körper, wie Sofia bemerkt hatte. Kein Wunder, war sie doch gerade erst vor Kurzem von den Psychopharmaka runtergekommen. Sofia hatte Mathilde gequält angelächelt und ihr die Strähne in ihrer Hand gezeigt: «Es geht los.» Mathilde hatte schwer geschluckt und versucht, ihre Tränen zurückzudrängen. Sie hatte Mantel und Handtasche auf den Boden fallen lassen und nach Laurents altem Elektrorasierer gegriffen, den sie bereits vor ein paar Tagen zu ihrer Mutter gebracht hatte. «Sollen wir?», fragte sie ihre Mutter, während sie sie im Spiegel betrachtete. Sofia wusste, dass Mathilde versuchte, cool zu bleiben, ein Pokerface aufzusetzen. Für Mathilde musste sie jetzt stark sein und ihr zeigen, dass auch das zu überstehen war. Mathilde hatte eine starke Mutter verdient und Sofia wusste, dass sie stark sein konnte, wenn es darauf ankam. «Bist du sicher, dass du das machen willst? Ich kann's auch selbst probieren.» Mathilde schüttelte den Kopf. «Ich habe dir gesagt, ich bin für dich da, egal, was kommt. Das hier gehört halt auch dazu. *Ready?*», fragte Mathilde mit gespielter Zuversicht. Sofia kannte ihre Tochter zu gut, um ihr das abzunehmen. *«Ready.»* Sofia war nicht *ready*. Für nichts, was ihr in den letzten Wochen widerfahren war, war sie *ready*. Aber manchmal hatte man keine Wahl. Man musste da durch. Und irgendwann kam man auf der anderen Seite wieder raus. So oder so.

Mathilde hatte vorn bei der Stirn angesetzt und den brummenden Rasierapparat über Sofias Schädel nach hinten gezogen. Sie sahen sich dabei im Spiegel an. Mathilde lächelte und blinzelte gleichzeitig heftig ihre Tränen weg. Sofia sah aus wie ein Vögelchen, das aus dem Nest gefallen war. Etwa bei der Hälfte feixte Mathilde: «Jetzt bist du besser nett zu mir, sonst gehe ich und du musst so auf die Strasse.» Sofia lachte. «Wage es ja nicht!», spielte sie die Entrüstete. Nach ein paar weiteren Minuten waren alle Haare weg. Sofia strich sich über den Kopf. «Wie hiess die Sängerin nochmal, als du jung warst? Die, die so jämmerlich heulte?», fragte sie. «Sinead O'Connor? Oh ja, genauso! Geil!», erwiderte

Mathilde und versuchte dabei so zu klingen, als würde sie das letzte Wort auch wirklich meinen.

Sofia hielt Mathilde immer noch im Arm, ihre kleine Tochter, die sie seit geraumer Zeit um einen Kopf überragte. Sofia hingegen war immer klein gewesen, doch heute fühlte sie sich winzig. Die News aus den USA, ihr Krebs, ihre tapfere Tochter ... Sie richtete sich auf, setzte sich gerade hin. Sie wollte sich nicht ducken, klein sein. Sofia war im Begriff, zu verschwinden, sich aufzulösen. Aber sie wollte hier sein, sie wollte leben. Mathilde hatte aufgehört zu weinen, Sofia schaltete den Fernseher aus. *«Vuoi mangiare qualcosa?[110]»,* sie stand auf und ging in die offene Küche. Das italienische Mantra der Fürsorgenden, wenn es nicht gut geht: Essen. Das ging immer.

---

[110] «Möchtest du etwas essen?»

Kapitel 33

Martha, 2004

Sachte wischte sie ihm mit dem Waschlappen über den Rücken. Er sass im Bett, vornübergebeugt, schlaff. Er wirkte trotz seiner 1,80 so klein. Einzig ein schmales Lächeln kam ihm über die Lippen, wie immer, wenn er Martha anschaute. Sie zwinkerte ihm zu. Ohne, dass er ihr dabei helfen konnte, legte sie ihn langsam zurück auf die schneeweissen Kissen. Mit einem Seufzer liess er sich in seine Bettwolke sinken und schloss die Augen. Martha betrachtete ihn. Seine immer noch vollen weissen Haare, seine fahle Haut, die immer faltiger wurde. Die von Adern durchzogenen Lider zitterten, darunter waren die liebenswertesten Augen, die sie je angesehen hatten. Er hielt ihre Hand, wie immer, wenn sie neben ihm sass. Sie wusste, dass er gleich wieder einschlafen würde, die morgendliche Wäsche wurde für ihn immer anstrengender. Für sie auch, aber sie beklagte sich nicht. Jammern hatte noch nie etwas genützt, Probleme musste man lösen. Und das tat sie. Seit zwei Jahren verschlimmerte sich Hans' Alzheimer, aber Martha weigerte sich, ihn in ein Heim zu bringen. Sie wollte sich selbst um ihren Ehemann kümmern. Ihren Hans. Nach allem, was sie zusammen erlebt hatten, war es das Mindeste, was sie für ihn tun konnte.

Hans hatte es gehasst, immer mehr zu vergessen. Die Aussetzer waren ihm peinlich gewesen und hatten ihn wütend gemacht. Jetzt lag er die meiste Zeit nur noch da und starrte vor sich hin. Martha erkannte er noch, aber alles andere schien zu verdunsten wie die Nordsee an der Sonne. Vor ein paar Wochen war Helmut hier gewesen und Hans hatte ihm stolz erzählt, sein ältester Sohn käme ihn besuchen. Helmut war schockiert gewesen. Martha seufzte. Das Gemeine an dieser Krankheit war, dass das Umfeld genauso unter dem Gedächtnisverlust litt, jedoch wenig Geduld dafür aufbrachte. Wenn jemand Krebs hatte, war man nachsichtiger. Jeder wollte helfen und das Leid lindern, Therapien ausprobieren oder einfach da sein und die Hand des Patienten halten. Alzheimer sah man nicht, man spürte nur die Konsequenzen – die anfangs täglichen und heute stündlichen Wiederholungen der immer gleichen Dinge. «Nein, Hans, das ist Helmut. Doch, du hast schon gegessen. Nimm deine Medikamente.» Martha wusste nicht, ob es für Hans ein Segen war, auch all das zu vergessen.

Er würde sie bald verlassen, das spürte sie. Und dann? Sie bliebe allein zurück. Nicht vollkommen allein natürlich, aber ohne ihn – ihren Fels in der Brandung, ihren besten Freund, ihren Partner. Sie war absolut fähig, allein zu leben, das wusste sie. Aber wollte sie das auch? Das Leben war ein Kommen und Gehen, ein Kreislauf, Ebbe und Flut. Der jüngste Beweis dafür war ihre Enkelin Mathilde, die mit ihrem ersten Kind schwanger war. Ihr erster Urenkel! Martha freute sich darauf, eine neue Generation willkommen zu heissen. Sie drückte Hans die Hand und schloss leise die Tür hinter sich. Kaum stand sie im Flur, klingelte das Telefon. Helmut, offensichtlich nicht mehr ganz nüchtern: «Ich bin Grossvater geworden!» Martha hörte, wie ihrem Sohn die Freudentränen kamen. Ihr Herz machte einen Hüpfer, ihr erster Urenkel! «Es ist ein Junge, sie haben ihn Alex genannt», rief Helmut. Manchmal dachte sie, für Helmut hätte man kein Telefon erfinden müssen, so laut war er. «Gratuliere! Und hast du ihn schon gesehen?» – «Nein, ich fahre jetzt hin. Ich muss los, Mutti, die warten auf mich.» Zack, er hatte aufgelegt. Martha musste lachen. Manchmal war er immer noch der kleine Junge, der sich jetzt genauso über seinen ersten Enkel freute wie damals über sein erstes Fahrrad. Sie sah zur Tür, hinter welcher Hans schlief. Ob er die Nachricht verstehen würde, dass er Ur-Opa geworden war? Sie öffnete die Tür sachte und setzte sich zu ihm ans Bett. Als sie seine Hand nahm, um ihn zu wecken, spürte sie, dass er gegangen war. Martha sog die Luft scharf ein und biss sich auf die Innenseite der Wange. Die Tränen liefen ihr über die Wangen. Vielleicht war es richtig so. Ein neues Leben für ein altes.

Kapitel 34

Sofia 2006

Als sie den kleinen Peugeot geparkt hatte, blieb sie sitzen und beobachtete das Haus, das sie als ihres betrachtete. Es war heruntergekommen, die einst weisse Fassade hatte sich durch die Abgase der Autos und der Textilfabrik grau und sandig verfärbt und die Farbe bröckelte an vielen Stellen ab. Die dunkelgrünen Fensterläden waren verblasst, die bunten Pflanztöpfe vor dem Haus genauso. Sofia wusste aber, dass die Wohnungen im Haus immer noch picobello sauber waren, die Plattenböden glänzten und die Holzmöbel regelmässig poliert wurden. Italiener schienen sich wenig darum zu scheren, wie ihre Häuser von aussen, ihre Strassen und ihre Dörfer aussahen. Das konnte jeder Tourist bezeugen. In den Häusern drin durfte jedoch kein Stäubchen die saubere Idylle stören. Lucia hatte die verhassten Häkeldeckchen regelmässig gewaschen und sogar das ungebrauchte Geschirr – für die besonderen Anlässe – immer wieder gereinigt. Ganz zu schweigen von den Plastikfolien auf den «guten» Stühlen ihrer *zia* Gelsomina, an denen man im Sommer kleben blieb.

Sofia hasste es, wenn die Schweizer das Benutzen eines Deos ohne vorheriges Waschen als «italienisch duschen» bezeichneten. Italiener waren ihres Wissens – zusammen mit den Arabern – das sauberste Volk überhaupt! Ganz im Gegensatz zu Franzosen, Deutschen, Schweizern und Engländern! Gerade im deutschsprachigen Raum hatte sie die Erfahrung gemacht, dass die Häuser aussen schön rausgeputzt wurden, es drinnen jedoch oft schmuddelig war.

Sie hatte eigentlich nicht mehr in die Wohnung gewollt. Sie verabscheute Abschiede, zumal sie nur bedingt damit einverstanden gewesen war, dass Lucia zu ihrem «kleinen» Bruder Alessandro zog. Aber das war das Los der Abtrünnigen, jener, die die Familie verlassen hatten, der Auswanderer: Sie hatten zu Hause nichts mehr zu melden, schliesslich waren sie fortgegangen. Sofia hatte ein Leben lang das schlechte Gewissen geplagt, weil sie Turin, ihre Eltern und ihren Bruder zurückgelassen hatte. Das war jetzt offenbar die letzte Konsequenz. Ihre Mutter verliess ihr gemeinsames Zuhause und Sofia würde kaum etwas bleiben von ihrer Kindheit.

Lucia war gründlich vorgegangen beim Ausmisten. Sie hatte kurzerhand praktisch alles weggeworfen oder verschenkt. So war sie schon immer gewesen. Lucia hielt wenig davon, Gegenstände aus nostalgischen Gründen zu behalten. Es schien, als hinge sie an gar nichts, als sei sie immer nur sich selbst die Nächste gewesen. Sofia hatte um gewisse Erinnerungsstücke kämpfen müssen. Ihre

Schulzeugnisse. Fotos. Das gute Geschirr. Sie fragte sich nicht zum ersten Mal, was sie ihrer Mutter eigentlich bedeutete.

Nun raffte sie sich auf, stieg die drei Stockwerke hoch und streifte wider besseren Wissens durch die kleine Wohnung, mit der sie mehr Erinnerungen verbanden als mit jedem anderen Zuhause, in dem sie je gelebt hatte. Sie hatte nicht nur ihre Kindheit hier verbracht, hier hatten sie Weihnachten gefeiert, Tombola gespielt, *bignole* gegessen, die Familie empfangen, hier hatte sie ihrer Tochter ihre Heimat nähergebracht. In dieser Küche hatte Mathilde «das beste Essen genossen, das sie kannte», wie sie selbst sagte. In diesem Wohnzimmer hatten sie gelacht, geweint, gestritten und getrauert. Die Wohnung in der Turiner Vorstadt war ihr Zufluchtsort gewesen, ohne dass ihr das bewusst gewesen war. Ab heute würde ihre Mutter woanders leben. Sofia kamen die Tränen. Der Umzug machte sie traurig, aber vor allem befürchtete sie, Lucia täte es gar nicht gut, mit über 80 ihre gewohnte Umgebung und die Familie zu verlassen. Ob sie es bereuen würde?

Sofia setzte sich an den alten Esstisch mit den geschwungenen Beinen. Reue. Ein ambivalentes Wort. Man bereut sowohl, etwas getan zu haben, wie auch, was man eben nicht gewagt hat. Das Französische unterscheidet dies in *regrets* (etwas nicht gewagt) und *remords* (etwas getan zu haben). «Vaut mieux avoir des remords que des regrets![111]», hatte Mathildes Teenie-Idol Patrick Bruel Ende der 1980er gesungen. Also lieber etwas wagen und danach bereuen, als es gar nicht erst zu riskieren. Es war so eine Sache mit der Reue. Sie nützte nichts. Niemandem. Dennoch fragte Sofia sich unweigerlich – jetzt, da sie älter wurde – , was sie im Leben anders hätte machen sollen, besser hätte machen können. Und was hatten ihre Eltern bereut? Lucia, Salvatore? Und Martha und Hans? In Sofias Wahrnehmung hatten sie keinen Grund, irgendetwas in ihrem Leben zu bereuen. Sie hatten getan, was sie konnten, um ein erfülltes Leben zu führen, und Sofia war überzeugt, genau das hatten sie geschafft. Ihre Kinder hatten es besser gehabt als sie selbst – und als Eltern ist das alles, was zählt.

Sofia bereute da schon viel mehr. Ihre Scheidung sicherlich. Die Tatsache, dass ihre grosse Liebe eben doch nicht gross genug gewesen war. Sie und Helmut empfanden es beide als ein Scheitern. Ein Versagen. Ihr Lebensplan war nicht aufgegangen. Im Rückblick, weil sie zu hitzköpfig (Sofia) und zu stur (Helmut) gewesen waren. Doch so ist das Leben, «es wird vorwärts gelebt, aber rückwärts verstanden.» Wer hatte das gesagt? Kierkegaard? Seufzend stand sie auf, schaute

---

[111] Sinngemäss: Reue zu haben ist besser als Gewissensbisse.

sich in der Glastür der *cristalliera* noch einmal an und schloss die schwere Wohnungstür mit den vielen Schlössern hinter sich ab.

Kapitel 35

Lucia, 2008

Die Kleine war endlich da. Die kleine Emma war das schönste Baby, das Lucia je gesehen hatte. Auch wenn sie leider nicht blond war, wie Mathilde damals. Aber die dunklen Augen schauten Lucia durchdringend an und sie fühlte sich diesem kleinen Mädchen, das alles noch vor sich hatte, sehr nahe. Die vierte Generation Leone-Frauen: Lucia, Sofia, Mathilde, Emma. Lucia war überglücklich, das mit 91 Jahren noch erleben zu dürfen. Sie erinnerte sich an die Geburt von Sofia vor über 60 Jahren, in der kleinen Kammer oberhalb der *panetteria*[112]. Die Hebamme war nicht zimperlich mit ihr umgegangen, Salvatore hatte Nachtschicht gehabt und Lucia hatte sich allein gelassen gefühlt. Sie erinnerte sich an die Geburt ihrer Enkelin Mathilde in Paris, 1973. Sie war zufällig am Abend vorher in Paris eingetroffen und durfte ab Tag eins dabei sein, ihre Enkelin betreuen und ihrer Tochter unter die Arme greifen. Und nun war die letzte Generation geboren, die sie noch erleben würde: Emma. Mit ihren dunklen Augen und ihrem ernsten Blick erinnerte sie Lucia an Salvatore, der so früh von ihnen gegangen war. Würde Emma seine Güte haben? Seinen Humor? Seine Herzlichkeit? Vielleicht auch sein Selbstbewusstsein, das zur Überheblichkeit neigte? Oder würde sie dieselbe Kälte spüren, die Lucia ihr Leben lang in sich getragen hatte? Diese Angst, anzuecken, aufzufallen, Menschen zu enttäuschen? Für ihre Urenkelin wünschte sich Lucia nichts sehnlicher, als dass sie ein freies Leben leben könnte. Ohne Grenzen, die ihr die Familie, die Gesellschaft und am Ende sie selbst sich setzen würde. Sie sollte tun, was sie wollte, werden, was sie sich wünschte und sagen, was sie dachte. «Ich würde heute so vieles anders machen», flüsterte sie dem kleinen Mädchen in ihrem Arm zu. Emma griff Lucias Zeigefinger und hielt ihn fest.

---

[112] Bäckerei

Kapitel 36

Martha, 2008

Lucia drückte Martha die kleine Emma in die Arme. Wie lange war das her, seit sie ein Baby gehalten hatte! Wie immer in solchen Momenten schossen Martha die Tränen in die Augen. Sie dachte an ihre eigenen vier Geburten und an Käthe, ihrer Erstgeborenen, die im Kindsbett gestorben war. Wie hübsch Emma war! So dunkel, ganz anders als ihre Kinder, die ganz helle Haare gehabt hatten. Auch ihre Enkelin Mathilde und deren Sohn Alex waren bei der Geburt blond gewesen. Bei ihrer Urenkelin Emma sah man hingegen, dass da viel südländisches Blut mitgespielt hatte. Mathildes Ehemann, der gutaussehende Laurent, hatte seine libanesischen Spuren eindeutig hinterlassen, aber auch die sizilianischen Gene von Sofia spielten deutlich mit, dachte Martha und musste lächeln. Wer hätte gedacht, dass ihre Familie einmal so international sein würde? Sie erzählte immer stolz von ihrem ältesten Sohn Helmut, der ins Ausland gegangen war, eine Italienerin geheiratet hatte; und von ihrer Enkelin, die nun eine Familie gegründet hatte, die noch exotischer war.

Emma öffnete die Augen und sah sie mit ihren dunklen Augen direkt an. Der Blick erinnerte sie an Hans, er hatte ihr auch immer direkt in die Augen geschaut. Es machte sie traurig, dass er keinen ihrer Ur-Enkel hatte kennenlernen dürfen. Würde sie es erleben, wie Emma heranwuchs? Was für ein Mensch sie werden würde? Martha wünschte ihr ein friedliches, sorgloses Leben und hoffte, ihr ein wenig Resilienz und Willensstärke mitgeben zu können.

Martha und Lucia lächelten sich selig an. Die zwei Frauen begegneten sich heute zum ersten Mal, nach über 30 Jahren gemeinsamer Familiengeschichte. Sie konnten nicht miteinander reden aus Mangel an einer gemeinsamen Sprache, dennoch spürten beide, dass sie vieles vereinte: nicht nur diese Urenkelin, auch nicht die Enkelin Mathilde oder ihre Kinder Helmut und Sofia – sie fühlten sich verbunden durch ein Leben, dass sie beide an diesen Ort geführt hatte. So viele Schicksalsschläge, Zufälle, Begegnungen, die sie genau hierhergebracht hatten. Das Leben war eben doch ein Wunder, dachte Martha, und drückte Emma an sich.

Kapitel 37

Martha, 2015

Sie wollte endlich gehen. Martha öffnete die Augen und wusste nicht sofort, wo sie war. Sie schaute sich um und war irritiert von den Geräuschen um sie herum: ein Piepsen, ein Scharren. Das Licht war grell. Jetzt fiel es ihr wieder ein. Das Krankenhaus. Bielefeld. Schmerzmittel und fades Essen. Fünf Monate war es her, als sie zu Hause gestürzt war. Seither lag sie in diesem Krankenhausbett. An den Geruch nach Desinfektionsmitteln hatte sie sich bald gewöhnt, ihr fehlten jedoch ihre Sachen, ihre Fotoalben und Souvenirs, die sie daheim immer wieder anschaute – vor allem, seit Hans tot war. Um sich zu erinnern. An die guten Sachen.

Die Ärzte konnten ihr offenbar nicht helfen, ausser mit Schmerzmitteln. Martha wurde davon müde. Und fühlte sich einsam. So nett die Ärzte und Krankenschwestern waren, so kategorisch lehnten sie Marthas Bitte ab. Sterbehilfe kam nicht infrage, in Deutschland war das verboten. Die Christdemokraten hatten sich vehement dagegen eingesetzt. Ihr Sohn Helmut und ihre Enkelin Mathilde hatten ihr angeboten, sich in der Schweiz zu erkundigen, wie das lief, doch Martha wollte hier bleiben – zumal ihr das organisierte Sterben trotz allem nicht ganz geheuer war. Was würde ihr Priester sagen! Sie wollte sichergehen, dass sie am Ende bei ihrem Hans sein würde. Bei ihren Schwestern, Lieschen und Johanna. Bei ihrer Mutter Bertha und hoffentlich auch bei Joseph, ihrem Vater. Sie musste hierbleiben, Gott würde sicherlich dafür sorgen, dass sie nicht mehr lange würde leiden müssen.

Die Schmerzen waren auszuhalten, schliesslich erhielt sie Morphium. Was sie traurig machte, war, dass sich kaum jemand mit ihr unterhalten wollte. Ja, ihre Familie kam ab und zu vorbei: ihre Kinder, sogar Helmut, der ja im Ausland wohnte. Manchmal auch ihre Enkelkinder. Aber alte Menschen hatten nichts Spannendes zu erzählen. Die jungen Leute wollten keine alten Geschichten hören, sie wollten nach vorne schauen, in die Zukunft. Das verstand Martha durchaus, nur hatte sie das Leben gelehrt, dass die Zukunft nur angegangen werden konnte, wenn man die Vergangenheit verstand. Die eigene Vergangenheit. Je älter sie wurde, umso mehr beschäftigte sie diese. Der Krieg in Syrien hatte vieles wieder hochkochen lassen, die Flüchtlinge, die ihre Heimat verlassen mussten, die vor Tod und Verwüstung flüchteten. Sie hatten in ihrem Haus eine Familie, die eine Syrerin mit ihrer Tochter aufgenommen hatte. Weil sie genau wusste, wie sich die beiden fühlen mussten, spendete sie regelmässig an die deutsche Flüchtlingshilfe. Aus Solidarität. Aber auch aus Schuldgefühlen.

Sie war als junge Frau überzeugte, wenn auch unpolitische Nationalsozialistin gewesen; eine Mitläuferin, wie man das Fussvolk, das nichts verbrochen, aber auch nicht aufbegehrt hatte, während der Entnazifierung der Nachkriegsjahre nannte. Sie war so sicher gewesen, dass es Deutschland dank Hitler besser gehen würde. Dass der Krieg sie retten würde: vor Armut, vor der Schmach der Verlierer des Ersten Weltkrieges. Und obwohl sie nicht gewusst hatten, was mit den Juden und den «Unerwünschten» passierte, musste sie heute zugeben, dass sie auch nicht hatten wissen wollen. Natürlich hatte man sich damals gefragt, wo diese Menschen hinkamen, wenn man sie abholte. Arbeitslager, hatte man ihnen gesagt. Wie hatten sie das glauben können? War es Naivität gewesen? Oder Feigheit? Wie oft hatte sie sich gegenüber Helmut verteidigen müssen? «Wieso habt ihr nichts dagegen getan?», hatte er seine Eltern immer wieder gefragt. Darauf hatte sie nicht antworten wollen. Nicht antworten können. Weil sie an ein besseres Leben geglaubt hatte. An die Versprechen des Führers. Und Helmut hatte sie durchschaut, natürlich hatte er das. Seine Generation lebte mit der Schuld, die die Eltern ihr aufgebürdet hatten. Aber darüber sprechen? Nein. Das kam für Martha und Hans nicht infrage. «Wem hätte das geholfen?», dachten sie damals. Heute wusste sie, dass es wichtig war, die Vergangenheit zu verstehen. Doch heute wollte kaum mehr jemand darüber reden.

Martha wusste, dass es mit ihr zu Ende ging. Ihre Kräfte schwanden, sie mochte nicht mehr essen oder trinken. Sie spürte, dass es bald vorbei sein würde, sie hoffte es auch. Die meiste Zeit war sie sowieso benebelt von den Medikamenten, sie konnte weder lesen noch fernsehen. Das war kein Leben! Aber was tat man in dieser Situation, bevor man ins Paradies ging? Beichten? Sicherlich. Aber sie fragte sich, ob sie etwas hinterlassen wollte, das mehr als eine Beichte war. Ein Schuldeingeständnis? Welche Schuld trug sie genau? Dieselbe, wie das gesamte deutsche Volk ihrer Generation. Die Schuld, nichts dagegen getan zu haben, dass Millionen Menschen ermordet wurden. Doch was hätte sie damals tun können, so jung wie sie gewesen war?

Mit grosser Besorgnis schaute sie zu, wie das Land sich wieder ähnliche Fragen stellte, wie damals. Wer war schuld an der Misere? Die Regierung? Die Flüchtlinge? Menschen, die nicht hier hingehörten, nicht hierher passten? Sie erschrak manchmal ob der Aussagen, die sie in den Nachrichten hörte. Sie wollte ihnen sagen: «Hört auf, das hatten wir schon mal!» Doch wen interessierten schon die Geschichten, die Martha zu erzählen gehabt hätte? Einzig ihre Enkelin

Mathilde rief seit Jahren regelmässig an, um mit ihr zu plaudern und mehr über das Leben ihrer Grossmutter zu erfahren. Ihr erzählte sie gerne alte Geschichten, denn Mathilde schien sich ehrlich dafür zu interessieren. Helmut hingegen hatte ihr schon vor Jahren gesagt, dass er lieber nichts mehr vom Krieg, von Ostpreussen und Menschen hören wollte, die schon lange nicht mehr lebten. Sie nahm ihm das nicht ganz ab, so interessiert wie er an europäischer Geschichte war. Es ging ihm aber wohl mehr darum, dass er die Geschichten seiner eigenen Eltern nicht mehr hören mochte.

Waren sie denn gute Eltern gewesen? Sicherlich, sie hatten dafür gesorgt, dass ihre Kinder immer zu essen, ein Dach über dem Kopf und etwas Warmes anzuziehen hatten. Da hatte Martha sich nichts vorzuwerfen. Und sonst? Wenn sie Mathilde zuschaute, wie sie ihre Kinder erzog, musste Martha zugeben, dass sie vielleicht etwas weniger strikt zu den eigenen Kindern hätte sein können. Vor allem zu Helmut. Sie waren unerfahrene Eltern gewesen und hatten eigentlich nur die Erziehung wiederholt, die sie selbst genossen hatten. Disziplin. Züchtigung. Ausserdem mussten sie ja selbst lernen, wie das ging! Heute war sie sich nicht mehr sicher, ob alles richtig gewesen war. Ob die Distanz, die Helmut zu ihr und vor allem zu Hans hatte, nicht auch daher rührte, dass er zu sensibel gewesen war, um die Züchtigung zu verkraften. Sie hatte ihm nie gesagt, dass es ihr leidtat, nahm sich aber vor, dies bei seinem nächsten Anruf nachzuholen.

Als der Arzt den Raum für die tägliche Visite betrat, war sie gerade eingenickt, wachte aber auf. Sie schlief nie länger als ein paar Minuten. «Na, Frau Kramer, wie geht es Ihnen heute?» Martha warf ihm einen lakonischen Blick zu. «Wie soll's einer alten Frau mit einer gebrochenen Wirbelsäule, festgezurrt am Bett, schon gehen, die diese Welt nicht verlassen darf?» Dieses Gespräch hatten sie schon so oft geführt. Er bräuchte ihr nur eine höhere Dosis Morphium zu geben, dann würde sie sanft entschlummern, niemandem mehr zur Last fallen und endlich ihren Hans wiedersehen. Mit Gott hatte sie schon längst ausgehandelt, dass es in ihrem Fall in Ordnung war, sich für den Tod zu entscheiden. Sie hatte viel Schlimmes durchgemacht in ihrem Leben: der Krieg, die Flucht, den Vater zurücklassen, der Tod ihres ersten Kindes, ihrer Mutter, ihrer Schwestern, ihres Mannes. Sie hatte das Beste daraus gemacht und nie gejammert. In ihren Augen schuldete Gott ihr einen friedlichen, selbstbestimmten Tod.

Der Arzt lächelte, drehte sich wieder zur Tür und schloss diese sanft. Martha war überrascht, zumal er sonst erst abends für seine älteste Patientin Zeit hatte. «Frau Kramer, haben Sie Ihre Meinung geändert?» Sie wusste, was er meinte, und ein Hoffnungsschimmer machte sich in ihrer Brust breit. «Nein!», sagte sie bestimmt. «Gut.» Er machte sich am Schlauch der Infusion zu schaffen und übergab Martha den Dosierer in ihre rechte Hand. Und drückte diese sanft. «Es war mir eine Ehre, Sie zu kennen, Frau Kramer.» Er öffnete die Tür und verliess den Raum. Als Martha den Knopf drückte, schloss sie die Augen. Sie hatte ein schönes Leben gehabt.

Kapitel 38

Lucia, 2015

Vor ein paar Tagen (oder waren es Wochen? Lucia hatte kein Zeitgefühl mehr) war sie zusammengebrochen. Sie hatte einen Druck im Kopf gespürt und nach Sofia gerufen. Diese hatte sie für ein paar Wochen zu sich in die Schweiz genommen, um ihren Bruder Alessandro zu entlasten. Lucias schlimmste Befürchtung war wahr geworden. Sie war eine Last für ihre Kinder. Sie mussten sich abwechseln, um sich von der Pflege ihrer alten Mutter zu erholen. Mathilde und Helmut hatten Lucia abgeholt und zu Sofia gebracht. Lucia war dankbar, dass ihre Tochter sich trotz allem um ihre Mutter kümmern wollte. Sofia hatte ihr das Zimmer hergerichtet, ihren Koffer ausgepackt und sie immer wieder gefragt, ob alles gut so sei. «*Vuoi mangiare?*»[113] Sie hatten diesen Punkt erreicht, an dem sich die Fürsorge umkehrte. Das Kind kümmerte sich um die Mutter. Vielleicht gehörte auch das zum Lauf der Dinge?

Eines Morgens war Lucia jedoch nicht mehr aus dem Bett gekommen. Sie hatte Sofia gerufen, die sie verängstigt anstarrte: «*Mamma*, was sagst du da, ich verstehe nichts!» Offenbar lallte sie. Auch Mathilde – die ihrer Mutter sofort zu Hilfe eilte – schaute Lucia an, als hätte sie den Verstand verloren. Vielleicht hatte sie das ja! Wer wusste schon, wie sich das anfühlte? Merkte man, wenn man dement wurde? Doch immerhin erkannte sie ihre Familie, das musste doch ein gutes Zeichen sein. Nachdem sie im Zürcher Universitätsspital untersucht worden war, empfahl man ihr, nach Italien zurückzugehen und sich dort pflegen zu lassen. Also holte sie die Ambulanz nach ein paar Tagen ab und brachte sie über die Alpen zurück nach Venedig, in ihr Zuhause bei ihrem Sohn Alessandro. Es war ein Schlaganfall gewesen, der aber glimpflich verlaufen war. Dennoch war ein längerer Krankenhausaufenthalt nötig. Zuhause. Also in Venedig, wo sie die letzten Jahre bei Alessandro verbracht hatte. Ihr Zuhause? Nein, genauso wenig wie Turin ihr Zuhause geworden war. Auch nach all den Jahren nicht. Aber darauf kam es jetzt auch nicht mehr an, sie wollte einfach nur noch in Ruhe gelassen werden.

Während sie schläfrig ihrem Bett lag, stellte sie sich die Landschaft vor, durch die sie so oft gefahren war, um Sofia und Mathilde zu besuchen. Die Seen und Berge, die sie als so idyllisch empfunden hatte, während sie Sofia immer

---

[113] Willst du essen?

eingeengt hatten. Und für Mathilde bedeuteten sie nun wiederum Heimat. Zwei Frauen, die ihr Leben so ganz anders lebten als Lucias. Sofia hatte trotz Scheidung ein gutes Leben, auch wenn Lucia das nicht für möglich gehalten hätte – so ohne Mann. Mittlerweile pensioniert, war es Sofias grösstes Glück, sich um ihre Enkel kümmern zu können. «Es sind die zwei schönsten Geschenke, die Mathilde mir gemacht hat», schwärmte sie gerne. Mathilde durfte genau heute endlich in jenes Haus ziehen, von welchem sie schon als Kind geträumt und welches sie etliche Male gezeichnet hatte: mit einem blühenden Garten und der Sonne in der Ecke. Mathilde war untröstlich gewesen, ihre *nonna* nicht mehr gesehen zu haben, bevor sie abgeholt wurde. «Ich komme dich aber bald besuchen!», hatte sie ihr versprochen.

Sie starrte die weisse Decke an und lauschte den Geräuschen auf dem Gang. Ein Krankenhaus schien nie zur Ruhe zu kommen, dauernd wuselte es oder es kam jemand rein, um die Temperatur zu messen, etwas zu bringen, zu holen. Ihre Kräfte schwanden und Lucia hoffte inständig, bald gehen zu dürfen. Sie freute sich darauf, ihren Bruder im Himmel bald wiederzusehen. Auch Salvatore würde sie nach all den Jahren wieder in die Arme schliessen können. Sie lächelte die Decke an. Sie spürte, dass es bald zu Ende gehen würde und war froh, allein zu sein. Wo man sie wohl begraben würde? Neben ihrem Bruder auf dem Friedhof von Venaria? Oder bei Mathilde unter der Platane, wie sie einmal scherzend erwähnt hatte? Es war ihr egal, sie glaubte nicht daran, dass ein Grab ausmachte, wem man nahe war. «Heimatlos bis zum Schluss», dachte Lucia lakonisch.

Gelsomina war die letzte Verbliebene ihres Vierergespanns, Calogero war schon vor ein paar Jahren gestorben. Es tat Sofia leid, sie zu verlassen, sie würde sicher einsam sein. Bilder kamen auf, wie sie und ihre Schwägerin im Krieg auf Sizilien amerikanischen Soldaten erlaubt hatten, ihnen hinterher zu pfeifen. Wie sie zu viert mit Salvatore und Calogero nach dem Krieg tanzen gegangen waren. Die Zugfahrt nach Turin, ihre Angst, nie wirklich anzukommen. Die Schwierigkeiten mit ihrer Tochter. Der Tod ihres Mannes. Die Geburt ihrer Enkelin und Urenkelin. Die vielen Entbehrungen, Zweifel … der Krieg, der Hunger, die Angst. Hatte sie ein gutes Leben gehabt? Sie wusste es wirklich nicht.

Epilog

Dieser Roman wurde von der Geschichte meiner Familie inspiriert. Manche Situationen habe sich genau so zugetragen, andere sind frei erfunden, die meisten sind etwas zwischendrin.

Wir sind unsere Geschichten, unsere Erinnerungen. Wir sind aber auch die Geschichten und Erinnerungen unserer Mütter und Väter, Grossmütter und Grossväter. Ich verstehe meine Gegenwart viel besser, seit ich meine Vergangenheit kenne. Wieso bin ich, wer ich bin, lebe ich, wie ich lebe, umgebe mich mit den Menschen, die mich begleiten? Wir wachsen nicht in einem Vakuum auf, wir sind, was unsere Geschichten aus uns machen.

Ich bin meinen Grossmüttern dankbar, dass sie in den Jahren vor ihrem Tod meine Fragen beantwortet haben, sich nicht davor scheuten, auch Unangenehmes mit mir zu teilen. Dasselbe gilt für meine Eltern, die ich monatelang mit Fragekatalogen bombardierte und die sich ebenfalls den weniger glorreichen Momenten ihres Lebens stellen mussten.

Am Ende bleibt die Frage: Was bedeutet Heimat? Für die eigene Geschichte, die Persönlichkeit. Was bedeutet es auch für heutige Flüchtende, ihre Heimat zu verlassen, eine neue zu finden? Ist das überhaupt möglich? Braucht es das? Ist Heimat tatsächlich nur ein Gefühl, wie viele behaupten? Ist Heimat zwingend mit der Nationalität verbunden, wie es uns Politiker einer gewissen Couleur glaubhaft machen wollen? Oder ist es am Ende eben doch nur ein Gemisch aus Gerüchen, Essen, Liebe und vielleicht ein bisschen Geografie?

Ich weiss es nicht, auch nach all diesen Seiten nicht. Aber eines weiss ich: Meine Familie hat zusammen mit den Generationen des 20. Jahrhunderts ein Europa geschaffen, das Menschen anders eint. Nicht über den Boden, auf dem sie aufwachsen, sondern über ihre Herzen. So gaben mir meine Eltern und Grosseltern eine Heimat, die nicht die ihre war.

Ihre Geschichte ist auch meine Geschichte.

Danksagung

Der grösste Dank gilt meinen Eltern, die mich mit Geschichten, Korrekturen, Lektorieren, alten Fotos, Anekdoten und vielen Stunden in Erinnerungen schwelgend unterstützt haben. Ohne euch gäbe es diesen Roman nicht, weshalb ich ihn euch widme. Meinem Mann, Patrick, der mich in all meinen Spinnereien seit über 20 Jahren unterstützt, meine Euphorie mitlebt, aber auch meine Zweifel, heisse Tränen und Gedanken des Aufgebens ausbremst, weil er an mich glaubt. *Je t'aime!*

Massgeblich an diesem Roman beteiligt war auch meine Mentorin Milena Moser, deren Bücher ich schon als junge Frau verschlang. Sie hat mir gezeigt, dass ich nicht sein muss wie meine Vorbilder, dass mein Schreiben allein mir gehört und dass ich meine Geschichte genauso so erzählen darf, wie ich das möchte.

Mein Dank gilt des Weiteren meinen Testleserinnen, darunter Milena, aber auch Flora, deren Kritik immer konstruktiv war. Meinen Freundinnen und meinen Kindern, die meine Spleens ebenfalls seit Jahren mitmachen, nicht ohne manchmal die Augen zu verdrehen. Meist dann, wenn ich schon wieder von meinem Roman spreche. Luc und Emily möchte ich auf diesem Weg einen Teil unserer Familiengeschichte hinterlassen, damit diese weitererzählt werden kann.

Und nicht zuletzt möchte ich allen Unterstützer:innen danken, die meine Crowdfunding-Kampagne geboostert haben, ohne euch gäbe es diesen Roman ebenso wenig!

What a ride!

P.S. Eines der Goodies für meine Crowdfunding Kampagne war die Erwähnung in meinem Buch. Here you go:

Roland Zeller, Stefan Baumgartner, Franziska Gelzer, *Eduard Jenni*

Nathalie Sassine-Hauptmann wurde in Paris geboren und wuchs in der Schweiz auf. Als Autorin von «Rabenmutter – Die ganze Wahrheit über das Mutterwerden und Muttersein», Unternehmerin, Mamabloggerin und Journalistin in diversen On- und Offlinemedien, wagt sie sich nun an ihren ersten Roman. Sie lebt mit ihren zwei Kindern und ihrem Mann in der Nähe von Winterthur.

ISBN 978-3-7598-9052-8

www.epubli.com